黄老之治

汉初60年

孔令堃 —著

新世界出版社
NEW WORLD PRESS

图书在版编目（CIP）数据

黄老之治：汉初60年 / 孔令堃著. -- 北京：新世界出版社, 2025.8. -- ISBN 978-7-5104-8187-1

Ⅰ. K234.07

中国国家版本馆CIP数据核字第20256MW668号

黄老之治：汉初60年

作　　者：孔令堃
责任编辑：张晓翠
责任校对：宣　慧　张杰楠
责任印制：王宝根
出　　版：新世界出版社
网　　址：http://www.nwp.com.cn
社　　址：北京西城区百万庄大街24号（100037）
发 行 部：(010)6899 5968　　(010)6899 8705（传真）
总 编 室：(010)6899 5424　　(010)6832 6679（传真）
版 权 部：+8610 6899 6306（电话）　nwpcd@sina.com（电邮）
印　　刷：天津中印联印务有限公司
经　　销：新华书店
开　　本：710mm×1000mm　1/16　尺寸：170mm×240mm
字　　数：316千字　　印张：20
版　　次：2025年8月第1版　2025年8月第1次印刷
书　　号：ISBN 978-7-5104-8187-1
定　　价：68.00元

版权所有，侵权必究

凡购本社图书，如有缺页、倒页、脱页等印装错误，可随时退换。

客服电话：（010）6899 8638

前　言

如果说秦制是一座冷峻而宏伟的宫殿，那么黄老之术便是罩在它上面的一层温暖阳光。人们常说，秦制建立了中国两千年大一统的模板，却因其过度依赖法家苛政而速亡。如果没有黄老之术的调和与修复，这一制度的根干是否还能在汉代延续？这也是本书要探讨的问题。

黄老学说虽然兴盛于汉朝，但追溯其起源，其实在先秦时代已经有了苗头。早在春秋时期，先贤们就预见到会有一个"潘多拉魔盒"要被打开。一旦打开之后，会有一种社会大倒退的情况发生。而这个"潘多拉魔盒"就是法家思想，也就是极端追求实用主义而摒弃仁义道德的思潮。

在那个时代，以家族血缘为基础的周礼体系已然崩塌。诸侯们谁能脱颖而出，就看谁能够更大程度地调动国内资源。而诸侯加强这种能力，必然要抛弃仁义、摒弃温情，从而趋于残暴。

当这种苗头出现后，孔子疾呼克己复礼，希望阻止这种时代的到来。老子告诫诸侯要无为而治，希望社会运转慢下来，延缓剧变。可残酷的现实表明，这种时代终究还是会到来。到了战国时代，道家学者无力阻止这一切，于是避开凡尘成为隐士。而儒家学者努力奔走疾呼，却越来越不合时宜。而申不害、李悝、商鞅等人都曾因为法家思想而位极人臣，所以法家无论对于君王还是士人阶层来讲，都比其他思想更有吸引力。

事实上，历史上并无一个自称"法家"的学派。这个称呼是司马谈在《论六家要旨》中对这一类的人的总结归类。这些被归入法家的人在发迹之前，要给自己一个学术身份作为跳板。而在诸子当中，道家会成为他们常用的门面。比如申不害、慎到、韩非等人，抑或是稷下学宫的田骈、尹文等人，都是以道家的身份示人。而他们的主张看似也是大讲清静无为，但本质上已经与传统道家大相径庭，所以司马迁在写《史记》的时候，把这类学者的道家思想都归入黄老学说当中。

在春秋时代，法家思想并没有形成很大的影响力，老子强调"无为"，是要维持没有法家盛行的现状。而到了战国时代，法家思想大行其道，这时候再讲"无为"，其实就是对法家思想的迎合与妥协，维持法家成为显学的现状。

在这种情况下，法家化程度最高的秦国迅速崛起，终结了战国时代。秦朝一统天下之后，似乎昭示了法家思想的成功。然而秦朝在全盛时又迅速土崩瓦解，又仿佛在告诉世人法家思想的失败。在这种情况下，汉朝建立。该采用哪种治国方式，显然成了一个大问题。

从道义上来讲，汉朝的统治合法性来自其推翻秦朝的正义之举。那似乎回到周朝的模式更加有说服力。也因此无论是项羽还是刘邦，当他们掌握大权之后无一例外地选择了分封制。但是分封制只是表象，汉朝根本无法恢复周朝制度的内核。诛暴秦和诛商纣看似相同，却有着本质的区别。

周朝是建立在血缘宗族本位的宗法社会基础上，而汉朝是建立在弱肉强食的丛林社会基础上。周武王在伐纣之前就是一方诸侯，且周武王成为伐纣领袖也是诸侯推戴的结果。但汉高祖是平民出身，他成为汉朝皇帝全靠武力。不仅如此，跟随汉高祖打天下的开国功臣，也多是平民出身。比如汉初异姓王当中，除了韩王信跟贵族还沾边之外，余者皆非贵族出身，所以汉朝的上层统治者都没有血统上的优势，再加上陈胜那句"王侯将相宁有种乎"言犹在耳，汉朝也无法恢复以宗法血缘为基础的国家结构。

况且汉高祖本人对秦始皇非常钦羡，其年轻时就曾在目睹秦始皇车驾时慨叹："大丈夫生当如此！"这说明他一开始便渴望建立秦朝那样的国家。不过秦朝二世而亡的教训还在，所以汉高祖既想如秦皇般集权，又不愿重蹈其覆辙。于是，既能维护中央集权，又不至激化社会矛盾的黄老学说顺势登上历史舞台。

黄老思想可以看作是温和版的法家思想，或者说是法家思想披上了道家的外衣。其思想内核依然是无限尊君，只不过在黄老思想的加持下，皇帝不再过度盘剥百姓、大兴土木、穷兵黩武，这是帝王角度的"无为"。百姓则在盘剥烈度明显小于秦朝的状况下勉强度日，不再像陈胜、吴广那样反抗，这是百姓角度的"无为"。

只不过随着汉朝的国力增长，皇帝越来越不想"无为"，而百姓在"温水煮青蛙"的过程中，对皇帝"有为"的忍耐力越来越强。在此消彼长的博弈中，皇帝不再需要黄老之术的妥协与调和，于是法家思想脱下道家的外衣，换上了儒家的新装，自此影响了未来约两千年的帝制时代。

虽然从大方向来看，汉承秦制。而且一般来讲，秦制一直延续到了清朝。但实际上能让秦制延续下去的关键是汉制对秦制的改造，而这个改造的过程中，黄老之术起到了承上启下的作用。

本书将以历史为经，以思想为纬，解构黄老之术在汉初的兴盛、发展与衰落之路，结合具体历史事件，讲述其如何在继承秦制的基础上去其苛刻、存其骨架，从而实现制度的软着陆与有效延续。我们也将从黄老之术的淡出，进一步反思秦制发展的深层逻辑与制度宿命。

当人们回望汉朝初年的"文景之治"时，不应忘记：那不只是苛政减弱的时刻，也是皇权蛰伏的时刻。而黄老之术正是彼时历史的缝合者、制度的翻译者、政权的润色者。

目　录

引子　/001

第一章　后秦制时代：吕太后时代的黄老之术　/003
　　1. 贤妻良母　/004
　　2. 吕雉逆袭记　/009
　　3. 与太子一派分道扬镳　/014
　　4. 试探　/020
　　5. 一暗一明　/026
　　6. 一场接力　/030
　　7. 来自匈奴的一封信　/037
　　8. 黄老之术的转型　/043
　　9. 叔孙通现象　/046
　　10. 黄老之术下的新布局　/049
　　11. 回到一元黄老之术　/055
　　12. 吕氏崛起　/058
　　13. 祸起萧墙　/062
　　14. 改造慎到的黄老之术　/066
　　15. 失败的权力制衡　/069

16. 投机取巧　　/074

17. 最后的安排　　/077

第二章　文帝之治：君臣妥协成就了黄老盛世　　/083

1. 进入决赛圈　　/084
2. 黄老与秦制　　/089
3. 是黄老之术选择了刘恒　　/095
4. 来到长安　　/100
5. 从一个传说开始　　/103
6. 都不合法，那我就合法　　/108
7. 法律和民众素质的关系　　/112
8. 两大史学家眼中的汉文帝　　/116
9. 全汉朝最支持黄老之术的人　　/121
10. 黄老之术下的福利制度　　/125
11. 剪除皇权的所有威胁　　/129
12. 汉朝的忠臣和佞臣　　/135
13. 法家的困局　　/141
14. 黄老式削藩　　/149
15. 张释之的故事　　/155
16. 法和圣旨，谁大？　　/160
17. 黄老之术不可延续的原因之一　　/166
18. 权力越小越滥用　　/171
19. 家里有"印钞机"　　/175
20. 皇上是没有错的　　/181
21. 用四十辆车造反　　/185
22. 一道分水岭　　/191
23. 贾谊的困境　　/197

24. 贾谊和晁错　　/201
25. 中行说的报复　　/206
26. 不惜任何代价　　/212
27. 何日遣冯唐?　　/216
28. 重新包装的阴阳家　　/221
29. 弄臣也分三六九等　　/228
30. 国难思良将　　/231
31. 平稳过渡　　/233

第三章　黄老穷途：空中楼阁式的黄老之术　　/237
1. 汉景帝与秦二世　　/238
2. 人情世故　　/243
3. 晁错的时代　　/247
4. 说好的不折腾呢?　　/252
5. 以联盟对抗折腾　　/258
6. 没有应急预案　　/263
7. 平叛　　/269
8. 汉景帝的污点　　/274
9. 宫斗　　/278
10. 汉景帝的城府　　/283
11. 酷吏来了　　/287
12. 一场凶杀案　　/292
13. 阴间谋反案　　/295
14. 黄老之术的落幕　　/300
15. 超自然现象　　/305

引　子

那一年，刘邦还是社会底层的小人物，依照秦朝的严刑峻法，要到咸阳去服徭役。彼时，刘邦有机会见到了处于大秦权力顶峰的人——秦始皇。虽然只是远远地观望，但刘邦还是发出了羡慕的感慨："嗟乎，大丈夫当如此也！"

多年后，秦朝首都的城门为刘邦而开，秦王子婴向刘邦投降。昔日他最佩服的那个人在咸阳拥有的一切，都归了刘邦。

又过了五年，刘邦一统天下，成为他最佩服的那个人，实现了昔日的豪言。

而他最崇拜的那个人一手缔造的秦王朝，满打满算只维持了十四年。

这就是个问题了。若要拥有秦始皇那样的无上大权，就必须继承法家缔造的秦制。但显然又不能照搬照抄。不然，以反暴秦为旗帜的西汉政权将丧失其合法性，甚至会迎来属于西汉的"陈胜""吴广"，难以长久。

既想继承秦制，又不能明着继承。于是，在萧何、张良等聪明人的"改造"下，秦制被戴上了一种温和的面具，成为西汉初年的统治哲学。

这个面具就是黄老之术。黄老之术虽被认为是道家思想的一种，但在汉初的实际操作中，内核依然是法家的。

法家之律法，不过是统治者统治民众的工具，真正执行的过程往往在成法基础上有过之而无不及。所以这就形成了历史上一个很奇怪的现象，越是法家的官吏，越不把成文的律法当回事，他们往往在皇帝的意志下为所欲为，这类官吏被称为酷吏。反而是那些被称为"以文乱法"的儒家官吏在依法办事，甚至因依法行事而顶撞帝王，这类官吏则被称为循吏。

而在汉初，丞相萧何则完美继承了《秦律》的终极内核，那就是以皇帝为尊的中央集权统治模式，他在《秦律》的基础上作《九章律》，以成为西汉的基本法典。

但在具体操作的时候，基于当时历经秦朝暴政和楚汉战争蹂躏的华夏大地满目疮痍，西汉朝廷不得不采取相对温和的统治方式。

比如在赋税徭役方面，刘邦放弃了秦朝杀鸡取卵式的掠夺方式，而是把秦朝的"泰半之赋"改为"十五税一"。

这不是刘邦仁慈，而是刘邦聪明。当时的民众，根本榨不出"泰半之赋"，与其杀鸡取卵，不如留着"韭菜"慢慢割。

在秦朝备受打压的儒生并没有因为坑儒而灭绝。《诗》《书》也没有在焚书后消失殆尽。虽然秦朝在街头谈论儒家经典都要处以死刑，但儒生们还是把经典印刻在脑子里。

因此刘邦治国，虽然不喜欢儒生，但也不想把儒生赶尽杀绝。过去那些法家的代表人物，有不少是学习儒家知识出身的，所以刘邦对儒家的态度是能用则用，绝不得罪。

然而刘邦在位期间，汉朝初建时的各种矛盾和隐患还在，"外道内法"的黄老之术还没能发挥真正的作用。公元前195年，刘邦驾崩，太子刘盈继位，史称汉惠帝。汉朝的真正掌舵人换成了皇太后吕雉。看似有着铁血手腕的吕太后，在对付敌人时虽然心狠手辣，但在治国方略上，却真正践行了黄老之术。那么一个强势的女人又如何能践行看似清静无为的黄老之术呢？

我们从尘封的历史当中找寻其中的秘密。

第一章 后秦制时代

吕太后时代的黄老之术

1
贤妻良母

她是大家闺秀,姓吕名雉,字娥姁。

他是沛县小吏,姓刘,没有特别正式的名字,父母很草率地称他刘季。

她花样年华,待字闺中。

他大龄青年,声名狼藉。

但,他们却结婚了。

这段婚姻自然称不上门当户对。在古代,人的名字其实能在一定程度上反映出家庭情况。那时候,女孩子一般是没有名字的。即便是男孩,家庭出身不好的,也没什么正式的名字。

比如说刘季的父亲刘煓给孩子们起名就一律数字化管理,以"伯、仲、叔、季"代表"一、二、三、四",所以刘季这个名字,说白了就是刘四。也难怪后来刘季发达了,要改名刘邦。

吕雉的名字就很讲究了,虽然现在有些人按照现代汉语的理解笑话吕雉的名字是吕野鸡,但实际上并非如此。"雉"指的是锦鸡,属于名贵物种。叫这名字的性质跟叫凤凰、麒麟等差不多。锦鸡尾巴上的长羽毛长期以来都是身份地位的象征,明清以来,锦鸡的图案还出现在二品文官的官服上,比孔雀的地位还高,与狮子身份对应。所以吕雉这个名字,在当时是非常响亮的。吕雉的字"娥姁"也很讲究,"娥"指的是贵族女子,"姁"指的是神态和悦娇媚。

从这二位的名字上我们不难看出,这两家人的地位、财富、文化水平都存在相当差距。可即便是这样，吕雉的父亲还一意孤行，非要把女儿嫁给刘邦。这种行为，在未来吕雉成为皇后乃至大汉王朝的主宰之后，显得非常有前瞻性。那么说，吕太公把女儿豁出去的行为，真的就是因为他有超于常人的前瞻性吗？那还真不见得。这场婚姻的促成，可能起初就是个误会。

一天，单父（今山东单县）望族吕太公在当地得罪人了，而且得罪的还是大人物，以至于他要举家搬迁以避祸。那么他想搬哪去呢？思来想去，吕太公决定向东搬到不远的沛县（今江苏沛县）。他跟沛县令有些交情，可以寻求庇护。

对于吕太公的举家投奔，沛县令还是很开心的。当然这个开心与他们的私交关系不大，因为吕太公的到来，至少能为沛县令带来两个好处。

其一，沛县令以庆贺吕太公来沛县为由，举办了一场大型宴会。沛县当地名门显然得随份子。按当时风俗，主办者依宾客份子的多少安排座次。从史书的只言片语中看，举办这次宴会想必沛县令赚得盆满钵满。

其二，沛县令喜欢吕太公的女儿吕雉，甚至已向吕太公提过了这门亲事。

宴会上，沛县亭长刘邦发现账房是自己的好友萧何，于是大摇大摆地走了过去。虽然他一文钱也没出，却号称随了一万枚半两钱的份子。萧何只当他是恶作剧，再说自己是账房先生，他并没有揭穿刘邦，于是刘邦大摇大摆地坐在上宾的位置上。

这里其实反映出两个问题。第一，宾客给的份子钱绝对不是给吕太公，而是给沛县令。毕竟账房都是县中小吏萧何，而不是吕家人。第二，最起码在沛县，县令的敛财手段是明目张胆的。萧何作为一个小吏，敢给刘邦虚记为"贺万钱"，足见沛县的账目水分之多。

参与这次宴会的名门都知道这场宴会的性质，也就是被县令巧立名目勒索点钱财。那现场气氛可想而知，大家皮笑肉不笑，只有刘邦这个不曾出一钱的人，丝毫体会不到真的随份子的人有多痛苦，所以他最轻松自在，还肆无忌惮地与诸位宾客开玩笑。

由于信息不对称，吕太公看到的就是另一幕了。在他看来，刘邦轻轻松松"贺万钱"，那说明家底厚。刘邦与沛县名门谈笑风生，那说明他在本地交际广，势力大，很可能是沛县数一数二的人物。

那很明显了，吕太公初来乍到想要找个靠山，一眼看中了举止不凡的刘邦。那为什么不选沛县令呢？抛开吕太公所熟知的沛县令品德不谈，单说一点，就能让吕太公对刘邦更高看一眼。刘邦此时尚未成婚，把女儿嫁给刘邦当正妻，总好过给沛县令当妾。因此吕太公当即决定，要把女儿嫁给刘邦，谁拦都不听。为了说服家人，吕太公愣说自己会相面，知道刘邦是贵人。

但这件事让萧何难办了。他当初无非是给刘邦一个入场的机会。没想到刘邦这次不光是骗吃骗喝，还被吕太公相中了。这时候萧何又不好说刘邦其实没有"贺万钱"，这等于承认自己渎职。于是他委婉地提醒吕太公，说刘邦这个人爱说大话，其实没什么实力。吕太公却不以为然。沛县令曾跟他提过亲，那作为小吏的萧何替沛县令说话也就合情合理了。因此吕太公并没有采信萧何的提醒，依然坚持把女儿嫁给刘邦。[1]

吕雉完全没想到，她父亲为她千挑万选的沛县"大人物"，实则跟想象中"贺万钱"的形象完全不同。

吕雉直到嫁入刘家后才清醒过来，刘邦家里的经济条件非常一般。公公、婆婆尚在，但似乎并不是最喜欢刘邦这个儿子。刘邦的大哥刘伯早死，留下个嫂子和大侄子。由于刘邦经常去大嫂那里蹭饭，所以这位大嫂对刘邦也没什么好感。刘邦的二哥刘仲是家里的顶梁柱，也是全家人的"摇钱树"。所谓经济基础决定家庭地位，刘仲就是当时刘家三兄弟中最有话语权的人。刘邦的父母都经常数落刘邦不如刘仲，那可想而知刘邦的二嫂在家里地位很高。吕雉这个大家闺秀在二嫂面前，半点优越感都没有。按照姓名排序推测，刘邦应该还有个叫刘叔的三哥。但史书上没有记载这个人，很有可能是刘叔早夭。刘邦还有个弟弟叫刘交。一般来说，家里最受宠的孩子都是最小的那一个。当时家里还有个更小的孩子，不知道吕雉婚前是否知道，这个小孩子居然是刘邦的私生子，名字叫刘肥。其母曹氏只是刘邦的一个情妇。[2]

难以想象吕雉面对这样的家庭会有什么样的心情，她是时候真正了解下自

---

[1] 见《史记·高祖本纪》。
[2] 见《史记·齐悼惠王世家》。

己的丈夫了。现实中的刘邦既没有一万钱,也没有很高的社会地位。刘邦只是泗水的一个小亭长,平时行为还不太检点。好色,因此才与曹氏有了私生子。好酒,却总是在武负、王媪的酒店里赊账。吕雉嫁入这样的家庭,算是进了火坑。

吕雉从此就要跟过去的大家闺秀的生活告别,她要照顾公婆,要照顾刘肥。刘邦不从事生产,所以吕雉要去干自己从未干过的农活。另外,因为刘邦的缘故,吕雉在家里还要看大嫂和二嫂的脸色。但史书中并没有记载吕雉有任何怨言,她积极适应自己的新角色,成为刘家的贤妻良母和好儿媳。

如果单看吕雉的这段经历,无疑有些凄惨,可放在当时还真无法叫屈。在秦始皇的丰功伟绩背后,是秦朝所有的百姓都挣扎在温饱线上,吕雉好歹还有口饭吃。但也不是说因为有更惨的,所以吕雉的悲惨就不值一提。这种悲惨的际遇,深深种进了吕雉的心里,让她对现实十分不满。

因为吕雉小的时候,这个世界不是这样的。

吕雉的家乡单父在齐国的最南端,也是齐楚交接处,这里主要流行的还是齐国文化。而齐国文化的底色,就来自稷下学宫。

稷下学宫是齐国的文化中心,也是诸子百家的大师们展示的舞台。不过,稷下学者与春秋时代和战国初年那些开宗立派的学者还是有区别的。这个区别,就在于士人阶层的独立性差异。孔子、孟子、杨朱、墨子这批早期思想家,犹如私立学校的"校长",他们可以自由地传播自己的思想和观点。而稷下学宫的老师是领齐国俸禄的,相当于齐国的智库、科研机构。既然有了这样的区别,他们传播学术的出发点也就不同了,有时甚至是截然相反的。

春秋时期的思想家,无论儒家、道家还是墨家都是对现实不满的。而对现实的不满的核心就是对国君不满。他们传播的价值观都是君王不喜欢的。而稷下学宫的诸子们,别管自称是哪家学派,出发点都是以君为核心谈问题。稷下学宫的主流学术团体,打的多是道家旗号。

比如慎到,既讲"黄老道德之术",又进一步"发明序其指意",大讲君王御下之道,因此慎到也被后人列为法家的三大祖师爷之一。再比如宋钘、尹文、田骈、环渊等,都是打着道家的旗号讲法家那点事。这些道表法里的学说，盛极一时。又因他们往往打着黄帝和老子的旗号，因此这派思想被称为黄老思想。而这些思想转化为具体的治国方略之后，则被称为黄老术，或黄老道德之术。比如司马迁在《史记·孟子荀卿列传》中，称慎到、接子、环渊学的都是黄老道德之术。在《田叔列传》中，称田叔学的就是黄老术。而在关于窦太后的记载中，时而讲窦太后善黄老言，时而讲窦太后好黄老之术。本书则在正文中把这类学说统称为黄老之术。

黄老学说跟真正的道家比，不讲避世，却讲积极入仕。道家的无为，目的是消弭纷争，使社会和谐。而黄老学说的无为，目的是稳固君王的统治。

那是不是黄老学说跟后来商鞅倡导的法家就一样呢？虽然说黄老学说和商鞅之法殊途同归，但运行逻辑还是不同的。因为黄老学说一向反对君王急功近利，反对君王好大喜功，反对无节制滥用民力。

黄老学说在齐、楚两国很有市场，也被士人阶层广泛接受。可是西处关中地区的秦国的统治者就不一样了，自从用了商君之法这剂"猛药"之后，只要见效快，不管副作用。所以当秦国统一天下之后，六国百姓过得还不如从前，民怨甚深。秦国人勒紧腰带，付出了几代人的艰辛，换来了秦王变皇帝一统天下，却也没换来一丝好处，甚至都得不到喘息，因为他们还要建长城、骊山陵、阿房宫……只是皇帝的欲望仿佛没有尽头。

出身地方豪强家庭的吕雉，对这些社会动荡的感知断然是深刻的、不满的。她自然而然地会认为这样的秦制令人窒息，不如黄老之术讲理。按说吕雉的丈夫好歹是个亭长，家里有土地有粮食，吕雉的生活在村里也算是比上不足比下有余。可是在秦朝的体制下，哪怕吕雉打算老老实实当个农妇都做不到。

2
吕雉逆袭记

秦始皇是典型的欲壑难填,在他的统治下,秦朝越庞大,人民越困苦。当年的秦国,秦人服徭役的范围也不过是从四川到陕西。而秦始皇一统天下后,百姓服徭役的规模和范围就更大了。长城绵延万里,对当时很多人来讲,那是去极北之地。百越之地,那是楚国一直不曾染指的地方,如今也是百姓服徭役、戍边的范围。

对于老老实实相夫教子、孝顺公婆的吕雉来说,这些宏大叙事框架里的哪怕一粒小微尘落在她头上,都比一座大山要重。

那是秦始皇大修骊山陵的时候,刘邦奉命押送一批囚徒去骊山陵干苦力。谁都知道,只要到了骊山陵的工地上,就是九死一生,所以这一路上不断有人逃亡。刘邦这边押送的人数不够,到了骊山工地也是个死。因此他表演了一出斩白蛇起义的大戏后,率领那些不愿意去骊山的人盘踞在芒砀山(在今河南永城东北)一带。

这是人们津津乐道的一个故事,在《三国演义》中,这段说辞在汉朝遗老口中频频出现,被称为高祖提三尺剑斩白蛇而起义,开创大汉八百年江山。不过,可能大家都没想过,刘邦这段传奇故事,对于吕雉来说险些成为催命的噩耗。

因为刘邦犯的是谋逆大罪,一旦被抓住之后不是简单把他杀了就完了的事儿,而是杀他家多少口人的问题。

吕雉是一个有见识的女性，她看问题的角度是不一样的。如果是一般的愚妇，可能会认为自己的悲剧来自逃亡人员，来自不靠谱的丈夫。假如押送的是戍边人员，愚妇们可能还会认为自己的苦难来自匈奴。但吕雉认为这悲剧的始作俑者就是秦始皇，所以吕雉并没有因此怨恨刘邦。

刘邦既然跑了，他的夫人吕雉必然会成为官府首要捉拿的对象。而且那时候的狱吏往往是非常残暴的。吕雉这样一个弱女子落在他们手里，必然要面对一些非人的待遇。幸好监狱中有一个叫任敖的狱吏是刘邦的好朋友，他出手打伤了审理吕雉的狱吏，救出了吕雉。[1]

吕雉没有跟刘邦大难临头各自飞，而是千难万险地去了芒砀山，与刘邦共存亡。从江苏沛县到河南永城芒砀山的距离大概有一百公里。山高路远，人生地不熟。吕雉一个女子带着两个孩子走着去芒砀山，其艰辛可想而知。可她不仅平安到达，还为刘邦做了"宣传"。原来当时的人们笃信望气术，吕雉称刘邦所在之处有非凡的云气，所以她能通过观察云气一路找到芒砀山。也正是因为这种宣传，让很多沛县子弟想来投奔刘邦。可以说，刘邦组建的起义大军原始班底中，有很大一部分人入伙都是吕雉的功劳。[2]

在以后的日子里，刘邦过起了把头拴在裤腰带上的日子。反秦大业中，刘邦作为一个小角色，时时刻刻都有生命危险，吕雉则陪在他身边。后来没什么根基的刘邦跟了项梁，做的也是最危险的任务，吕雉仍陪在他身边。再后来刘邦阴错阳差地率先进入了咸阳，接受了秦王子婴的投降，一头扎进了阿房宫去享受昔日偶像秦始皇拥有的一切，却忘记了吕雉的存在。没多久，项羽兵临函谷关，刘邦吐出了他占据的秦朝皇室家产，灰溜溜地去了汉中。

后来刘邦反楚，刘邦再度开启始了"军旅"生涯，吕雉在他身边。刘邦纠集了五十九万人攻下了项羽的首都彭城，一头扎进了项羽王宫去享受战利品时，又忘记了吕雉的存在。没多久，项羽的三万铁骑卷土重来，刘邦扔下父亲刘太公和吕雉只身跑路，这二人便落入了项羽手中。[3]

---

[1] 见《史记·张丞相列传》。
[2] 见《史记·高祖本纪》。
[3] 见《史记·项羽本纪》。

项羽有多恨刘邦,就会用多惨烈的手段报复吕雉。吕雉到底在项羽这里吃了多少苦,史无记载,也难以尽书。后来鸿沟议和,刘邦坚持要回自己的父亲刘太公,提都没提吕雉。而吕雉作为刘氏战俘的附属品,还是被项羽送还给了刘邦。那段时间仗依然打得很惨烈,脱离虎口的吕雉没有迎来刘邦一个温暖的拥抱,她看到了另一个女人陪在了刘邦的身边,这个女人就是定陶人戚夫人。

刘邦身边从来都不缺女人,这点吕雉当然知道。但是吕雉在意的是从来没有哪个女人可以拥有刘邦那样温柔的眼神,自己没有,那个以美貌著称的薄姬也没有,秦王宫的三千佳丽没有,楚王宫的美貌佳人也没有,而戚夫人有。并且在吕雉被项羽抓走的期间,戚夫人成了后宫的主角儿。

公平吗?对于吕雉来说,显然不。吕雉是非常拎得清是非的人,她进了秦朝的大牢,不怪刘邦。但她进了项羽的牢笼,当然要怪刘邦。刘邦独爱戚夫人而冷落她,当然也要怪刘邦。

好在吕雉还有一子一女,儿子刘盈是太子,女儿是鲁元公主,女婿是赵王太子张敖,不管怎么说,作为刘邦的正妻,吕雉的地位还是能得到大家的肯定。汉朝建立后,刘邦成了汉高祖,吕雉无可争议地变成了吕后。不过随着大汉王朝的建立,汉高祖开始琢磨着换太子,让吕后不得不为了自己的儿子露出狰狞的一面。戚夫人跟吕后之间,无可避免地要有一战。戚夫人是歌姬出身,既然她儿子能当太子的机会就在眼前,她绝对不会放过的。汉高祖之所以前期要废太子,跟戚夫人的枕边风有着极大的关系。

吕后悲惨的人生经历告诉她,实力才是王道,老刘家的人指望不上。吕后要斗汉高祖并不容易。汉高祖一个不开心,就把女婿赵王张敖的王位给废了,吕后无能为力。接下来,汉高祖还想废太子刘盈,想立戚夫人的儿子刘如意为太子。

按理说吕后也很难阻止,不过历史上神奇的一幕出现了。之后吕后不仅保住了太子刘盈,还拉拢了满朝文武架空了汉高祖。以至于汉高祖晚年不仅无法换太子,甚至都使唤不动太子去征讨英布。汉高祖自己偷懒不上朝,吕后的妹夫樊哙敢去闯宫把他"请"出来。[1]这当然不是因为吕后自己的实力增强,而

---

[1] 见《史记·樊郦滕灌列传》。

是因为她与支持太子的开国元勋势力走向了联合。太子一派的核心人员就是相国萧何。汉高祖深知要破坏这个联盟，就要先除掉萧何。可是即便汉高祖找了个"莫须有"的罪名把萧何打入大牢，负责皇宫卫戍的卫尉王某都敢直接找汉高祖要个说法。一番质问后，汉高祖不仅要放出萧何，还要给萧何赔礼道歉，甚至不惜自称是桀纣之君。[1]

吕后是怎么跟太子一派走向联合的呢？

我们先来看看汉初朝堂上的那些实力派。随着汉高祖对异姓王的打击，异姓王们很难撼动汉朝的根基了。而朝中的大臣们，文官之首是萧何，武将之首是樊哙。他们为什么会旗帜鲜明地站在吕雉这边呢？

回答这个问题，要先弄明白这些人当初为什么要反秦。自然是因为秦朝在法家思想的指导下，对百姓的掠夺和压榨超出了百姓的承受极限。

在秦朝的体制下，实则是无一人能过正常的日子。即便不看百姓，只看秦朝权力巅峰的那些人，也能感到阵阵寒意。

秦始皇的儿子们，无一善终。丞相李斯，本人被腰斩，且被灭门。丞相冯去疾，被迫自尽。将军冯劫，被迫自尽。将军蒙恬，被迫自尽。秦二世被赵高杀掉，赵高被子婴杀掉。哪怕秦朝最后一位能力挽狂澜的将军章邯也因饱遭排挤而投降。

也就是说，在秦制的框架下，任何人都无法平安地生存。一个从皇帝到百姓都不安全的王朝，绝不会被经历过的人所向往。这些反秦豪杰们千辛万苦，如果还建立一个秦朝那样的新王朝，那他们打算出任新王朝的什么角色呢？

我们再看汉高祖这个人，他很有成为下一个秦始皇的潜质。汉高祖年轻的时候就羡慕秦始皇，当了皇帝后也跟秦始皇一样对权力有着无限的渴望，不仅一向轻视甚至侮辱文臣士大夫们，那些昔日有着大功的武将如臧荼、韩信、韩王信等人也都纷纷落得个兔死狗烹的下场。

汉朝核心权力层的主要人物如萧何、张良、张苍等，一定不希望秦朝模式再现，不然他们难以善终。完全抛弃秦朝模式也不现实，因为皇帝一旦乾纲独断、掌握天下大权后就断然不会放手。如此，就需要在以上两个考量中找个平

---

[1]　见《史记·萧相国世家》。

衡点，既不能照搬秦制，也得给皇权留有空间。而在当时现成的思想体系里，也只有黄老之术能保持这个平衡。

这些核心权力圈的大臣算是默契地形成了一个共识：即便是继承秦制，也要以一种更委婉的方式继承。这些人，要么是成长于黄老文化较浓厚的楚国，要么自己的老师是黄老学者，总之黄老之术就成了不二之选。

对于萧何、张良等大臣来说，要想使黄老之术得以贯彻，那么朝局必须稳定。如果要稳定朝局，那必须团结在太子和吕后的周围，形成政治同盟。

正是在这个背景下，张良请出了自己的老师们，也就是商山四皓来辅佐太子。也正是商山四皓的出山，让汉高祖清楚大势已去，太子羽翼已丰，无法撼动。而吕后也因此得以培植自己的势力，一步步踏入权力的核心。[1]

晚年的汉高祖知道自己明着斗不过吕后，也知道刘氏江山会有危机。因此他也只好寄希望于后人来与吕后争斗，为此他盘点了一下自己的铁杆，决定把大事托付给陈平与周勃。

这是汉高祖最后的努力。他希望陈平与周勃除掉手握兵权的樊哙，以避免兵权掌控在吕氏集团手中。但是，汉高祖还未看到结果的时候就驾崩了。

---

[1] 见《史记·留侯世家》。

3
与太子一派分道扬镳

汉高祖病入膏肓之际,正是吕后权倾朝野之时。昔日的好友诸如萧何、樊哙、张良等都围绕在太子周围,已与吕后成为盟友。虽然在对付自己的这个立场上,太子和吕后表现得母慈子孝,但汉高祖也清楚,只要自己一驾崩,太子就算能登基,刘氏江山也大概率会改姓吕。那么在此时此刻,汉高祖唯一能做的就是找自己的心腹安排后事,为保卫刘氏江山埋下伏笔。

那么汉高祖还有哪些牌可打?在他看来,最铁的人应当是周勃和陈平。抛开什么君臣知遇与个人节操来看,周勃是个处境尴尬之人。在汉高祖打天下的生涯中,周勃功劳很大但刚刚好,没有大到韩信、英布、彭越那样要被清洗的地步。但可以预见,吕后一旦掌权,周勃的日子不会好过。毕竟吕后的亲妹夫是樊哙,等樊哙让权的时候,估计也培养出了吕党的接班人,反正怎么都轮不到周勃。陈平亦然,功劳很大,曾为汉高祖六出奇计,但怎么也比不过萧何、曹参这样的元老。即便陈平倒向吕后,也不会有什么好的位置留给他。此外汉高祖的亲信还有郦商、灌婴、张苍、陆贾等人。只是这些人不具备振臂一呼而应者云集的效应,他们反倒是需要能振臂一呼的人来带领。

所以,汉高祖抛出来吸引火力的人是周勃,真正被寄予厚望的操盘手是陈平。为了转移吕后的注意力,汉高祖曾假模假式地跟吕后点评过自己这几位爱臣。他说曹参的能力足以接萧何的班,王陵可以接曹参的班。但王陵不太聪明,所以得让有点小聪明但是成不了大事的陈平辅佐。将来能安定刘氏天下的，得是那个粗鲁没文化的周勃。[1]

那从吕后的角度看，下一步的重点打击对象一定是周勃，从而给了陈平暗中发展的空间。

在汉高祖驾崩前夕，如果按照他的"剧本"发展，应该是这样的：被冠以谋反罪名的燕王卢绾还在长城边上眼巴巴等着汉高祖来听他解释，奉命征讨卢绾的大将军樊哙被陈平用计捉拿，太尉周勃和将军灌婴掌握了军队。下一步，周勃要做的就是斩杀樊哙，然后愣说樊哙造反，接着帮助汉高祖以莫须有的罪名反击吕党。如果吕后不服，双方真要动刀兵的话，那吕党成员有什么话就去跟周勃和灌婴说吧。

但是，当这个计划开始执行后，刚进行到陈平、周勃捉拿樊哙这一步，汉高祖突然驾崩。

于是陈平马上劝阻周勃千万不要杀樊哙。樊哙是吕后的妹夫，而现在吕后母仪天下，这就等于原本代表朝廷的陈平和周勃，一下站在了朝廷的对立面。因此他们绝对惹不起樊哙。

但是陈平和周勃已经惹了樊哙，人家樊哙这会儿还在囚车里呢。陈平当机立断，把这一切罪名都推给汉高祖，愣说是皇帝让这么干的，他们俩虽然不愿意，但是又不敢抗旨。就这样在陈平的花言巧语下，陈平、周勃跟樊哙冰释前嫌。但是陈平表示自己没权力释放樊哙，因为他接到的上一个任务是斩杀樊哙。所以陈平表示要飞奔去长安，去保樊哙的命。这话当然是对樊哙说的，陈平私下对周勃会说自己去长安是为了保周勃的命，但是事实上陈平要保的是吕后对自己的信任度。因为只有取得了吕后的信任，才能完成汉高祖的任务。

陈平在半道上遇到了传旨官，吕后让陈平跟灌婴驻守荥阳，不得入京。陈平当然不奉诏，继续快马加鞭飞奔长安。

吕后当然不清楚汉高祖和陈平私下所谋，她也不用知道。因为在她的计划中，只要开国元老们都死掉，那她就安全了。于是吕后密不发丧，让铁杆心腹辟阳侯审食其起草召集诸将来长安的诏令。然而这个事情还是传到郦商的耳朵里了。郦商是汉高祖心腹爱臣郦食其的弟弟，素来以勇武著称，跟樊哙是很相

---

[1] 见《史记·高祖本纪》。

似的人物。但郦商多少也受哥哥的一些影响，有做说客的潜质。所以他提前找审食其表明态度。作为一个非职业的说客，郦商的说辞简单粗暴。他说自己听说皇帝驾崩，如今四天不发丧，是因为吕后要诛杀开国功臣。如今陈平、灌婴手下有十万兵马驻扎在荥阳，樊哙、周勃手下有二十万大军在燕国和代国。假如他们听说朝中功臣都被杀了，必然起兵攻打关中。那时内有大臣叛乱，外有诸侯造反，大汉必亡。

审食其不敢怠慢，赶紧把郦商的观点传达给吕后。吕后恍然大悟，于是宣布汉高祖的死讯，并大赦天下，目的是安定人心。

但吕后并非就此放弃了诛杀功臣的计划，只不过把清算对象重点放在了陈平、周勃等人身上。不过还没等她执行下一步计划，陈平回到了长安。

陈平见了吕后，马上哭得像个泪人一般。陈平自称是为了吕后去保樊哙的命，而并非跟皇帝密谋杀樊哙。那个节骨眼上，没有谁能用演戏来打动吕后，而陈平做到了。吕后悲从中来，让陈平出去休息。然而陈平怕出变故，坚决要求留在宫里负责安保工作。吕后动容，任命陈平为郎中令[1]，让他负责教未来皇帝读书。

但当时信息交流不便，吕后的妹妹吕媭并不相信自己的丈夫樊哙平安，所以在她的谗言下，陈平并没有顺利担任郎中令。直到樊哙平安归来，吕后才相信并赦免了陈平，并恢复了他的爵位。[2]

吕后放弃了大杀群臣，给汉高祖举办了隆重的葬礼，一代枭雄汉高祖葬入长陵。同年，太子刘盈继位，是为汉惠帝。吕后荣升皇太后，大汉进入了新纪元。

看上去，汉惠帝登基是吕党和太子一派的胜利，其实这也意味着吕党和太子一派的合作到期。即便是他们阻止了汉朝变成秦朝，又共同定下了用黄老之术治国的大调子，但分道扬镳也是在所难免的。

双方即便是昔日的盟友，终极目标也是不同的。

黄老学说其实既没有像《商君书》这样成体系的理论著作，也没有像《韩

---

[1] 《汉书·百官公卿表》：郎中令，秦官，掌宫殿掖门户，有丞。
[2] 见《史记·陈丞相世家》。

非子》这样能作为指导思想的著作来当个参考。在当时，如果要找一本带有明显黄老之术的理论著作，大概也就是《申子》和《慎子》这样的书。后汉高祖时代，对于要怎么贯彻黄老学说，其实吕太后与以萧何为首的大臣是有分歧的。

我们回到原始讲述黄老之术理论的《申子》和《慎子》这两本书，来探究下吕太后与大臣们的矛盾点所在。《申子》的作者是战国时期韩国的相国申不害，《慎子》的作者是战国时期稷下学宫的学者慎到。这二位加上商鞅，被后人总结为法家三大流派的祖师爷。这里商鞅尚法，申不害尚术，慎到尚势。但其实在百家争鸣时代，并没有一个学术流派叫法家，"法家"这个分类，是后人对前人的总结。至少申不害与慎到活着的时候，都是以道家学者的身份示人。

在《史记》中，司马迁把申不害归入《老子韩非列传》中，称其"申子之学本于黄老而主刑名。著书二篇，号曰申子"。而慎到也被司马迁在《孟子荀卿列传》总结为"学黄老道德之术，因发明序其指意。"

因此这二位在阐释法家理论的时候，总是用道家的话术。他们"外道内法"的理论，也成了黄老之术的鼻祖。申不害和慎到都讲"无为"，但在思想内核上又有着明显的不同。

申不害强调无为，其目的是让君王以这种形式来驾驭群臣。在他看来，一个君王如果聪明，大臣和君王相处，就会有所防备。换言之，就是大臣会与君王斗智。如果君王不聪明，那大臣就会坑骗君王。如果君王知道得多，大臣就会掩饰情况。如果君王知道得少，大臣就会隐匿情况。如果大臣看不出君王是聪明还是不聪明，也看不出君王知道还是不知道，更看不出君王有什么欲望，大臣无以应对，就会任凭驱使。[1]

在这种情况下，申不害认为君王可以用"术"来驾驭群臣。这个"术"指的是君王根据人的才能授予官职。君王给臣下布置任务，用任务的完成情况来问责臣下。用生杀大权去考核臣下的才能，如此才是君王该做的。[2]

---

[1] 见《韩非子·外储说右上》。
[2] 见《韩非子·定法》。

所以在申不害看来，无为的核心就是君王只需要掌握官员的赏罚升迁，臣只需要完成自己官职分内的工作，这二者对应起来，国家就能良好运转，这就叫形名参同。[1] 形名参同在一定程度上，就是君臣各司其职，谁都不越界，这就是申不害的"无为"。

慎到的主张则有所不同，在他看来君臣关系如果仅仅是工作上的形名参同还不够，君王必须用"势"去威压群臣。为什么呢？因为申不害作为韩国相国，他看问题大概是从臣子的角度出发，找到了一个君臣和谐相处的办法。而慎到没有担任过官职，所以他就完全站在君王的角度考虑问题。申不害认为用形名参同的方式，可以让臣子能够认真履职不越界。但慎到却考虑到，假设君王想越界怎么办？倘若如此，臣子的职责就是阻止君王越界。这种情况下，臣子越尽职，君王越难受。也因此慎到要重新定义忠臣，或者说重新审视忠臣的作用。首先来看，上古忠臣的代表，莫过于比干。跟慎到时代接近的人物当中，忠臣莫过于伍子胥。这二位都是用生命来尽忠的人。那么问题也来了，帝辛有比干，亡国了；夫差有伍子胥，亡国了。而在所谓的盛世中，君王所用的大臣，其忠心真能比得上比干、伍子胥吗？所以，慎到的结论有了，忠臣不仅没有正面作用，反而有负面作用。[2] 如果君王不需要忠臣，那需要什么样的臣子呢？慎到认为，君王需要的臣子无所谓忠奸，需要"无为"。臣子的工作怎么做，跟自己的职位关系不大。而是君王要制定成文的"法"，臣子把这个"法"当成工作手册。"法"怎么要求，臣子就怎么工作。一切都按法的规定来。[3] 而君王只要制定法，则万事大吉。

回到汉惠帝登基后的朝堂上。吕太后之所以和昔日的盟友意见不统一，就跟要走哪条黄老之路有关系。很明显，以萧何为首的群臣更倾向于申不害的道路，大家各司其职，相安无事。可吕太后则更倾向于慎到的黄老之路，她希望大权在握，臣子按照她的指挥行事。

这一阶段的历史发展，就是围绕两种黄老模式路线之争而进行。很明显，

---

[1] 见《韩非子·扬权》。

[2] 见《慎子·知忠》。

[3] 见《慎子·君人》。

这个阶段的吕太后还是权力斗争的弱势一方。

我们来看下此时的朝堂情况。以陈平和周勃为首的原汉高祖铁杆，目前依附于吕党，但出工不出力。而原来帮助吕党对抗汉高祖的中坚力量太子一派，现在是朝中的实权派。他们又围绕在皇帝的周围，让汉惠帝的权势远大于晚年的汉高祖。

如果让吕太后现在大规模地扶植吕党取代汉惠帝集团，显然不现实。所以，即便是掌握汉朝最高权力的吕太后，也不得不从长计议，小心应付。而当时的吕党尚未大规模掌兵，所以这事急不得。

吕太后决定，国事先放一放，家事先抓一抓。自己家的事，朝臣们总不能指手画脚吧？而朝政的运作，恰恰是沿着萧何制定的黄老路线走了下去。

4
试　探

新帝登基就像一次洗牌，考验大臣政治智慧的时候就此到来。

汉惠帝登基之后，朝堂上最初形成了二元政治的格局。汉惠帝和吕太后互相制衡，如果论实际权力的话，汉惠帝是要比吕太后大一些。在汉高祖时期，吕后靠的是以萧何为首的太子一派。如今是汉惠帝时期，原太子一派强势掌权，吕党尚未崛起。相国萧何是汉惠帝铁杆。汉初第一智囊张良虽然退居幕后，但是他坚决支持汉惠帝。人人自危的刘氏诸王，那是绝对忠于汉惠帝。哪怕是外藩赵佗、卫满，也是认定了汉惠帝。原汉高祖的心腹铁杆，除了陈平向吕太后表达了忠心之外，其余的都自觉站在了汉惠帝旗帜下。也就是说，放在其他任何一个时期，这都是一场和平稳定的两代君主交接。吕太后想掌权，就要使出更强大的手段。毕竟这还是汉朝，君权和相权还有个制衡。对于吕太后来说，干预朝政最难逾越的就是丞相这一关。

宰相这个职位，无论具体称呼是相国、宰相、上柱国还是其他，在漫长的中国历史上扮演过重要角色。尤其是在先秦时代，丞相往往影响着一个国家的发展方向。从商朝以来，明君的一大特征就是能任用贤相。比如商汤能用伊尹，周文王能用姜尚，周武王能用周公旦。丞相开府治事，诸卿对丞相负责。而那时候的君王如果能放心把国事托付给贤相，还是一种美德。在春秋战国时代，五霸七雄的故事中，也都有明君用贤相的桥段。比如齐桓公任用管仲、秦穆公任用百里奚、楚庄王任用孙叔敖等。这些丞相都拥有着很大的权力，也是皇权最大的制约。秦以后的中国历史，其实也是相权削弱史，直到明初彻底废掉了丞相这个职位。

西汉初年的相国，依然具备强大的权力。相国见皇帝要行礼，而皇帝必须还礼。诸子百家时代，各家学说都不被各国君主采纳，就是因为这些学说大都进门就劝人向善，与君主希望获得无上大权的需求不合。只有法家学说到哪都受重视，因为这门学说走了一个捷径，上来就聊如何帮君主统御群臣、制衡宰相，完全符合君王的需求。

吕太后身边没有商鞅、李斯这样的高人，不过这并不代表她没办法抢班夺权。吕太后最先做的就是要试探一下，看看群臣当中有多少是无条件忠于刘氏皇族的。试探的第一步就要从永巷说起。

永巷是后宫关押妃嫔、宫女的地方。吕太后打出的第一张牌就是把先帝的宠妃戚夫人押解到永巷，并对其实施髡刑[1]，命其舂米。[2]

此时的吕太后还不敢堂而皇之地处决戚夫人。杀人嘛，从来都不是那么简单。戚夫人虽然失势，但是她儿子刘如意是将兵在外的赵王，刘如意身边还有一位有名的大臣辅佐。这位大臣叫周昌，虽然口吃，但素来以耿直而闻名。汉高祖在世的时候，曾经骑在周昌脖子上问自己是什么样的君主？周昌依然硬气地说汉高祖是桀纣之君。也正是因为如此，连萧何、曹参这样的重臣都十分敬畏周昌。[3]

汉高祖非常敬重周昌，因此命他为御史大夫，令其监察百官。可是在汉高祖晚年，自知无法换太子的他为了保住刘如意的命，对周昌晓之以理，动之以情，把周昌降职为赵相，令其保护刘如意。

如果吕太后不问青红皂白直接处决戚夫人，保不齐在周昌的策动下，刘如意会高举清君侧的大旗对吕太后宣战。

到时候齐王刘肥怎么想？代王刘恒怎么想？梁王刘恢怎么想？淮阳王刘友怎么想？淮南王刘长怎么想？燕王刘建怎么想？这哥几个自觉站在赵王刘如

---

[1] 一种将人的头发全部或部分剃掉的刑罚。
[2] 见《汉书·外戚传》。
[3] 见《史记·张丞相列传》。

意旗下为戚夫人讨说法的可能性不大，但是打着清君侧的旗号趁机闹事的概率可不小。另外，朝中大臣怎么想？相国萧何怎么想？甚至是汉惠帝怎么想？总之牵一发而动全身，吕太后又不傻，绝不会为了报仇而报仇。她把戚夫人囚禁在永巷是为了试探一下各方的反应。后宫的家务事，那是谁也说不清的。吕太后随便给戚夫人编排个罪过，罚她干活怎么着都能说得过去。如果各方反响强烈，大不了再将戚夫人赦免。

但是这时候吕太后发现，没有任何人为戚夫人求情。这里边有几个关键人物，比如说相国萧何，压根不管这事。再比如太尉周勃，压根不关心除了练兵之外的任何事。再看那位曾经是戚夫人一党的御史大夫赵尧，假装什么事都没发生。朝中三公九卿都不把这事当成个事，这让吕太后很满意。但是地方上也没人把这事当成个事，这就让她很懊恼。

吕太后希望刘如意为了救母而造反，就像当年的燕王臧荼闻风而反一样。按说刘如意作为一个十几岁的少年，听说这事怒而谋反的可能性极大。但是他没有，因为周昌的任务是保护刘如意的周全，所以他不会放任刘如意去找死。

刘如意很平静，吕太后就很烦躁。既然刘如意不反，那就派人召唤刘如意来长安亲自观摩戚夫人服劳役。到时候哪怕是刘如意出言不逊，吕太后也有理由给他治罪。可惜的是有周昌在，吕太后派出三次使者都没能召来刘如意。吕太后知道，从中作梗的一定是周昌。[1]

但是对于周昌这个人，吕太后的感情很复杂。当年吕太后实力不强的时候，是周昌结结巴巴地力阻汉高祖废太子。从这个角度讲，周昌是吕太后的大恩人，所以吕太后不能杀他。但是周昌耿直的性格也的确耽误了吕太后的霸业，所以吕太后下诏传唤周昌来长安。一旦周昌离开了赵国，刘如意就如待宰羔羊，再也没人能保他了。

汉高祖驾崩前，对陈平和周昌寄予厚望。陈平善谋，于是第一时间站在了吕太后的旗帜下，伺机而动。而周昌因为耿直，只站在理的这边。所以当吕太后想要对付无辜的刘如意时，他就只能站在吕太后的对立面。

其实有关于吕太后和戚夫人的恩怨，随着汉惠帝的继位，一切都分出了胜

---

[1] 见《汉书·张周赵任申屠传》。

负。此时的吕太后对戚夫人有多少恨？有多少妒？我想对于一个胜利者来说，吕太后绝不会因为当年的争风吃醋而痛下杀手。对于一个在权力巅峰的太后来说，杀人得杀得有意义，这才是政治家。

面对吕太后这样一个令汉高祖都束手无策的对手，戚夫人能想到的办法就是让自己当赵王的儿子来救自己。她没想过吕太后让她服劳役有什么深层次的原因，不会去想自己的儿子会不会是吕太后对手。这样的女人传统而可爱，只是她不可能在复杂的长乐宫里继续活下去。

同样是汉高祖的女人，薄姬善于审时度势，平日里低调平和，所以获得了跟随自己的儿子代王刘恒去封国的待遇。而被囚永巷的戚夫人依然不改当年的高调，干着活也不忘秀个才艺。其歌曰："子为王，母为虏。终日舂薄暮，常与死为伍。相离三千里，当谁使告汝。"

这歌一唱，那意义可就深远了。戚夫人对目前的待遇不服，不服倒也正常。但是她不服的背后是希望刘如意来救她。可刘如意怎么救她？除非谋反。

这正是吕太后希望的。吕太后一直认为，如果没有周昌，刘如意早就反了。现在太后懿旨下到了赵国，传唤周昌速速来长安。周昌接到诏书之后，久久不能平静。一方面他答应汉高祖要保全戚夫人母子，一方面他又不能对吕太后抗旨不遵。关键是周昌不是陈平，不懂得虚与委蛇。周昌也不是张良，脑子也没那么快。不过周昌知道自己的优势，那就是耿直、军功和对吕太后当年的恩情。所以周昌决定用道理驳倒吕太后，让她放弃迫害戚夫人母子。

周昌嘱咐完刘如意永远都不要跟吕太后对着干之后，毅然决然地前往阔别已久的长安城，去见那位曾经对自己感恩戴德的吕太后。

想当初周昌虽然口吃都说动了汉高祖，那是因为他讲的道理都是汉高祖难以驳斥的。这次周昌忽略了一点，当他企图老调重弹跟吕太后讲道理的时候，就已经输了。

果然，吕太后跟周昌会面时，她先发制人，根本不给周昌讲理的机会。吕太后也没有跟周昌讲述她处罚戚夫人的客观原因，而是大讲主观上她有多恨戚夫人。周昌作为一个男人，断然理解不了两个女人之间的仇恨。所以这场会面纵使郦食其复生也难以在吕太后面前讨得便宜，更何况口吃的周昌呢。就这样,周昌满腔大道理都没有释放出来,吕太后再下诏书给刘如意,让他进京一叙。这次没有周昌挡驾,刘如意只能收拾行囊,奉诏进京。

几乎所有人都知道刘如意此行必死无疑。不过吕太后可没说要杀刘如意,也没说要治刘如意的罪。刘如意奉诏吧,凶多吉少;不奉诏吧,就是抗旨。思来想去,刘如意还是去了长安。

那年的刘如意只有十四岁,那年的汉惠帝也只有十六岁。汉惠帝受过良好的教育,李左车当过他的师傅,张良请来的四个前朝博士也当过他的师傅。所以在汉惠帝看来,杀戮是丑恶的,他向往人间的真善美,而不是残酷的尔虞我诈。

因此,汉惠帝决定保护刘如意的周全。刘如意的车驾还没到长安城,刚到霸上就发现汉惠帝在等着他。汉惠帝亲自迎接刘如意到宫中,然后兄弟二人同吃同住,形影不离。

终于有一天,汉惠帝早起打猎,想让刘如意多睡一会儿。不料等汉惠帝回宫叫刘如意吃早点的时候,才发现他已经被吕太后给毒死了。[1]

汉惠帝大惊失措,懊悔不已。吕太后准备了一堆抵赖的话,万一有人闹将起来,就说刘如意是病死的。结果吕太后发现,刘如意这么不明不白地死了,相国萧何没有任何反应,群臣没有任何反应,诸王没有任何反应,刘如意死了白死。哪怕是耿直的周昌,也无能为力,三年后郁郁而终。

这对于吕太后来说,实在是个好消息。也正是这种情况,让吕太后对汉惠帝产生了深深的不满。人家外人都没说什么,自己亲儿子却跟自己对着干。吕太后决定给汉惠帝上一课。

吕太后杀死刘如意,对付戚夫人就更没有心理负担了。她下令把戚夫人斩断手脚、挖去双眼、毒哑嗓子、熏聋耳朵,然后扔进厕所,取名"人彘"。

然后,吕太后带汉惠帝参观她的"杰作"。汉惠帝大惊失色,心灵上受到了重创。汉惠帝认为下此毒手太没人性,可做这件事的偏偏是他亲娘。汉惠帝大哭一场,卧病一年多,自此不能听政。

正是从"人彘"事件开始,汉惠帝不能理政,相国萧何卧病在家,太尉周

---

[1] 见《史记·吕后本纪》。

勃不问政事，汉朝权力的天平开始倾斜到吕太后一边。可能吕太后自己也没想到夺权这么顺利，但那些开国元勋们就真的会听之任之吗？至少萧何还是想再做些什么。毕竟萧何也是大汉王朝的缔造者之一，他不想看着自己设计的申不害式的黄老之路毁在吕太后手里。

5

一暗一明

吕太后亲手"导演"了惨绝人寰的戚夫人事件，其目的并不单纯是为了复仇，主要还是为了检验一下哪些人会站在她的对立面。从本质上讲，这与秦朝赵高编剧的指鹿为马事件一脉相承，就是一场政治立场的测验。

其实，汉初这些大臣们多数都是底层出身，经过多年艰苦征战乍得高位，已把自身利益看得比任何事都重要。当年汉高祖放出风去，说楚王韩信谋反，大臣们为了配合圣意，大喊杀死韩信。后来匈奴犯边，这些人大喊剿灭匈奴。再后来英布造反，这帮人又大喊活埋英布。总之口号喊得比谁都响，真到做事的时候比谁退缩得都快。所以到汉高祖晚年安排后事的时候，就把真正能办事的人安排在暗处，能吸引火力的都放在了明处。

吕太后的首次测验没测出大臣们的立场，显然她后接下来会继续测验，试图把躲在暗处的这些人挖出来。

从史书的记载中，我们可以很轻易分辨出汉高祖安排在明处和暗处的大臣都有谁。汉高祖曾亲口说过萧何的接班人是曹参，曹参的接班人是王陵和陈平。而且，汉高祖还说过能安刘氏天下的必是周勃。那么这几位，就是汉高祖安排在明面的人物。这几位当中，陈平、周勃、王陵都在长安，吕太后有把握控制他们，唯独这曹参不在朝中，是个特殊人物。

汉朝初立，汉高祖大封功臣的时候，那是一碗水怎么都端不平。每个人都觉得自己劳苦功高，恨不得人人都想当王爷。但是汉高祖没那么多爵位给他们，只能糊弄了事。为了安抚众人的情绪，汉高祖册封了自己的仇人雍齿为侯。诸将见汉高祖连自己的仇人都能封侯，于是就不担心自己的爵位了。事实上汉高祖这是在玩帝王术，渐渐地诸将就不再太执着于自己的爵位了。因为随着时间的推移，异姓王要么如长沙王吴芮那样被安排在边远地区，要么如楚王韩信那样被夺爵。众人口中功劳第一的曹参，居然被排挤到齐国为相，也因此与多年搭档的萧何生了嫌隙。

汉高祖晚年几次跟吕后交手都以失败告终，所以他心里清楚就凭自己那几个未成年的儿子，肯定不会是吕后的对手。因此，能保住刘家江山的汉高祖诸子中，还得靠唯一成年的皇长子齐王刘肥。也因此，汉高祖册封的诸侯国中，齐国的地盘最大。不过汉高祖也知道，刘肥从小就是老实巴交的人，搞政治斗争肯定不行。于是汉高祖安排了曹参去齐国任相。就因为曹参去了齐国，朝臣们很快忘了曹参的存在。没人巴结他，也没人迫害他。刘肥有曹参的辅佐，是可以让汉高祖放心的。

从吕太后的角度看，满朝文武没有一个能成为她对手。而在地方上，齐国是个心腹大患。但是，如果齐国没有曹参，那也算不得什么对手。毕竟吕太后看着刘肥长大，对这位齐王的情况还是了解的。而且吕太后未必相信曹参会为了刘氏江山跟她作对。像曹参这种有大功而被下放到地方上的情况，按说他会对汉高祖有怨气。

当这些明面上的人物对吕太后不构成任何威胁之后，再来看看汉高祖安排在暗处的亲信。第一位就是郦商，他隐藏得很深，跟吕太后的侄子吕禄是好朋友，所以在吕太后看来，说郦商是吕党成员她都相信。而另一位就潜伏得更深了，他叫蒯彻。

蒯彻在秦末就活跃在反秦起义军中，后世因避讳汉武帝刘彻的名字，所以史书中多写作蒯通。蒯彻曾是韩信的谋士，深得韩信信任。在楚汉战争时，当韩信攻下赵国五十余城之后，还是汉王的刘邦并没有按照惯例给韩信封王，而是许诺他攻下齐国之后就封他为齐王。然而这正是刘邦的计策，因为韩信还没进入齐国，刘邦已经派谋士郦食其劝降了齐王。眼看韩信封王的机会没了，蒯彻对韩信献计，让他假装不知道齐王已经投降，然后发兵奇袭临淄，灭掉齐国。也因为如此，刘邦不得不册封韩信为齐王。[1]

后来到了刘邦与项羽的决战时刻，这二位都在拉拢韩信。蒯彻又给韩信献计，让他两边都不帮，争取自己夺取天下。然而韩信思索再三，拒绝了蒯彻的提议，蒯彻因此开始装疯。[2] 后面的事大家都知道，刘邦一统天下成为汉高祖，韩信先被改封为楚王又被降为淮阴侯。

然而蒯彻并没有因此而平安，后来吕后设计处死韩信，韩信临终前又说后悔没听蒯彻的话谋反，因此汉高祖逮捕了蒯彻。然而诡异的一幕出现了，按说蒯彻的行为，对于汉高祖来说就是谋反。可是汉高祖这个杀功臣不手软的皇帝，居然赦免了蒯彻所有罪责。之后蒯彻就去了齐国，成为曹参的座上宾。所谓曹参的座上宾，实际上就是齐王刘肥一派的谋士。

吕太后想要对付齐国的时候，她能想到明面上的曹参，却怎么也没想到暗处的蒯彻。接下来，吕太后就想复刻当初毒死刘如意的故事，请齐王刘肥来长安一叙。

关于刘肥，吕太后的感情也是很复杂。一方面刘肥是吕太后养大的，当初她嫁给还是泗水亭长的刘邦时，刘肥已经在刘家了。几年后汉惠帝刘盈才出生，所以吕太后当年是抚养刘肥的好后妈。

刘肥作为汉高祖的庶长子，身份地位很特殊。他虽不具备登基称帝的条件，但总归会有振臂一呼的效应。所以在吕太后的计划里，刘肥必须得死。刘肥来长安，这是个危险的信号。前有赵王刘如意不明不白地死在了未央宫，那么之后来到长安的刘肥，也可谓命悬一线。

不过刘肥来长安跟刘如意来长安相比，有些许的不同。刘如意来长安之前，赵相周昌先被召进长安。没有周昌的保护，刘如意也就失了胜算。而刘肥来长安之前，齐相曹参好好地在齐国。至于刘肥启程之前，曹参怎么对他谆谆教导、耳提面命，直接关系到刘肥能不能活着回来。不仅如此，曹参还在护送刘肥去长安的队伍里，安排了一个叫勋的内史保护刘肥。这个人虽然没有在史书上留下全名，却起到了关键作用。

但是刘肥毕竟幼时为农，根本玩不转钩心斗角这套。

---

[1] 见《汉书·韩彭英卢吴传》。
[2] 见《史记·淮阴侯列传》。

对于汉惠帝来说，刘肥是他的哥哥。而且这对兄弟之间的感情远比汉惠帝和其他兄弟之间的感情深得多，毕竟他们还在家乡务农的时候就在一起玩耍。另一方面，他们之间嫡庶有别，汉惠帝也不担心这个哥哥会夺走他的皇位。尤其是经过上次刘如意被毒死的事件之后，汉惠帝更加小心谨慎地保护刘肥，不给吕太后留下手的机会。

吕太后无法使用阴谋，那干脆使用阳谋。在宴会上，吕太后发现汉惠帝为了孝悌之义，请刘肥坐了上座。吕太后大怒，马上让人倒了杯毒酒放在刘肥面前。刘肥不知其中深意，起身就要去拿酒谢恩。而嗅到死亡味道的汉惠帝连忙起身抢先夺过那杯毒酒。

吕太后大惊，她没想到自己的亲儿子会来这一出。吕太后气急败坏，愤怒地打掉汉惠帝手里的杯子，转身离去。这一变故太突然，刘肥是老实人，但又不傻，明显这里边有事。所以刘肥假装醉酒，也匆匆离席。[1]

这一次有惊无险，汉惠帝救了刘肥一命。当然了，如果细细推算，汉惠帝不知道救了刘如意多少次命，但是刘如意还是被吕太后害死了。所以刘肥躲得过初一，能不能躲得过十五还不好说。

关键时刻，内史勋及时站了出来。内史勋献上了一套成熟的方案，说吕太后最爱的就是皇上跟鲁元公主。当年先帝要废太子的时候，曾先废了其女婿张敖的王位。如今齐王是诸王中势力最大者，拥有六郡七十余城，而鲁元公主和张敖的封地只有几座城池。不如把其中较富庶的城阳郡（治所在今山东莒县城阳镇）献出来给鲁元公主作封邑。刘肥从善如流，奏请献出城阳郡给鲁元公主。吕太后大喜，放刘肥回齐国。[2]

刘肥逃过一劫返回齐国，虽然失去了城阳郡，但是好歹保住了脑袋。刘肥事件明面上是吕太后和刘肥相互较量，实际上是曹参暗地里操控着事情的走势。这事做得漂亮，最起码在保护汉高祖儿子的事儿上，曹参比周昌称职多了。

只是曹参的这些小动作也许瞒过了吕后，却没能瞒过与他不和的萧何。萧何虽然在病榻上，也时刻关注着曹参的一举一动。

---

[1] 见《史记·吕太后本纪》。
[2] 见《史记·齐悼惠王世家》。

6

一场接力

此时已是汉惠帝继位的第三个年头。在过去的两年里,吕太后的主要精力都用在处理"家事"上。她与赵王刘如意、齐王刘肥之间的恩怨,算是家庭内部矛盾,萧何等重要朝臣们不好插手。可吕太后毕竟不是普通家庭的大家长,她是一国太后,这就导致她处理的所谓家事,实际上就是国事。毕竟她的家事变化,导致了汉朝从诸侯国到朝廷中枢的一系列人事变更。这也为黄老之术的后续发展奠定了一个基础,当吕太后想要擅权干政的时候,就可以把国事转化为家事处理。而在这个过程中,萧何等人倡导的申不害式黄老之术逐渐处于劣势,直至完全转型为慎到式黄老之术。不过,这段时间汉朝也取得了巨大成就。朝廷税收改为十五税一,经济得以发展,长安城得以大规模扩建,汉朝国力展现出一派欣欣向荣的态势。可就在这大好形势下,一系列的异象弄得大汉臣民人心惶惶。

东海郡兰陵县一户人家的井里出现了两条龙。这事要搁后世王朝,那就是祥瑞。但是在当年的汉朝,民间传说这是龙困在老百姓井中,象征着某王族要被囚禁。

别管这事朝廷怎么看,一波未平一波又起。陇西发生了大地震,这事搁哪朝哪代都不是好事。地震更像是上天对人间君王的警示。[1]

无论是兰陵县的龙还是陇西的地震,皇上和太后都没看见。但下面这个

---

[1] 见《资治通鉴·汉纪》。

事，皇上、太后、文武群臣可都看见了。这不，正好好的，长安城东北方向的天空突然裂开了一道口子，目测长二十多丈，宽十多丈。紧接着大家感到脚下传来地震的感觉，空气中的温度下降让人们感到阴气重而阳气弱。[1]当年夏天大旱。

总之，汉惠帝二年，各种怪相丛生，民间更是将矛头直指吕太后。这时候的吕太后又是什么样的状态呢？我觉得只有王安石说过的三句话最贴合当时的吕太后：天命不足畏、祖宗不足法、人言不足恤。也就是说，吕太后压根不顾"老天爷"的启示，继续我行我素。

但是汉惠帝不能当什么事都没发生，他决定找个明白人问问今后的路该怎么走。这时候汉惠帝身边没有李左车，没有商山四皓，没有张良。汉惠帝也不知道陈平是自己人，所以不敢跟陈平走得太近。都知道陈平没节操，现在又是吕党成员，皇帝不能跟唯利是图的人交心。因此，汉惠帝出宫亲自去了趟丞相府，要问问一直不上朝的丞相萧何以后该怎么办。

萧何是个活得很明白的人，当年就不争功，就这还不小心卷入党争被汉高祖以莫须有的罪名下了大狱。汉高祖没能扳倒萧何，还让自己的贴身侍卫数落了一顿，最终不得不释放萧何，还跟萧何道歉了事。萧何的确是个铁杆太子党，虽然在保太子这个事件上，萧何跟吕太后多有合作，但是萧何始终都不是吕党，也没想过跟着吕太后讨生活。所以在汉高祖驾崩之后，萧何决定学习张良，过起了称病的生活。萧何人虽然不在朝堂，但是在相府请病假的他对朝局洞若观火。

常言道，人生七十古来稀。六十多岁的萧何，想必已然觉得自己大限将至。也正是这个时候，汉惠帝驾临相府，跟这位老相国进行了一次会谈。简单说萧何岁数大了，虽然他看不上吕太后的所作所为，也知道吕太后对刘氏江山的危害，还明白汉高祖晚年人事安排的良苦用心，但是他没精力再跟吕太后斗上一场了。对于萧何来说，最重要的是谁来接替自己。

汉惠帝来探望萧何，顺便问一下萧何，将来谁可以接替他呢？萧何并没有回答，而是把问题抛还给汉惠帝，让汉惠帝来选。汉惠帝想了想，问曹参如

---

[1] 见《汉书·天文志》。

何？萧何听完之后，挣扎着从病榻上下来跪拜，说如果曹参当丞相，他死而无憾。之后，君臣对话结束。萧何显得格外安详，汉惠帝懂了，以后的事问曹参就好。[1]

当月，萧何薨。一代名相萧何走完了自己的人生道路，跟汉高祖一样，萧何用了大量时间精力，为自己死后的事做了安排。

谁都知道萧何与曹参不睦，那么为什么萧何笃定曹参是自己最适合的接班人呢？其实道理也简单，我们不妨来看看曹参在齐国做了什么。

齐国是汉初最大的诸侯国，有七十余城。齐王刘肥正值壮年，曹参到齐国为相，一般来讲更容易"新官上任三把火"。不过曹参并没有讲什么方针，也没定什么规矩，更没有大张旗鼓搞什么项目。曹参把齐国德高望重的人找来开了个会，让他们畅谈如何安定百姓。齐鲁大地是儒生的大本营，所以来开会的数百人多为儒生。按照韩非的说法，自孔子以后，儒家分为八派。再细分的话，流派还要更多。所以这次会议没开出个统一意见，大家各有各的主张。曹参并没有采用任何人的主张，而是请来了胶西盖公问策。盖公是当时著名的黄老学者，曹参对盖公礼敬有加，记住了"贵清净而民自定"的良言。曹参在齐国以黄老之术治理了九年，使得齐国百姓安定，齐人称颂曹参为贤相。[2]

曹参在齐国的治理模式，正是萧何崇尚的模式。在这种模式下，齐王刘肥无为而治，丞相曹参率领各级官员形名参同，君、相、臣、民和谐相处，是当时的最优解。曹参和萧何有相同的理念，曹参也有成功的经验，萧何希望曹参接班也就顺理成章了。

其实萧何在观察曹参治理齐国的时候，曹参也在观察萧何。相比之下，曹参也看到了萧何的不容易。吕太后对权力的欲望大家都能看到，曹参在齐国可以放开手脚，萧何在朝廷中枢只能虚与委蛇。但曹参也知道，他和萧何的治国理念是一致的。等到萧何去世的消息传到齐国，曹参则默默地令底下人收拾东西，其门客不解，问其故。曹参风轻云淡地说：我要入朝当相了。

果然，没多久朝廷来人传旨，曹参升任相国。曹参临走时叮嘱新任齐相，

---

[1] 见《史记·萧相国世家》。
[2] 见《史记·曹相国世家》。

齐国政务的重中之重就两样，一样是司法，一样是市场。其他的不重要。

齐相不解，问曹参难道就没有更重要的事情吗？曹参告诉他，社会安定的基础是司法和市场能够容人。如果破坏了司法和市场，坏人去哪容身？所以司法和市场最重要。[1]

其实曹参是想告诉自己的继任者，人生而有善恶，这是客观事实。而社会的底线就是司法公正和市场公平。因为公正的司法可以让百姓有地方讲理，而公平的市场可以让百姓通过劳动换取报酬。这两样，同时也是百姓生存的底线。假设司法的公正与市场的公平被破坏，好人会抱怨，会忍耐，会痛苦，会自洽……而坏人很可能就要反社会，从而造成更大的危害。

从另一个角度讲，曹参所言，就是老百姓可以生活不如意，但不能没希望。底层百姓无非是摆摊做个小生意，如若官府砸了他的摊子，如若摊主是恶人，生路被断了就会铤而走险。所以千万别断了老百姓的生路和希望。毕竟，历史上太多农民起义的源头，都是从失去生路和希望开始的。陈胜、吴广如是，后世的方腊如是，唐赛儿如是，李自成亦如是。

曹参回到了长安。他发现萧何跟自己实在是太默契了，因为萧何留给曹参的是当时最完备的全套法律法规。虽然这二位多少年都不说话了，但他们的交接，比曹参对齐相的谆谆教导要默契太多了。曹参也明白了，萧何懂他，正如他懂萧何一般。此时曹参深悟先帝之圣明。

就这样，曹参正式担任大汉王朝第二任相国。对于曹参来说，这与担任齐国的丞相没有什么本质的区别。他依然没有折腾任何事，也没有展示任何存在感。在齐国时，曹参还要征求下盖公的意见。那么在长安，连这一步都省了。萧何在的时候朝廷怎么运作，如今还是怎么运作。曹参大力推广萧相国当年的法制成果，大事小情都按萧何的《汉律九章》去办。日常工作以前怎么做，现在还怎么做，一切照旧。地方上有不善于钻营只懂得埋头苦干的官员，一律提拔到朝廷。那些非常懂人情世故，善于拉关系搞圈子的官员，对不起，走人。而曹参本人呢？压根没有具体工作，就剩清静无为，喝酒玩乐了。

本来吕太后、汉惠帝、朝臣都眼巴巴看着曹参到任会搞些什么新花样。结

---

[1] 见《汉书·萧何曹参传》。

果呢，自打曹参上任以后，醉的时候比醒着的时候多。每天找他的人络绎不绝，有的是真有公事请示，有的是行贿。但是也邪了门了，不管是谁，只要来找曹参，这位相国就处于醉酒状态。哪怕真有那不信邪的，愣坐在相府等着，看他什么时候醒酒，大家耗着呗。结果曹参好不容易醒酒了，但是他醒来第一件事就是又开一坛酒，再喝！

这样一来，大家在公事方面只好按照萧何当年的规章制度办，私事那就压根张不开嘴。久而久之，曹参的渎职行为就传到了汉惠帝的耳朵里。汉惠帝也纳闷，说好的曹参到任就来给自己指点迷津。现在曹参天天喝成那样，他自己就在迷津里，怎么指点别人？汉惠帝甚至认为，曹参这是欺负自己年轻，不把自己放在眼里。

当时，曹参的儿子曹窋担任中大夫之职。汉惠帝召见曹窋，让曹窋回家问问曹参：皇上正当年，你当相国，不想着跟皇上一起做大事，却天天喝酒，难道不把天下当回事吗？

汉惠帝给曹窋任务的时候，还强调："别说这话是朕问的。"

曹窋当然不敢出卖皇上，他回家后真的按照汉惠帝交代的去问了曹参。曹参也不含糊，绑了曹窋就打了二百棍。还告诫他，去好好伺候皇上，天下事不是你能谈论的。

俗话说打狗也得看主人，曹窋替皇上问话，结果被曹参给打了。转过天来上朝，汉惠帝就得埋怨曹参的暴力行为。

曹参摘下官帽谢罪，他问汉惠帝："皇上和先帝比，谁厉害？"

汉惠帝当然说："先帝厉害。"

曹参再问汉惠帝："我跟萧何比，谁更厉害？"

汉惠帝说："应该是萧何厉害。"

曹参连挖俩坑，汉惠帝都跳进去了。曹参接着说：这就对了，您不如先帝，我不如萧相国。他俩制定好了治国的法律和制度，皇上只需要无为而治，臣等恪尽职守，遵守好法规，不就行了吗？

汉惠帝多聪明，当场明白了汉高祖为什么非让曹参一直委屈地待在齐国，明白了为什么汉高祖非让曹参接萧何的班，明白了为什么曹参上任就只喝酒。

曹参这是要拉皇上跟他一起树立个榜样，国家的根本大法就是先帝和萧何时期的法律，无论人事任免和治国方略都按萧何的制度去办。大的原则，都按先帝的办。相国不能改，皇上不能改，那谁也别去改。

既然先帝定下的国策不许改，那么先帝说过的那句"非刘氏而王者，天下共击之"也就不能改。这句话可以看作与太后共勉的国家根本大法。

汉惠帝开心地让曹参回家继续休息，休息好了继续喝酒。

实际上，曹参任相期间，就是一种"无为"的表现。虽然他不是真正的无为，但也成为汉初黄老之术治国的一面旗帜。相国都讲究无为，地方官还能随意折腾吗？大家都不折腾，吕太后还好意思折腾吗？后人把曹参与萧何的交接，称为萧规曹随。

这种黄老之术跟吕太后希望的黄老之术有着本质的不同。按照吕太后的设想，慎到推崇的黄老之术是她最希望执行的。慎到所架构的朝廷运作模式是一元的，简而言之就是君王以法规的形式总揽天下大事，臣子依照法规办事。君王立法不做事，臣子做事不质疑君王的法规。下级永远不能质疑上级。如此，天下大定。这种模式下，大臣都是君王的工具，且没有不可替代性。[1]

另外，需要强调的是慎到所谓的法，并不一定是成文的法律，他认为君上的意志都是法。这样的好处就是君上对臣下的赏罚都可以说是依法办事，这样大臣就无法因为赏罚怨恨君上本身，如此则君上更容易操控臣下。[2]

这种模式吕太后大概没意见，但汉朝的开国元老们肯定有意见。这里有两个原因，其一是汉朝开国以来，无论是汉高祖还是汉惠帝，抑或是吕太后，都不具备立法的能力。毕竟这是君主集权制的初级阶段，朝廷连尚书台都没有，更别提内阁、军机处这样的机构，所以君王依靠的办事人员必须是萧何、曹参这样的治理者。

萧何可谓是那个时期最懂立法的人。当初汉高祖率先攻破咸阳，别人抢金银财宝的时候，只有萧何先去拿了秦朝档案馆的法律文书。后来项羽进入咸阳，虽然秦王室的金银财宝都落入了项羽手里，但档案资料律法户籍之类的文

---

[1] 见《慎子·德立》。
[2] 见《慎子·君人》。

档都让萧何带走了。

既然制定法规不得不依靠萧何，那么萧何就不会把自己和开国功臣们定位成随时可被替代的工具，所以他制定的黄老模式是二元的，即皇帝与相国共治国家。

再一个原因则关系到群臣的安全感。对于汉朝的开国功臣来讲，最理想的状态当然是恢复到周朝的模式。汉朝皇帝为天子，群臣依照功劳分封。但这个模式一去不复返了，汉高祖曾下旨不再分封异姓王。况且，参考汉初异姓王们的悲惨遭遇，朝臣们对王位也不那么热衷。

如果不能恢复周制，继续秦制也是万万不能的。群臣在秦制模式下是没有安全感的。天下人的生死存亡都在皇帝的一念之间，谁知道皇帝是什么脾气？谁又能约束皇帝的脾气？所以，法规决不能是皇帝制定，且不能只约束群臣。所以萧何制定的法规，是皇帝也要遵守的。只有皇帝也在法下，大臣才能安全。

前文讲过，汉高祖曾以莫须有的罪名把萧何抓进了大牢，而王卫尉非要汉高祖给个理由，汉高祖找不出合法的理由，这才不得不放出萧何，还得道歉。

也正是因为这两点原因，曹参即便是反对萧何这个人，也要坚决支持萧何制定的法规。哪怕曹参装傻充愣，也要保障萧何之法继续实行。但曹参这么装傻充愣，吕太后未必不能参透原因，可她也无可奈何。不过无论如何，吕太后都不能因为曹参的行为而停下自己的脚步。就在曹参任相期间，吕太后开始正式对刘氏家族动手。只不过吕太后起初没想到，大汉疆土之外的对手，打乱了她的计划。

7
来自匈奴的一封信

自从汉惠帝二年的大自然异象丛生开始，汉朝的内外环境开始变得不那么太平。也就是说曹参接手的汉朝，其实处于风雨飘摇中。

在汉朝的北疆，虎视中原的冒顿单于依然是当时亚洲乃至世界最强君主。在汉朝的南方，百越杂居，民族复杂。自从第一代长沙王吴芮和第二代长沙王吴臣薨后，第三代长沙王吴回显然没有吴芮当年在百越地区的影响力。外藩当中，南越王赵佗和朝鲜王卫满都是桀骜不驯之辈。

然而就算是这样，相国曹参还是坚持没有什么事是喝顿酒解决不了的，如果有就喝两顿。但这一切对于吕太后来说，都不如自己揽权更重要。

可是现实都是很残酷的，绝不以吕太后的个人意志为转移。她不想搭理边疆危机，而边疆危机却找到了她，而且是专门针对她一个人来的。

北方草原雄主冒顿自打和汉高祖和亲以来，对汉朝基本上还是很友好的。随着时间的推移，第一代和亲公主敌不过岁月洗礼，容貌一落千丈。这也难怪，那北方苦寒之地，自然难以长久地保持姿色。这时候冒顿单于还想继续和亲，于是给吕太后个人写了一封信，其文曰：

孤偾之君，生于沮泽之中，长于平野牛马之域，数至边境，愿游中国。陛下独立，孤偾独居。两主不乐，无以自虞，愿以所有，易其所无。

简单翻译一下就是：

我虽是单于，实乃一光棍。生在水草地，长在大沙漠。
几次至汉边，只为游中原。陛下是单身，我也一人活。
咱俩不开心，空虚冷寂寞。不如凑一对，这事准不错。

这封信一来，那绝对是挑战了吕太后的底线。这到底是算调戏还是求婚，谁说得准？别说是针对一国君主了，就算是针对一个普通老百姓，这也是让人没法忍受的。吕太后也够可以的，把这奇耻大辱公布在朝堂上，问问大家什么意见。[1]

樊哙第一个站出来表明立场。他坚决站在吕太后这边，说给他十万兵马，他能横行大漠！樊哙都这么说了，众臣赶紧也跟着表明立场，坚决支持樊哙对匈奴用兵。在帝制时代，逻辑不重要，现实不重要，甚至利益都不重要，但是立场很重要。假设吕太后是后世明英宗那样的君主，可能就脑袋一热对匈奴开战了。倘若如此，汉朝在黄老之术下的休养生息就会结束。

吕太后不是明英宗，她一听见樊哙表忠心，就感到头疼。君主开御前会议的时候，一般问这仗该不该打，那意思就是说快出来个人拦着我，这仗不能打，我痛快痛快嘴骂两句街就得了。一般问这仗该怎么打，那才是真的要开战的节奏。

显然樊哙没能领悟到庙堂权术的高深之处，还以为是站队表立场的时候，所以他忠肝义胆地发言之后，吕太后很不满意。但是吕太后的剧本设定是她要打仗，大臣出来拦着她。现在变成了大臣要打仗，她总不能拦着大臣吧。毕竟这事的前提是冒顿对吕太后个人无理，如果吕太后不表现出愤慨，会让人感觉她愿意一样。

可惜的是樊哙表明完立场之后，起了个很不好的带头作用。这些朝中大臣，多数是站着说话不腰疼的人。当年汉高祖要斩韩信，群臣喊支持！结果是陈平摁住群臣，使出请君入瓮之计，兵不血刃活捉韩信。后来汉高祖要战英

---

[1] 见《史记·匈奴列传》。

布，群臣也喊着要活埋英布！但是真动手的时候，还得汉高祖亲自出马。这回樊哙都说要带十万兵马横行大漠了，群臣当然表示樊哙威武，请樊哙赶紧北上征战。

眼看着这场闹剧没法收场，关键时刻，吕太后发现了群臣当中有个人脸上闪现过一道诡异的冷笑。这在群臣中显得格外扎眼，吕太后知道，这个人一定会有不同的见解。

这个冷笑的人不是一般人，他是前朝西楚霸王帐下的大将季布，跟钟离眜、周殷、龙且、英布等人齐名。汉朝建立后，本是通缉犯的季布在江湖游侠朱家和汝阴侯夏侯婴的保举下，入朝为官。在这次朝会上，季布的身份是中郎将。中郎将位列九卿之一的郎中令之下，属于禁军系统，为五官、左、右三中郎署的统领之一。[1]

吕太后仿佛看到了救命稻草，赶紧让季布出来说说，樊哙的主意怎么样？季布淡淡地说：先斩了樊哙吧。当初先帝带三十二万人北征匈奴，结果被冒顿围在白登山。当时樊哙就在军中为上将军，那时候他都无法解白登之围。以至于天下都在传唱一首歌，唱的是："平城之下亦诚苦！七日不食，不能彀弩。"如今樊哙号称能带着十万人横行大漠，那是一本正经地欺君。而且匈奴人如同禽兽，你夸他，他不知道高兴。骂他，他不知道生气。所以为了匈奴人的一封信就开始一场大战，是完全没有必要的。[2]

吕太后很开心，季布既拦住了吕太后北伐，又给足了吕太后面子。接着会议就被季布带到了另一个层面，大家不研究怎么带十万人打仗的事了，开始研究怎么跟匈奴回信。最后，吕太后给冒顿回复了一封极其谦卑的信件。其文曰：

单于不忘弊邑，赐之以书，弊邑恐惧。退日自图，年老气衰，发齿堕落，行步失度，单于过听，不足以自污。弊邑无罪，宜在见赦。窃有御车二乘，马二驷，以奉常驾。

---

[1] 见《汉书·百官公卿表》。
[2] 见《汉书·匈奴传》。

简单翻译一下就是：

亏您记得我，给我写封信。我也挺惶恐，回去问自心。
岁数也不小，状态也不好。头发愈发少，牙齿也常掉。
腿脚不利索，走道晃又颤。您别听谣言，找我准丢脸。
我也没啥错，您也多包涵。送您车和马，这事就算完。

冒顿收到这封谦卑的回信，顿时觉得自己太过于无礼了。然后他看在宝马香车的分上，给吕太后回信说自己不懂事，希望吕太后别在意。看在马的分上，两国和亲。

自此以后，大汉朝北疆安宁，终汉惠帝一朝，再无边疆危机出现。

这种处理方式，就是非常典型的黄老之术处理方式。但在我们漫长的历史长河中，这么处理周边关系的时候并不多见。哪怕是清末那种积贫积弱的状态，慈禧太后疯狂到向十一国宣战，满朝文武中也不过是许景澄、袁昶等五个大臣敢说打不得。结果这五个大臣被斩杀，清廷继续以卵击石，后果大家也都知道了。

同样的事情在两宋、明朝也多次出现。那么为什么会有这样的变化呢？我们需要从黄老之术的后续发展中来探寻。

汉武帝时期，黄老之术被弃用，朝廷走回了秦始皇的老路。但为了避免重蹈秦朝覆辙，汉武帝为秦制套了个儒家的外衣。从此历代皇帝们都以孔子之名，干与孔子思想相左的事。本质上，汉武帝之后的指导思想，还是以商韩荀为主。

而这种思想，与黄老之术有着本质的不同。虽然两种思想的内核都是法家，目的都是君主专制。但黄老之术还是要求君主"无为"的，天下无事，皇位才能坐得稳。但让一个全国权力最大的人无为，非常不符合人性。也因此，在西汉初年，皇权多少还是要受到一些制约。这种制约可能来自群臣、天象、藩国、祖训等方面。

所以在汉武帝掌握无上大权之后，要逐步消除各种对皇权的制约。这种加强皇帝集权的模式，在之后的历史中不断加强。比如东汉出现了尚书台以瓦解相权，唐朝在三省六部制确立后设立了群相，宋朝皇帝致力于让圣旨的权威压过法律，明代直接废了丞相制，清朝出现了军机处。也正是这个清晰的脉络，让中国古代的皇帝成为这个星球上权力最大的君主。当全国都要围绕皇帝的意志运行时，皇帝说句话别说不会有反对的声音了，赞美不够用力都算罪过了。

所以在皇权失去制约后，大臣们发言主要考虑的是皇帝是否爱听，至于是非对错都不重要了。那些敢说真话的大臣，要么官不大，要么已被处死。

那我们可以试想下，如果汉初没有黄老之术治国，那么吕太后收到冒顿单于的信时，朝上的局面就是我们在读史中熟悉的另一种画风了。

这封信主要是体现冒顿单于和吕太后两个人之间的矛盾。假如吕太后拥有像慈禧太后一样的权力，那么她一定会把她与冒顿两个人的矛盾升华到匈奴对汉朝的侮辱，并要求朝廷上下跟匈奴拼了。之后群臣激愤，纷纷高呼太后圣明，然后汉朝与匈奴开战，打赢了那是伏尸遍野，这个过程是汉朝人民出钱出命，荣誉最终归于太后。但更大概率是打不赢，到时候吕太后要么迁都，要么割地赔款求原谅，事情结束后，太后每顿饭不会减少一个菜，为太后冲动买单的还是汉朝人民。

历史上随着皇帝权力的加强，皇帝任性的成本越来越低。毕竟无论怎样，都由人民买单，那皇帝当然就不在乎随意折腾。

我们回到汉初历史当中，吕太后用非常"黄老"的方式解决了匈奴问题，并未有损汉朝这个新兴国家的威名。也就是在这个时候，朝鲜的卫满为了掩盖自己篡位的行为，积极跟汉朝联系，主动称臣，号称帮助保卫汉朝的东北疆。同年，南越王赵佗向汉惠帝称臣，岭南地区安定。然后，最让朝廷放心不下的就是今天浙江、福建一带的越族闹事。湖南的长沙王吴回已经影响不到这一带了，汉惠帝把目光瞄向了另一个人。

此人名叫欧阳摇，是越王勾践的后裔。欧阳摇在浙江一带很有影响力，以至于秦始皇灭了越国之后，不得不让欧阳摇继续管理东越地区。只不过秦始皇为了宣誓自己在这一地区的主权，让欧阳摇改名驺摇，驺就是驯服的意思。驺摇别的不行，但是很会站队。秦末大乱，驺摇坚决站在吴芮的旗帜下，分到了西楚的蛋糕。楚汉之争，驺摇坚决地跟随吴芮反了项羽，帮汉高祖打下了天下。所以，在东南不稳的情况下，汉惠帝封驺摇为东海王，镇守汉朝东南。

总之，在汉惠帝三年，朝廷用和亲稳定了北方的冒顿单于，东北依靠卫满守边，东南有驺摇镇守，南方只要赵佗不闹事，那就不会有事。

汉朝的稳定发展，不一定非靠武力解决。汉惠帝时期未曾动武，反而边疆安稳，这也是汉武帝所欠缺的政治智慧。

8
黄老之术的转型

在汉初，萧何等人架构的黄老之术是二元的，皇帝与丞相共治国家。在这种模式下，皇帝无为而治，丞相处理具体政务。但因为朝中还有个大权在握的太后，这种政治模式也逐渐出现了新的问题。吕太后既干预皇帝的最高权威，又干预丞相行政，让这种模式愈发别扭。

随着汉惠帝年龄渐长，大婚和行冠礼已经迫在眉睫。大婚和行冠礼意味着皇帝长大成人，也就意味着皇帝要亲政，这显然与太后称制会发生冲突。另外，一旦皇帝大婚，皇后一族必然会掌握一定的权力，这在一定程度上对太后的吕氏一族也能产生威胁。

吕太后早已预料这一切。她不希望任何人对她造成威胁，但又阻止不了汉惠帝大婚和行冠礼。那么她必然需要提前做好万全准备，把自己的利益损失降到最低。皇帝大婚必然伴生一个强大的外戚家族，于是吕太后把自己的亲外甥女、鲁元公主的女儿张嫣指定为皇后。也就是说，吕太后要逼汉惠帝娶自己亲姐姐的女儿，这则意味着，吕太后为了自己的权力，已然完全不在意礼仪人伦了。[1]

此举一定会招来非议。按照中原传统价值观，自从五帝定伦以来，小民百姓家都不能有这么有违人伦的事，更何况是帝王家？这件事对于皇帝和皇后来说，必然是痛苦的。但吕太后为了自己的权力，顾不了这么多了。那至于民间非议，当如何是好？倘若是后世王朝，我们很熟悉的一个做法就是敢议论朝政

---

[1] 见《汉书·外戚传》。

者，斩！为了高效完成这一目标，还可以让邻居之间互相举报，谁还敢议论？

但是吕太后无论在自己家怎么强势霸道，但在治国这方面，还是基本上要遵循一个不折腾的原则。吕太后选择用转移视线的方式压过民间对她的非议。比如令地方上举荐民间那些孝悌者，以及勤劳耕作者，为他们免除徭役。

汉惠帝四年（公元前191年）三月，借着皇帝行冠礼这件大事，朝廷顺势大赦天下，并让司法大臣检索现行法律中有无对民有害的规定。汉朝初年的法律架构，基本上就是按照萧何从秦档案馆中抢救的那些秦律演变而来。结果相关的官员检查，发现秦朝的一条暴政还在，于是提出废除。这个暴政，就是挟书律。[1]

挟书律是秦代最大的暴政之一，展现了秦制对文化和言论自由的态度。挟书律的产生背景还是百家争鸣时代，这时期的知识分子都有独立的思想和人格，自然也有独立的思考和观点。这种带有自由主义和人文主义的文化氛围，是商鞅所不能容忍的。因为商鞅入秦之后，要为秦孝公把秦国打造成一台以秦孝公为尊的战争机器。既然是秦孝公的战争机器，那么秦人都是这部机器上的耗材。这在后世可能人们习以为常，但在周朝却是违背常识的。因为在周朝封建制的体系下，即便是周天子权威不在，但有两条基本观念还是深入人心的。第一，在等级制度下，每一级都只向上级负责，不向上上级负责。比如我们熟悉的所谓战国四公子也好，战国四大刺客也好，这些封建领主的门客，就只向自己的领主尽忠，不对领主的主人尽忠。第二，在古儒倡导的"仁"这一观点中，有一个基本原则就是亲亲高于尊尊。简单说就是家庭比朝廷重要，孝顺父母比忠于皇帝重要。

有这两条基本观念在，商鞅的战争机器计划就不会成功。比如说，秦孝公要打仗，还要对邻国具有压倒性优势，那必须动员全国的力量。而底层人民如果只听自己领主的，而不听秦孝公的，则无法达到令行禁止。所以商鞅变法的第一条就是开阡陌废井田，本质上讲就是废除周朝封建制，改为中央集权制，秦孝公的意志至少要下达到县这一级。此外，古儒倡导的人文主义思想是君主独裁的大敌。因为在先秦时期，秦孝公发动战争，一定要给民众一个交代，为

---

[1] 见《汉书·惠帝纪》。

什么要打这一仗？此外，打仗的基础就是有兵有粮，所以秦人的自由意志要被剥夺，只能按照秦孝公的需求去种地或者当兵。那民众也要问个为什么？秦孝公打仗，无论输赢，倒霉的都是百姓，肯定不是秦孝公本人。为了不让人问为什么，商鞅最早提出了挟书律，要求烧掉《尚书》和《诗经》。因为《尚书》记载的都是上古仁君的德行和暴君的教训，要对照《尚书》的标准，秦孝公搞商鞅变法就是暴君行为。《诗经》被孔子赞扬为"思无邪"，尤其是《国风》的部分，表达了人民的生活状态和原始人文主义的思想。总之是通过种种约束，使秦国民众成为秦国战争机器的耗材。

因此，秦孝公开始焚烧《尚书》《诗经》，只允许秦人学习商鞅写的法令。[1]

到了秦始皇利用这部战争机器一统天下后，又进一步采取了李斯的建议，把焚书的范围扩大到了全国，把焚书的类目扩大到了诸子百家。甚至路上谈论诗书的，都要被杀。除了医药占卜种树之类的书外，三十日不烧的，就要被黥面后罚去筑城四年。这就是终极版挟书律。[2]

挟书律终结了百家争鸣的思想和文化大繁荣的局面，也让古典书籍遭到了灭顶之灾，是中国古代文化史上的悲剧。而在汉惠帝四年，皇帝冠礼之后，朝廷正式废除了挟书律。也因此，很多知识分子脑子里古籍得到了及时整理，因而衍生出了汉代的不同版本。这也算是不幸中的万幸了。

随着挟书律被废除，吕太后和汉惠帝在民间的形象就高大了起来。在次年相国曹参去世后，汉朝的相国改称丞相。自此相权与皇权相互制衡的平衡被打破，皇权稳稳压过了相权。这就意味着，萧何制定的二元黄老之术开始转向一元黄老之术，申不害式的黄老之术要转成慎到式的黄老之术。而在吕太后和汉惠帝之间，因为吕太后是汉惠帝的亲妈，所以在这二人的权力斗争中，汉惠帝基本上是处于下风的。

我们知道，一元黄老之术最终也是要终结的。那么在这一过程中，有一位大臣的作用不可忽视。这个人就是叔孙通。

---

[1] 见《韩非子·和氏》。

[2] 见《史记·秦始皇本纪》。

9

叔孙通现象

叔孙通是汉朝的开国元老。很多人在介绍他的时候，通常说他是个儒家学者。事实真是如此吗？其实叔孙通这个儒家学者的头衔是自封的，他在大是大非面前从未干过一件符合儒家思想的事。那么这个人是怎么影响汉初黄老之术发展走向的呢？

叔孙通是薛郡人，薛郡属于鲁国故地，当然这里也是儒家文化昌盛的地方。叔孙通接受过儒家文化的教育，也因此在秦朝征召文学博士的时候，叔孙通能以儒生的身份来到咸阳。

秦朝的儒生跟后世王朝还不太一样，秦朝和儒生原本是水火不容的，尤其是在焚书坑儒之后，儒生在秦朝就成为很尴尬的存在。那么叔孙通这类儒生，为什么还能成为秦朝的文学博士呢？要说清这个问题，我们还是得从春秋战国时代说起。

其实早在春秋时期，孔子对秦国的评价很高。他曾对齐景公讲过，秦国虽然小，但志向大；地理位置虽然偏僻，但是行为中正。秦穆公能从奴隶中赎回百里奚，与其交谈三日后就放心地把国政交给他，这样的国家不称霸才算稀奇。[1]

但是秦穆公之后，秦国的风貌完全变了。原因是秦国保有殉葬制度，秦穆公死后，有一百七十七人殉葬，这其中有奄息、仲行、鍼虎等贤人，自此秦国霸业凋零。[2] 秦国的萧条一直持续到秦孝公时代。

---

[1] 见《史记·孔子世家》。
[2] 见《史记·秦本纪》。

秦孝公任用商鞅变法，用牺牲民众利益的方式实现了强国。这跟儒家推崇的以人为本的思想背道而驰，因此当时有儒者不入秦的传统。直到有一天，荀子入秦考察，才打破了这一传统。但荀子之学到底算不算儒家思想？这件事是有争议的。荀子本人批判了包括孟子在内的所有儒家流派，教出来韩非、李斯两位法家的集大成者，而他却认为自己才是孔子的正宗传人。秦朝统一后，所征召的儒生基本上都是荀学传人。

而荀学传人虽然顶着儒家的名头，却与黄老之术有千丝万缕的联系。荀子的另一名弟子张苍，就是汉初黄老之术的积极推行者。叔孙通以儒者的身份成为秦朝的文学博士。自焚书坑儒之后，秦朝的博士人人自危，要么像商山四皓那样隐居深山，要么就闭口不谈政务。直到有一天陈胜起义，秦二世召集博士们问策。有三十几位博士认为这是大型反叛事件，应该马上重视起来，发兵攻打。秦二世大怒，叔孙通赶紧发言，说天下一统，正值盛世，陈胜等人不过是几个鸡鸣狗盗之徒，不足挂齿，地方官把他们抓起来就行了，不用担心。秦二世听了特别高兴，赏赐了叔孙通。[1]

粉饰太平后的叔孙通逃离了咸阳，先后跟过项梁、楚王、项羽、汉高祖，最终跟随汉高祖建立了汉朝。汉朝初建，大臣们争功，汉高祖分蛋糕的时候非常头疼。像叔孙通这样并无大功的人，想分蛋糕几乎是不可能的。于是他的上进之路，就只能是阿谀汉高祖，要以儒生的身份为汉高祖制定礼仪。

前文说了，叔孙通其实是个冒牌的儒生。无论是从思想角度还是从专业角度，叔孙通都不是个合格的儒生。制定礼仪这种事，叔孙通也不熟悉。包括跟随叔孙通的一百多名弟子，也不熟悉儒家礼仪。于是叔孙通亲赴曲阜，挑选这方面的专业人士来长安。结果就有两名正直的儒生不接受叔孙通的招揽。这二位认为叔孙通前后跟过十个主子，都是靠逢迎奉承上位。如今天下初定，死者未葬，伤者未愈，朝廷居然要搞什么礼仪，这事不能参与。

很自然的，叔孙通笑他们不识时务。而叔孙通所谓的礼仪，不过是把群臣训练成仪仗队而已。汉高祖自然很满意，封叔孙通为太常，后升为太子太傅。

既然是太子的老师，叔孙通和汉惠帝的关系就非同一般。因此汉惠帝即位后

---

[1] 见《史记·刘敬叔孙通列传》。

对叔孙通非常信任。汉惠帝的这位老师，到底教会了汉惠帝什么？为什么我说叔孙通是汉初黄老之术解体的重要人物呢？接下来这个事件，可以让大家一探究竟。

汉初的长安城有两座宏伟的皇宫，一座是皇帝居住的未央宫，一座是太后居住的长乐宫。汉惠帝登基后，每天去长乐宫向太后请安在当时可是件非常麻烦的事情。因为这条路上要经过重重宫门，礼节自然也非常繁琐。于是汉惠帝命人修建一条从未央宫到长乐宫的天桥，以便他出入长乐宫。

工程尚未完结的时候，叔孙通进宫议事了，他认为天桥工程要经过太庙，皇帝每天从太庙上走过去，属于大不敬。

汉惠帝一听，这不孝的锅可背不起。于是汉惠帝从善如流，知错就改，打算拆了天桥。如果故事到这里结束，叔孙通不过是个迂腐的文人罢了。可故事还没结束，叔孙通反对了汉惠帝修天桥，又坚决制止了汉惠帝拆天桥的行为。那是为什么呢？原因是叔孙通告诉汉惠帝，皇帝是不能有错的。如果现在拆了天桥，就等于是皇帝承认了之前修天桥是错的。那怎么办呢？叔孙通告诉汉惠帝，可以在渭水边再造一个新的太庙。[1]

汉代的黄老之术的崩坏，就是从这里开始的。在黄老之术的指导下，皇帝要无为，无为的核心是要达到无过的效果。因为皇帝要保持神秘，这样才能驾驭群臣。可是叔孙通却告诉了皇帝还有另一条路，那就是无论皇帝做了什么，都不能认错，可以用别的事情掩盖过去。一旦这种现象成了定式，那么皇帝自然就不会无为，还会为所欲为。这也是未来汉武帝时代彻底抛弃黄老之术，重走法家之路的开端。

叔孙通这类投机者，其实无所谓儒家还是道家。他的成功经验就是阿谀权贵，以立场定是非，以皇帝的意志为准则。他因为迎合上意，连陈胜起义危害不大都能说出口，也就没什么底线可言。

叔孙通能以儒者身份带头破坏儒家原则，从而换取利益。那么这之后，很多人会有样学样，唯上意是从。上意往往是需要解除掉所有能束缚自己权力的因素，黄老之术作为一种可以限限制皇权的治国方略，自然也会被未来的"叔孙通"们给破坏掉。

---

[1] 见《汉书·郦陆朱刘叔孙传》。

10 黄老之术下的新布局

汉惠帝在位七年，在一个悲凉的秋季抛下了他的万里江山，撒手人寰。汉惠帝虽然在位期间处处受吕太后钳制，但是他是个真正的皇帝。之所以汉惠帝在位期间吕太后不敢太为所欲为，那就是因为汉惠帝再不济，最起码把军队牢牢掌握在自己的手中。

同样是跟吕太后斗争，汉高祖和汉惠帝的风格完全不同。单论效果，讲道理的话汉惠帝比汉高祖强势多了。晚年的汉高祖发现吕太后要搞事情的时候，出手跟吕太后夺权，结果处处都落下风，一局都扳不回来。再看汉惠帝跟吕太后的强势对抗，双方基本上势均力敌。

汉高祖时，吕太后要杀彭越，那是光明正大地杀，并说是汉高祖的意思。

汉惠帝时，吕太后要杀刘如意，那得偷偷摸摸搞暗杀，还得趁汉惠帝不在的时候。

看上去汉惠帝比汉高祖更胜一筹，但是汉高祖晚年对陈平、周勃面授机宜，安排好了后事。而汉惠帝发现自己不能铲除吕党的时候，无可奈何地自暴自弃，最终郁郁而终，没给大汉江山留下后手。这就是这对父子的差别，这差距还是很大的。

汉惠帝驾崩，汉朝的局势开始风雨飘摇。既是儿子又是自己政治对手的皇帝暴毙，接下来的路该怎么走呢？悲痛显然是最不重要的一环。

随着汉惠帝驾崩，萧何规划的黄老之术开始出现了新的挑战。按照萧何最初的设想，汉朝的权力架构是这样的：皇帝为最高权力，无为而治，丞相负责具体行政，依法治国。皇帝和丞相各司其职，天下太平。

但这个模式在执行过程中，因为皇权被分为太后和皇帝两部分，因此在汉惠帝执政的七年里，一直运行得不太顺畅。皇权一分为二，相权掌握在相国一人手里，所以君权要被相权制约。但随着相国曹参去世，这个制约关系发生了变化。根据汉高祖的生前安排，曹参死后不再设相国一职。原本属于相国一人的职权变成了右丞相王陵和左丞相陈平两个人分享。[1] 再加上汉惠帝驾崩，汉朝的政治格局必然要发生大的变化。

汉惠帝驾崩后，太子继位，史称前少帝。按照规矩，前少帝的嫡母张皇后应该升为太后，而吕太后则要升为太皇太后。在前少帝年幼不能理政的前提下，应该是太后和太皇太后一起理政。可是吕太后当然不想和任何人分享权力，所以在汉惠帝驾崩后，就出现了这样诡异一幕：皇帝的嫡母依然称皇后，吕太后还是太后，如此在皇权这一端就是吕太后一个人说了算，而相权又一分为二，所以相权对皇权的制约力就大大减弱了。

右丞相王陵和左丞相陈平加一块，也比不上萧何、曹参任何一个人在吕太后心中的分量，因此吕太后似乎看到了吕家取代刘家的希望，看到了执行先秦时代慎到倡导的那种一元黄老之术的可能性。

接下来的朝局该何去何从，吕太后和陈平都瞪大了双眼思索着。根据吕太后的一贯作风，最简单直接的方式就是大开杀戒，清洗一下那些手握重兵的老臣。就在汉惠帝驾崩的前一年，手掌兵权的吕党重臣舞阳侯樊哙去世。如今帝位空悬，而太尉周勃又手握重兵，这是比儿子死去更让吕太后忧心的事情。

吕太后狠了狠心，不光是想杀周勃，甚至想杀汉高祖时代的所有老臣。汉惠帝死得太突然，所以吕太后的杀气连陈平都没有发觉。不过有个成了"仙"的人发觉了，此人就是那个时期的"大仙"张良。

张良这个人，是那个时期最大的智者。论智慧能跟张良相匹配的，也仅有陈平一人而已。由于跟汉高祖的关系不同，在汉朝建立后，陈平努力为汉高祖办事，而张良选择了急流勇退。除了汉高祖要废太子的时候张良出山一次，其

---

[1] 汉朝时以右为尊，所以右丞相地位要高于左丞相。

他时间他一直在家修仙。张良在家修仙，神到什么程度呢？反正大家都不知道他什么时候死的。哪怕在史书中，关于张良的死亡时间就有惠帝六年（公元前189年）和高后二年（公元前186年）两个说法。加上张良晚年修行道术，练习辟谷，所以很多人会觉得张良成了仙。

我采用《资治通鉴》的推断，张良的逝世时间为惠帝六年。像这样的大神逝世，或者能留下书，或者会留下遗言，断然不会无声无息地死去。张良显然没有留下天书，那么张良留下了什么样的遗言呢？可能他的二儿子张辟彊知道。

在汉朝建立后，张良的政治倾向很明确，坚决站在吕后这边反对汉高祖废太子，甚至不惜请出商山四皓来壮大太子的羽翼，但这不代表张良就是吕后一党。他和萧何、曹参一样，是二元黄老之术的支持者。所以他们支持汉惠帝，并不支持强势的吕太后。可是汉惠帝早死，开国功臣们就算是支持二元黄老之术，也要盘算自己的后路，浑然不觉死神将至。

在吕太后看来，这些开国功臣在高祖时代是自己的盟友，在惠帝时代则成了自己的绊脚石。过去他们还有惠帝这个靠山，现在群臣失去了靠山，会不会作乱？那要防患于未然，不如在葬礼上大开杀戒。

吕太后有能力在葬礼上大开杀戒吗？还真有。

在汉朝初年，朝廷最精锐的军队就是驻扎在长安的南、北二军。北军驻扎城北上林苑，戍卫长安城。南军驻扎城南，戍卫皇宫。这两支军队归太尉统领。其实在汉惠帝驾崩的时候，太后并没有能力去掌控这两支军队。但是统领皇宫侍卫的郎中令冯无择是吕太后哥哥吕泽的旧部，所以在宫门之内，吕太后一念之差，就能把群臣屠戮殆尽。[1]

吕太后会这样做吗？至少她在思考了，甚至倾向于这么做了。朝中最聪明的陈平都没看出来异样，但是朝中极其不显眼的侍中张辟彊偷偷来到陈平身边，把危险信号告诉了陈平。

在汉惠帝的葬礼上，十五岁的张辟彊并没有那么显眼。他悄悄问左丞相陈平："太后只有孝惠皇帝一个儿子，但此时太后虽然在哭却没有眼泪，丞相

---

[1] 见《史记·惠景间侯者年表》。

知道是为什么吗？"陈平忽然意识到了异样，于是请教张辟彊如何解释这种情况。张辟彊接着说："孝惠皇帝没有年长的儿子，如今太后担心大臣以小皇帝的名义反对她，因此各位祸不久矣。为今之计，只能奏请让太后的侄子吕台、吕产等人为将，让他们控制南北军。如此太后才能安心，各位才能免祸。"

这话要是别人说的，陈平可能还不当回事。但这话是张良的儿子说的，陈平就不得不重视起来。一个十五岁的孩子，断然没有这样的洞察力，但是张良有。陈平按照张辟彊所说，奏请任命吕氏外戚为将。吕太后立马高兴起来，随后她的哭声才显得悲伤起来。而吕氏一族掌权，也是从这时候开始的。[1]

汉惠帝驾崩两个月后，新帝登基。由于当时还没有年号纪年法，史书记载这一年为高后元年，不满十岁的前少帝连个提线木偶都算不上，也就是个未央宫的装饰。吕太后大权在握，又有兵权。一种说不出的轻松感涌上她的心头，七年来她从来都没有这么轻松过。

表面上，朝局依然如萧何设定的那样，吕太后代行皇帝职权，右丞相王陵和左丞相陈平负责具体政务。但是，这种二元模式的平衡早就被打破了。前少帝无法制约吕太后的君权，而左丞相陈平压根不与君权对抗，因此右丞相王陵根本无力制衡吕太后。吕太后想要改朝换代，王陵当然拦不住。但吕太后依然有一座大山难以逾越，那就是当年汉高祖立下的根本大法：非刘氏而王者，天下共击之。

万一吕太后非要破坏这一准则，地方上的藩王会有什么反应？朝中的三朝元老们会有什么反应？先测试一下。吕太后当然不敢直接封吕氏为王，她提出一个方案，要给已经去世的父亲吕太公和兄长吕泽追封王位。此令一出，朝野哗然。

任谁都看得出来，这是吕太后试探诸大臣的把戏，也是吕太后改朝换代的前奏。但是吕太公和吕泽都是已经死了的人，追封他们为王也就是挑战一下汉高祖的权威，没有实际意义。那么说群臣该怎么站队呢？不管别人怎么想，右丞相王陵耿直的脾气犯了，他第一个站出来反对。

王陵表现得胸有成竹，首先说高帝的祖训在，谁敢明目张胆地违背？其

---

[1] 见《汉书·外戚传》。

次是王陵自认为当年那帮老哥们得挺他,谅吕太后也不敢轻举妄动。无论是讲道理还是拼实力,王陵都不落下风。再说了,大汉开国以来,以性格耿直著称的周昌、樊哙等人就算是直言犯上,只要说话有理有据有节,不仅没有受到处分,还会得到嘉奖。王陵身为右丞相,有责任有义务维护刘氏江山的安全。

所以,王陵第一个站出来表示不满,声称非刘氏不得为王。吕太后认识王陵也不是一天两天了,当年在沛县的时候,这位王陵就是以耿直敢说著称。如今王陵公然在朝堂上跟吕太后唱对台戏,吕太后还找不出王陵的话哪句不对。于是吕太后打定主意,就以这个事件为分水岭,把支持王陵的全部干掉。朝中最重要的职位就是三公,所谓的三公其实是四个人,按顺序是右丞相王陵、左丞相陈平、太尉周勃、御史大夫赵尧。既然王陵反对追封诸吕为王,那就问问左丞相陈平和太尉周勃有什么意见。

王陵以为这二位跟自己是多年的同袍,也是汉高祖当年信任的人,在大是大非面前一定会力挺自己。可他万万没想到,陈平和周勃一致认为吕太后说得对,就该追封诸吕为王。王陵大惊失色,传说陈平这个人是出了名的道德败坏,如今为了富贵叛变也就罢了,现在连周勃这样耿直的人都叛变了,这让王陵非常被动。

陈平和周勃既然支持吕太后,那么王陵在这场势在必得的辩论中自然输得一败涂地。会后,王陵疾步追出去拦住浓眉大眼的陈平和貌似忠良的周勃,问问这二位是不是失忆了。当初高皇帝歃血定约,两位都在场,难道都忘了吗?莫非这俩人真的为了利益不要原则?将来还都有脸见高祖皇帝吗?

陈平和周勃对王陵说,当堂与太后据理力争,那我们不如你。但要说保全刘氏江山,你还真不如我们。王陵不服,气冲冲地退了朝。[1]

没多久,吕太后为了表彰王陵的"功劳",将王陵升为太傅,并赐予金印紫绶,位在三公之上[2]。太傅是当朝最尊贵的职位,毕竟是皇帝的老师,当然非同一般。根据《礼记》记载,上古时代,周公旦就担任太傅。原本汉朝没有太傅一职,吕太后为了王陵重新设立了这个职位。

---

[1] 见《资治通鉴·汉纪》。
[2] 见《汉书·百官公卿表》。

但是周公旦这位太傅，不单单是太傅，还手持象征权力的大钺，相当于是丞相兼太傅。[1] 而王陵当了太傅，就得交出相权。很明显这就是一场有组织有预谋的明升暗降，等于就是罢了王陵的相位。后世曹魏时期，司马懿也被封为太傅，从而被朝廷夺了兵权。人家司马懿快快乐乐地去当这个太傅，伺机而动。王陵那脾气秉性断不能受此大辱，从此称病不朝。吕太后愉快地批准了王陵的辞职申请，改立陈平为右丞相，升审食其为左丞相。陈平多懂人情世故啊，虽然他比审食其官大半级，但是他却不理政务，把自己装扮成一个酒色之徒。这反而让吕太后对他更加放心，哪怕吕太后的亲妹妹来告陈平的状，吕太后也不去为难陈平。审食其作为吕太后的亲信，那就更懂人情世故了。他虽然担任左丞相，但也不理政务，却如同郎中令一样统领宫中侍卫。百官处理政务，却还要根据审食其的指示做事。[2] 身居宫中的审食其，传达的其实就是吕太后的意旨。

此时，在朝廷的高官当中，吕太后唯一不满的就是御史大夫赵尧了。赵尧和吕太后的过节还得从汉高祖时期的太子之争说起。当太子羽翼丰满之后，汉高祖知道换太子无望，转而开始担心三皇子刘如意的未来。而为了保护刘如意，赵尧曾献计让耿直的周昌担任赵国丞相，而周昌也确实数次阻碍吕太后对刘如意下手。正因为如此，大权在握的吕太后必然要清算赵尧，于是她把赵尧免职，改立老臣任敖为御史大夫。

到此时，朝中左右丞相和太尉都不问政务，御史大夫也成了吕太后自己人，萧何制定的二元格局不复存在。吕太后虽然没有称帝，但是她已经成为汉朝的实际君主，再没人能挑战她的权威。中国历史上第一位无冕女皇临朝称制，开辟了历史的新纪元。江山，该由着吕太后随意折腾了。然而百密一疏，吕太后刚一开始折腾，就给自己埋下了一颗定时炸弹，从而导致了日后诸吕的失败。

---

[1]　见《史记·鲁周公世家》。
[2]　见《汉书·张陈王周传》。

11
回到一元黄老之术

黄老之术其实是先秦时期那些打着道家旗号的法家包装出来的。这里以申不害、慎到、韩非最为典型。尤其是韩非，我们今天认为他是一个法家代表人物。但在韩非活跃的时期，他是以道家自居的。韩非虽然讲的是法家理论，却言必称老子，所以在《史记》中，司马迁是把韩非与老子并传的。[1]

韩非这类早期黄老之术信奉者设定的政治架构，其实是一元模式的。也就是说，他们最初的设想，是君王制定好法度，以无为的面貌治国。至于有没有贤相是不重要的，尤其是按照慎到的理论，贤人为相对于帝王来说不仅没有好处，还有很多不便之处。

虽然实践证明，韩非之法间接造就了秦朝的暴政，但是在韩非本人的最初设想中，还是不崇尚暴君的。在韩非看来，皇帝吃饱了，还是得分点给百姓。只不过在韩非设计的权力架构中，对皇权没有任何制约。不被制约的权力，当然会无限膨胀。

韩非对君王的有道或者无道是无所谓的，在他看来，尧舜和桀纣都算是帝王中的个案，在历史的长河中占比都不高。绝大多数的君王都是普通人，普通人要治理好国家，既没有尧舜的圣明，也没有桀纣的残暴，最应该做的就是"抱法处势"。所谓抱法，用今天的话说就是掌握立法权、司法权；所谓处势，

---

[1] 见《史记·老子韩非列传》。

就是掌握行政权。[1]

对于吕太后来说，韩非的思想其实说到她心坎里了。随着相国曹参和汉惠帝的去世，其实吕太后就可以根据韩非的思想来抱法处势，坐享治世，回到一元黄老模式。可是，吕太后的岁月注定不会那么太平。因为过往的经历给吕太后留下了太多伤痛，她和韩非一样，都是对人性绝望的人。

韩非是韩国贵族，却没有因为这个贵族身份得到更多家族的温情，反而这个身份成了他展示抱负的枷锁。同样，在吕太后的人生中，家族的温情并不多见，而真正把她推入深渊的正是她的家人。比如拿她当政治筹码的父亲，比如对她忘恩负义的丈夫，亦或者汉惠帝在她心中也是个不听话的逆子。

可能很多人觉得吕太后跟自己的亲女儿鲁元公主母女情深，但实际上在那些关键的时间节点上，吕太后需要的并不是女儿，而是需要鲁元公主和驸马赵王张敖，这里面有多少亲情的成分并不好说。而当吕太后为了加强自身实力而把亲外甥女嫁给亲儿子的时候，这里边真有亲情吗？无非是政治需要罢了。在她看来，外甥女和儿子的不伦婚姻不重要，不能多出一个有权势的皇后才重要。

韩非对人世间最无争议的亲子之情，也从利益的角度进行过深度剖析。他认为古人重男轻女的根本原因就是因为利益，儿子比女儿能换取更多利益。所以在韩非看来，人和人之间的所谓情感都是骗人的。[2]

吕太后想必对韩非的观点是感同身受的，是有共鸣的。但这里还有个绕不过去的坎，她毕竟不是真正的皇帝。汉朝江山姓刘，在姓刘的男性当中，与她血缘最亲近的汉惠帝已经死了。那么剩下的那些姓刘的，从韩非"利益"说的角度来看，都是吕太后的敌人。甚至从韩非的角度讲，一个人只要掌握了最高权力，那么天下人都是他的敌人，而且在世俗人伦中越亲近的人越会成为敌人。韩非非常冷静地剖析过，最盼着君王早死的就是君王的妻子和太子。这不是因为个别人坏，是这个利益分配的模式导致的。只有君王死了，其妻才能稳坐太后宝座，其子才能踏踏实实继位。当然，韩非肯定不能主张废除君主制来

---

[1] 见《韩非子·难势》。
[2] 见《韩非子·六反》。

彻底解决这个问题，只能告诫君王不要相信任何人，越亲近的人越不能相信。

那么不亲近的人能相信吗？比如说朝中的大臣。那当然也不能。韩非也说了，大臣和君王又没血缘关系，臣服君王不过是因为权势不如君王，所以大臣无时无刻不在算计君王。君王稍有懈怠，大臣就易造反了。[1]

正是因为如此，吕太后也觉得权力宝座之下都是需要提防之人。所以，吕太后掌握大权后，要防备刘氏皇族，要防备大臣。但总得有个帮手吧，显然能帮自己的只有吕氏家族。这当然不是出于血脉亲情的考虑，而是吕氏一族原本是处于核心权力圈之外的。因为他们论功不如那些开国的元老大臣，论亲也不如刘氏皇族。想要得到权势就只能依附吕太后。这也是吕太后要扶植吕氏家族的根本原因。

而且，吕氏家族还完美避开了韩非提醒君王要提防的那些人。比如，吕太后死了轮不到吕家人接任，所以吕家人不仅不会盼着吕太后早死，还得盼着吕太后长命百岁。吕家人的利益来自吕太后，所以绝对不会反对吕太后。

吕太后要践行韩非式的黄老之术，明白了这点，那么她以后的行为逻辑就非常清晰了。

---

[1]　见《韩非子·备内》。

12
吕氏崛起

自从王陵退出朝堂,吕太后要扶植吕氏家族掌握大权,便不再有任何阻碍。吕太后顺利地追封已故父亲吕太公为宣王,追封已故的哥哥吕泽为武王,朝中没有反对的声音。汉高祖定下"非刘氏而王者,天下共击之"的盟约,已经没人在意了。

但是吕太公也好,吕泽也罢,都是故去的人了。别说封王了,封皇也没有实际作用。吕太后这个时候还是很冷静的,做事得循序渐进,虽然朝中已无汉惠帝,也无王陵,也无如果一次把事做绝了,也容易出问题。

事实上,当时并不会有太多人过度解读吕太后心思。因为吕太后爱给谁封王给谁封王,对于最广大的百姓来说,真正对大家生活有影响的是另一件事。吕太后元年(公元前187年)的春天,吕太后下令废除了两项秦制留下的暴政。一项是始于秦文公时期的三族罪,一项是广泛运用于秦政中的妖言令。[1]

三族罪又称夷三族,是典型的连坐罪,指的是一人犯罪,株连其家族。这条法律最早是秦文公二十年(公元前746年)设立,传承至汉初。[2]

当然三族指的是谁并不固定,因为每个摊上这罪名的人,不一定家庭成员是个什么组成情况,但硬凑也得凑上三族。以汉朝为例,三族一般指的是父

---

[1] 见《资治通鉴·汉纪》。
[2] 见《通典·刑制》。

母、妻子、孩子。[1]

妖言令跟一般的法律不一样。在古代，专业人士编纂的法律叫律。比如商鞅主编的《秦律》，萧何主编的《九章律》。而皇帝用圣旨的方式增补的法律叫令。妖言令明显就是帝王下旨定的口袋罪，因为妖言并没有个标准，大概是当权者不喜欢什么言论，什么言论就算妖言。

在吕太后之前，有几个著名的妖言罪。

第一个案子，发生在商鞅变法的时候。新法颁布时，闹得天怒人怨，很多人说新法不好，于是商鞅先对太子的老师实施了劓刑，这才平息了物议。人性嘛，在高压下难免会扭曲，加上逐利的基本特性，会让很多人丢弃人格讨生活，于是就有人赞扬商鞅变法好，企图以此来换取利益。结果商鞅觉得这些人是并非真心赞扬新法，甚至有可能是在讽刺，于是商鞅把这些赞扬他的人发配到了边疆。[2] 批评新法和赞扬新法看上去是矛盾的，但却都被惩罚，这所适用的法令就是妖言令。

第二个案子，发生在秦始皇时期。秦始皇想长生不老，结果上有好者下必甚焉，因此大骗子层出不穷，似徐市、侯生、卢生这样的，基本套路都是骗秦始皇一笔钱后跑路。对于秦始皇来说，被骗事小，丢人事大。本来儒生群体就反对秦始皇糜费国帑去炼制什么长生不老药，而术士接二连三骗笔钱就跑，让秦始皇最担心的就是被人议论。于是秦始皇派人打听儒生的言论，把他们议论秦始皇炼丹之事上升到妖言惑众，刚好适用于妖言令。最终秦始皇处死了四百六十多人，这也就是所谓的坑儒事件。[3]

其实这两条律令，恰恰证明了秦政的恐怖之处。可能一个人一不小心就被冠以"妖言"的罪名夷三族。这种没标准的口袋罪，着实让人畏惧。唐代孔颖达在给《左传·昭公六年》注疏的时候，曾把这种情况总结为："刑不可知，威不可测，则民畏上也。"

同样，这也反证了吕太后废除三族罪和妖言令是多么得人心。跟这件事相

---

[1] 见《汉书·刑法志》。
[2] 见《史记·商君列传》。
[3] 见《史记·秦始皇本纪》。

比，吕太后追封故去的父兄为王，反而不足挂齿了。况且废除苛政也是黄老之术的主张之一。

从吕太后的角度讲，扶植吕氏的第一步做到了。追封了两个王爷，打破了非刘不王的惯例。当然这只是个起点，在高后元年四月，山东这边出了件大事，让吕太后再往前迈了一步。

在那个夏天，吕太后的女儿鲁元公主薨。不过这种悲剧对于吕太后来说，似乎已经司空见惯。虽然吕太后处在权力的最高峰，但是她的人生确实是一个悲剧接着另一个悲剧。

鲁元公主死了，吕太后第二次白发人送黑发人。这个时候吕太后突然看到了一个机会，早年间齐王刘肥献出城阳郡给鲁元公主，让公主殿下实际享受了王爵特殊待遇。如今鲁元公主薨，公主的儿子张偃就成了吕太后试探群臣的道具，也是吕太后循序渐进扶植吕氏的绝佳过渡人员。

高后元年（公元前187年）四月，吕太后下令，封张偃为鲁王，追尊鲁元公主为鲁元太后。张偃的爷爷是和汉高祖一起打天下的盟友，曾任赵王。张偃的父亲张敖不光是驸马爷，还继承了赵王爵位，后被汉高祖借题发挥废除了王爵。如今张偃再度为王，算是彻底打破了汉高祖晚年定下的"非刘不王"的规矩。但如此行事，赋闲在家的王陵都不说什么，别人就更不说什么了。

吕太后为了堵住刘氏皇族的嘴，又在当月封了汉惠帝的儿子刘山为襄城侯，刘朝为轵侯，刘武为壶关侯。

吕太后封了第一个活着的异姓王，没有引发大的波澜。那么接下来，吕太后就能再进一步了。从老吕家家谱来看，吕太公为宣王，吕太公长子吕泽为武王，那武王长子是不是也应该为王呢？吕家的王爷第一代和第二代都是追封的，第三代就得来个实际的了。吕太后封吕泽之子吕台为吕王，割齐国的济南郡为吕国，从此开启了活着的吕氏子孙封王的先例。[1]

过去中国传统社会信"天命"。也就是说，人一生的命数都是老天爷安排好的。只要是真命天子，终究能当皇上。倘若不是龙子龙孙，就算大权在握也当不了皇帝。在紫禁城就有这样一个传说，只有真命天子才能坐在太和殿的龙

---

[1] 见《史记·吕太后本纪》。

椅上，否则龙椅上面的金龙会吐出一个铜球砸死乱臣贼子。这个传说很有市场，反正后世袁世凯都自觉地避开象征至高无上皇权的太和殿登基。

也就是那么巧，吕台当了吕王不到一年就死了。王爵传给了吕台的长子吕嘉。同年，吕太后的孙子恒山王刘不疑年纪轻轻也死了，继任恒山王是刘不疑的弟弟襄城侯刘山。这些事都让吕太后非常不爽。难道是这些人真的没有当王的天命吗？就在吕台不争气地死了之后，吕太后决定提拔一些跟自己亲近且有能力的人。吕太后琢磨了一下这些亲戚，除了孙子们之外，最亲的是外孙张偃，目前爵封鲁王。侄孙吕嘉，那是吕王。长兄的儿子吕产和次兄的儿子吕禄在长安掌握着南北二军，这些亲戚都身兼要职。

除了这些人之外，吕太后想了想，自己最亲近的应该就是自己的养子齐王刘肥一脉。毕竟刘肥是吕太后一手带大的，虽然当初吕太后也想杀掉刘肥，但是刘肥献出城阳郡给鲁元公主有功，所以这对母子冰释前嫌。

早在汉惠帝六年的时候，齐王刘肥就去世了。刘肥死后，其长子刘襄继承齐王爵位。到了高后二年吕台死后，吕太后手下缺亲近且能力强的手下，于是把齐王刘肥的次子刘章接到长安，封为朱虚侯。

吕太后对这个孙子寄予厚望，为了能亲上加亲，吕太后将吕禄的女儿嫁给刘章。这一年，刘章十四岁。十四岁的刘章收敛了锋芒，踏踏实实地以吕禄的女婿自居，这个行为深得吕太后的器重。

其实，吕太后并不恨刘氏家族。对她来说，既然坚持韩非的黄老之术，那么手下人是姓刘还是姓吕都不是最重要的，最重要的是谁有用，谁威胁小。也因此吕太后并没有太针对刘氏皇族中实力最强的齐王系，也没有针对实力较弱的代王系。

至此时，吕氏家族的权势达到了前所未有的高度。在这场权力分配当中，诸吕要么高爵厚禄，要么手握实权，大家都很满意。诸刘日子过得战战兢兢，跟吕太后达成了表面和谐。吕太后本以为废了王陵之后，压制住诸刘就万事大吉了，没想到朝中又出现了第三方势力，让吕太后亲自布局的政治结构发生了改变。

13
祸起萧墙

汉惠帝当了七年皇帝，这七年是折腾的七年，是较劲的七年，是不大太平的七年。再看吕太后这几年的无冕女皇生涯，其实一直算是很顺利。从高后元年掌握长安南北二军、废王陵、封吕台为王开始，就注定可以踏踏实实当个太平女皇了。

梁启超先生说过，《二十四史》不过是二十四姓之家谱而已。所以我们看待吕太后八年称制历史，很容易对老刘家的悲惨遭遇有着极强的代入感。如果从老百姓的角度讲，吕太后统治时期比起秦朝来，可真算得上是太平盛世。从秦朝暴政开始算，经过汉高祖七年的治理，到汉惠帝七年的休养生息，再到吕太后的统治，老百姓惊奇地发现，家里居然能有余粮了。

汉初的统治模式，或许就是黄老之术的指导下，秦制最温和的一面了。随着挟书律的废除，差点断层的中国文化开始复苏。

按理说，照这样下去，吕太后踏踏实实当她的无冕女皇，皇帝踏踏实实当摆设，吕家踏踏实实执掌实权。然而历史没有这么发展，一个叛逆期的少年郎突然闹起了脾气，这从某种意义上讲救了刘氏一脉。

汉惠帝驾崩后，汉朝的最高统治者就是吕太后。司马迁把吕太后列入本纪当中，历法上也在这一时期采用吕后纪年。但是，这是历史上非常奇特的一个时期。因为即便吕太后已成为汉朝实际上的女皇，但在未央宫里确实是有个皇帝，也就是我们前边提到过的前少帝。更奇怪的是，中国历史上唯一没有记录名字的皇帝，就是这位前少帝。

在名义上，前少帝是汉惠帝与张皇后的儿子。但，这也仅仅是名义上。我们知道从血缘上讲，张皇后实际上是汉惠帝亲姐姐的女儿，被吕太后嫁给了汉惠帝，以防止出现一个跟自己不处于同一个利益链条上的皇后。

这样还不足以保障吕太后的利益，更重要的是，她需要太子是张皇后的儿子，才能避免太子的母族出现强大的外戚来分权。但是张皇后一直没能生出儿子，而别的妃子却有了身孕，于是吕太后令张皇后假装怀孕，等皇长子生出来之后，吕太后杀掉皇长子生母，对外则称皇长子是张皇后的儿子。[1]

汉惠帝驾崩，这位皇长子继承皇位，史称前少帝。很明显，前少帝是吕太后的傀儡。但前少帝跟一般的傀儡皇帝还不一样。

说起历史上那些著名的傀儡皇帝，我们往往会想到汉献帝刘协、曹魏高贵乡公曹髦、清光绪帝等。这几位虽然是傀儡，但人家好歹是正经的皇室贵胄，有一定的血统号召力。所以谁得到汉献帝，谁就能挟天子以令诸侯。曹髦惨了点，但也能纠集一帮宫里的人去跟司马昭拼命。光绪帝即便被囚禁在瀛台，也是各国承认的中国君主，甚至唐才常起义的时候也是打着光绪帝的旗号。

咱们再看这位前少帝，似乎不具备任何号召力，甚至没有任何存在感。另外还有一个奇怪的现象，那就是本该称太皇太后的吕雉依然称太后，本该称皇太后的张氏依然称皇后。这就仿佛汉惠帝依然在世，而前少帝不存在一般。

前少帝大概六七岁的时候，关于他身世的流言，不知道怎么就传到他耳朵里了。这个孩子忽然发现，自己的母亲和奶奶突然变成了自己的杀母仇人。一个孩子，根本不懂政治的恐怖，更是扬言长大了就为母报仇。

说出去的话就如同吹散了的蒲公英，收是收不回来了。敢如此挑战吕太后威严的，唯有前少帝一人而已。

下一幕，永巷，就是那个戚夫人被囚禁的地方，如今关进来一个男孩，这个男孩就是前少帝。前少帝被吕太后打入幽暗凄凉的永巷，而他的豪言壮语已成空，生命的终点就在眼前。这个故事告诉小朋友们，无论什么时候都不要过早地说大话，不然没好结局。

---

[1] 见《汉书·外戚传》。

皇帝被囚，太后下诏，说皇帝病重，不能理事，应该换一位身体好的皇族来执掌社稷，问问诸大臣有什么意见？朝臣们无论是吕党成员还是背地里反对吕党的人士，都对此事没意见。爱换谁换谁，换谁都是摆设。所以，大家高度赞扬太后为了江山社稷黎民百姓换皇帝的行为，一切听太后的吩咐。就这样，前少帝正式被废，后被吕太后杀掉。[1]

在任何一个历史时期，废立之事都是天大的事。霍光行废立之事，虽然在当时被说成是正确，但是新继位的汉宣帝并不领霍光的情。霍光一死，汉宣帝就灭了霍氏一族。若干年后董卓大权独揽，行废立之事导致天下群雄共讨之。清末慈禧太后权倾天下，想搞废立结果惹出了庚子国难。像吕太后搞废立这么顺利的，实在罕见。

那么废了前少帝之后，立谁呢？吕太后的思路肯定和以前一样，首要考虑的依然是不能出现新的外戚以威胁到自己的权力。问题是上次立前少帝为太子的时候，吕太后已经是绞尽脑汁，演了很多戏才搞定。这回怎么办？

让我们把目光转向汉惠帝的私人生活。汉惠帝的后宫有多少妃子？史载除了张皇后外，其余后妃都是只有美人的封号，皆无姓名留下。而这些美人为汉惠帝生下了七个儿子。这里边除了死在永巷的前少帝之外，排在二、三位的淮阳王刘强和恒山王刘不疑也都已去世。那么汉惠帝活着的儿子中，按顺序就到了四皇子刘义。刘义原来叫刘山，爵封襄城侯。后来恒山王刘不疑去世，刘山就升为恒山王，改名刘义。吕太后把他接到未央宫继承皇位，刘义又改名叫刘弘，史称后少帝。

对于汉朝来说，换个皇帝并没有引发什么大的波澜。吕太后还是太后，张皇后还是皇后，皇帝还是摆设。群臣没有异议，宗室没有不满。

可这件事对于吕太后本人来说，影响还是很大的。她亲手布局了一元黄老之术，但前少帝的豪言却让她忽然想起来，自己其实并不是一元黄老之术中那真正的一元。汉朝的最高统治者是皇帝，不能是太后。即便她现在大权在握，那么将来呢，把权力交给谁？后少帝吗？很难说后少帝登基会感恩太后的提拔，任何一个傀儡皇帝都会和汉朝的实际统治者有着刻骨的仇恨，哪怕是亲母

---

[1] 见《史记·吕太后本纪》。

子都不例外，何况祖孙呢？

那总不能传位给张皇后吧，从此太后取代皇帝成为汉朝的君王？也没可操作性啊。那如果传位给侄子呢？指望满朝唯唯诺诺的文武大臣自此效忠吕氏？吕太后也不信啊。所以到了这个阶段，吕太后的心态发生了变化，在她看来，或许当年的萧何是对的。二元黄老之术，才是最稳定的。我们可以清晰地看到，吕太后未来的政治动作开始由当初的一元黄老之术转为二元黄老之术。那么这种转变的思想基础是什么呢？

14
改造慎到的黄老之术

吕太后杀伐果决，以这种形式废立皇帝，这在漫长的历史长河中其实并不多见。

按照儒家理念，行废立之事的关键一定是要讲究个名正言顺。我们看《尚书》，无论是商汤伐桀还是武王伐纣，都要阐明对手的罪恶，讲述自己行为的合法性。这也是孔子说的名不正则言不顺，言不顺则事不成。

但我们看吕太后似乎全然不顾忌这些，用身体不好的理由就废了前少帝，也没什么理由又立了后少帝。

那如果按照原始法家的理念，其实也不会这么简单。因为信奉原始法家的君王一般都没什么安全感，讲究的就一条：一切威胁自己的因素都要斩尽杀绝，宁可错杀也不能放过。比如秦始皇听说有人搞了个陨石诅咒他，就把住在陨石出现地点周围的百姓都杀了。[1]

吕太后搞出了换皇帝这样的大事件，也只有前少帝一人付出了生命的代价而已，甚至都没追查到底是谁在宫里对前少帝嚼舌头进谗言。

这么平静地搞废立皇帝的大事，其实是有黄老之术的思想基础的。要是追溯一下的话，源头就是稷下学宫的著名讲师——慎到。

关于慎到，前文也介绍过。在今之学者看来，从其思想内核归类，属于法家，甚至是法家三大祖师爷之一。但在当时，慎到是被归类到道家黄老之术这

---

[1] 见《史记·秦始皇本纪》。

一流派的。

在慎到看来，一个君王想要有稳固的统治，最重要的是威德。那么什么叫威德？之后的韩非曾经把慎到的威德理念总结为一个字"势"。简单说，一个君王想要统驭天下，名声也好，威势也罢，都不能起到决定性作用。这就好比西施、毛嫱之所以是美女，跟她们是否天生丽质没太大关系，跟她们华丽的衣服有关系，否则没人愿意多看她们一眼。飞龙腾蛇之所以是神兽，跟它们的力量或者能力没关系，就是因为它们出现的时候身边围绕着云雾，否则跟蚯蚓也没有本质区别。[1]

西施的华服也罢，飞龙身边的云雾也好，其实指的是一种让人信服的权威，这种权威来自至高无上的权力。那么只要吕太后掌握了无上大权，用不着跟任何人解释自己为什么要搞废立。同样，只要吕太后掌握了无上大权，也用不着以杀戮来威慑群臣。

按照慎到的威德理念，吕太后能高枕无忧，但却解决不了身后之事。吕太后很清楚，她的身份能是皇帝的妻子、母亲、祖母，却不能是皇帝的姐姐、妹妹、姑妈、姑奶奶……太庙里供着的都是皇帝的直系亲属，绝对没有旁系亲属的道理。那么，在这个大前提下，吕太后绝对不能让吕家人来取代刘家人当皇帝。

另一方面，吕太后的所作所为断然不会得到刘家人的认可。吕太后跟亲儿子汉惠帝的矛盾很多，亲孙子前少帝还曾扬言长大了找她报仇，那么后少帝呢？嘴上不说就是真心没有恨意吗？吕太后当然心里没底。

于是，吕太后能走的路，就是让刘家和吕家盘根错节，互相依靠。她期望的未来，一定是刘家人当皇帝，但吕家人必须掌握大权。这种模式，其实也像是古代日本的幕府模式。但不同的是日本天皇一族在幕府时代是孤家寡人，而在汉朝刘氏诸侯还有很多。

这也是吕太后需要解决的问题，她希望吕氏一族和刘氏一族深度绑定。那怎么绑定呢？我们来盘点下截至高后五年（公元前183年），刘氏一族和吕氏一族还有哪些重量级人物。

---

[1] 见《慎子·威德》。

首先是刘氏这边，后少帝最多五六岁的样子，自然没有儿子。他身后是三个更小的弟弟，分别是昌平侯刘太、淮阳王刘武、恒山王刘朝。后少帝都是摆设，更遑论这三位了。

除了这几位没实力的，老刘家也有几位有实力的。比如汉高祖的儿子们，都是镇守一方的诸侯。截至高后五年，依然还有代王刘恒、赵王刘友、梁王刘恢、淮南王刘长、燕王刘建。此外，在汉高祖的孙子辈中，还有诸侯王中实力最强大的齐王刘襄。

至于汉高祖的弟弟、侄子以及异姓王和藩属王，不是吕太后首要考虑的。

那我们再看看吕太后娘家人这边有实力的还有谁。首先是吕太后的亲妹妹，也是樊哙的妻子吕媭，被封为临光侯，其子樊伉继承了樊哙的舞阳侯爵位，算是一门双侯。

吕太后长兄的儿子吕产和吕禄虽然没有封王，但却是掌握长安南北二军的实权人物。

吕太后的侄孙吕嘉，继承吕王的爵位。吕太后的外孙张偃，爵封鲁王，算是吕氏一族的外援。

了解了双方实权派人员配置，我们会发现双方的实力还是有差距的。刘家六位王爷，均手握重兵，雄踞一方。而吕家除了吕产、吕禄有实权外，吕王、鲁王不过有一郡之地，实力并不强。

可问题是，深度绑定这事是吕太后希望的，可不是刘氏皇族希望的。那为了让刘氏皇族也希望绑定，吕太后就要大力削弱刘家的实力，让刘氏皇族不得不依附吕氏生存，如此才能保证平衡。可是这场削弱刘氏诸侯王的活动，吕太后的第一刀竟然是砍向了吕家当时唯一的王爷。

15
失败的权力制衡

吕太后的内心是非常矛盾的。她成为太后以后，自然希望自己掌握无上大权，不希望受到任何形式的制约。因此她努力改变了萧何等人打造的制度。从申不害式的黄老之术转向慎到式的黄老之术。但随着年齿日增，她又不得不考虑这条路线并不符合吕氏一族的利益，又希望未来的皇帝不要掌握无上大权，能和吕氏一族共治天下是最好的。因此，吕太后又不得不对自己亲手打造的制度予以调整。

按照此时吕太后的设想，汉朝的未来应该是后少帝一脉担任虚君，而吕氏家族掌实权。如果未来的皇帝都是像后少帝一样的虚君，那么刘氏皇族中，无论什么样的资质当虚君都行。可如果相权是实的，那么吕家谁来任相就显得尤为重要，决不能是泛泛之辈。

可实际问题是，吕家年轻一代的少爷们几乎都是酒囊饭袋，而刘家的后生们却有不少后起之秀。像刘章、刘兴居这样的佼佼者，吕家一个都没有。但事到如今，吕太后也不得不硬从吕家后辈中内定一个相对没那么差的当接班人，这个人就是吕产，吕太后长兄吕泽的次子。

吕太后之所以选择吕产，主要还是因为实在选不出像样的接班人来。原本吕太后看好吕泽的长子吕台，并封之为吕王。可惜吕台福薄，当了不到一年王爷就死了。接下来吕太后又看好吕台的长子吕嘉，并让其继任吕王。不料吕嘉在地方上跋扈不法，吕太后只好废掉了吕嘉的王位，演了一出大义灭亲。

而接替吕嘉成为吕王的，就是吕产。连吕家人都能被废掉，之后吕太后想废掉刘氏王，当然更下得去手。当然了，吕太后更希望的还是两家深度绑定。

我们来看看吕太后是如何让两家深度绑定的。首先是对于刘氏诸侯王中最强大的齐王系，吕太后是拉拢的。毕竟，第一代齐王刘肥是庶长子，也算是吕太后一手带大的。虽然当初吕太后也想过杀掉刘肥，但看在刘肥割城阳给鲁元公主为封地的分上，吕太后对齐王系还是满意的。刘肥死后，其长子刘襄就继承了齐王爵位。而刘肥次子刘章就被吕太后招入宫中担任侍卫，爵封朱虚侯，并把吕禄的女儿嫁给他。这算是一次深度绑定。后来吕太后又把刘肥的第三子刘兴居招入宫中，封为东牟侯。刘兴居应该年纪不大，但应该也被列入了吕家女婿的候选人名单。

对于新兴的汉朝来说，别管是谁，只要被封为赵王，那准没好事。赵王这个爵位，在汉初就是预示着灭亡。

比如说汉朝第一代赵王，那是汉高祖的好盟友张耳，结果坎坷一生的张耳当了一年赵王就死了。第二代赵王是张耳的儿子张敖，也就是汉高祖的女婿。然而这位赵王爷因为莫名其妙被汉高祖骂了一顿，导致门客贯高要刺杀汉高祖为主人报仇，最后张敖被废了王位。要不是吕后苦苦哀求，张敖就会死在大牢里。

第三位赵王是汉高祖最爱的三儿子刘如意，尽管有着汉惠帝和周昌的极力维护。还是被吕太后毒死了。第四位赵王就是汉高祖的六儿子刘友。刘友原本是汉高祖册封的淮阳王，被吕太后强行改为赵王。正常情况下，淮阳王改赵王，那是升级了，因为赵国比淮阳国大。但是这个升级是有代价的，那就是吕太后把吕氏女子嫁给刘友，点名让她当王后。

可是刘友都当两年王爷了，他大概率是有王后的。不光有王后，他这个身份有一些姬妾也是很正常的。当时吕氏家族势大，空降来的这位吕氏王后应该相当跋扈。对刘友来说，这位哪是王后啊，简直是太后。面对这样惹不起的人，赵王府上上下下都对这位王后敬而远之。

那么这对夫妇肯定不会有什么爱情，可刘友也是人，不爱自己的王后，还不能爱其他姬妾了？吕氏哪受过这气，于是在高后七年（公元前181年），她向吕太后打小报告，说刘友打算在太后百年后杀吕氏。对于吕太后来说，赵国王后举报赵国国王谋反，可信度相当高。于是吕太后反应迅速，一道旨意宣召见刘友来长安。刘友刚一到长安，就马上被圈禁了。

刘友毕竟涉嫌谋反，谋反案可谓天字第一号的大案，但是审讯起来并不麻烦，因为压根就没人审讯他。至于刘友想没想过谋反，我们也无法完全排除其可能性。但是想谋反和着手准备谋反，那是两个概念。司马迁在记录这段历史的时候，说刘友是被诬告的。我也相信刘友最多是发发牢骚，绝对没有采取实际行动。

可能吕太后也是这么认为的，因此她并未派人提审刘友，大概是怕审理半天再给刘友审得清白了，所以得慢慢调查。只不过吕太后大意了，"忘了"安排人给刘友送饭。调查的日子一长，可怜这位王爷，竟然被活活饿死了。而刘友死后，也是被按照平民规格下葬，等于太后事实上废除了刘友的赵王爵位。不知道这个结果是不是赵王后想要的。[1]

刘友死后，吕太后进行了王位大调动。她先迁梁王刘恢为赵王，又迁吕王吕产为梁王，再封汉惠帝的第六子昌平侯刘太为吕王。然后，吕太后又要换称号，让梁王吕产改称吕王，原来的吕王刘太改称淄川王。这三位王爷当中，除了刘恢必须去赵国就藩之外，另外两个太后的自己人要留在长安。尤其是吕产，不光留在长安，还要加封太傅。比起当初的太傅王陵，吕产这个太傅可就实际多了。毕竟他还掌握着长安南军，是个实权派。

吕太后并不怕汉高祖的儿子们不满。在刘氏皇族中，吕太后此时最忌惮的就是营陵侯刘泽。刘泽身份特殊，从刘氏这边说，他是汉高祖的远房族弟。从吕氏这边讲，他是吕太后的妹妹临光侯吕嬃的女婿。而且刘泽还是将军，掌握一定的兵权。像这样的人物，吕太后也很难界定他算刘氏亲信还是吕氏亲信，或者说刘泽本人就是刘氏和吕氏深度绑定的典范。

当然这个辈分很乱，按说刘泽和吕嬃是同辈，但现在却成了吕嬃的女婿。

---

[1]《史记·吕太后本纪》：（刘）友以诸吕女为受后，弗爱，爱他姬，诸吕女妒，怒去，谗之于太后，诬以罪过……太后怒，以故召赵王。赵王至，置邸不见，令卫围守之，弗与食……丁丑，赵王幽死，以民礼葬之长安民冢次。

不过这都不重要，重要的是吕太后担心将来自己不在了，吕产难以挟制刘泽。于是为了安抚刘泽，她封刘泽为琅琊王。当然刘泽这个琅琊王当得并不是那么简单，这个后文再谈。

这又是换封地，又是换王号，看似皆大欢喜，但唯独新任的赵王刘恢惶惶不可终日。这已经是公开的秘密了，当上赵王必然预示着灭亡。尤其是当了赵王之后，王后还姓吕，那更令刘恢如坐针毡。

刘恢与吕氏成婚后，辈分问题也很乱。刘恢是汉高祖的儿子，吕产是吕太后的侄子，也就是说本来这俩人是表兄弟的关系。现在刘恢是吕产的女婿，表兄弟成了爷儿俩。虽然吕太后安排差辈的婚姻不是第一次了，但是像吕产的女儿这样刚嫁过去就大开杀戒的，还真就这一个。吕产女儿的毒辣，很像吕太后。她一出手就杀掉了刘恢最爱的一个王妃。因为爱情，刘恢悲痛欲绝。又因为周围都是吕党，刘恢的悲愤无处诉说。于是刘恢写了四首歌，发泄着心中的悲愤。按照惯例，下一步就是吕产的女儿去告刘恢谋反，然后吕太后宣刘恢来长安，最后把刘恢饿死了事。

刘恢知道自己必死，为了死得更有尊严，他选择了自杀。但即便是自杀，也让吕太后逮着理了。她说刘恢为了女人而自杀不合礼法，因此刘恢的儿子不能继承赵王爵位。至此，又一个赵王死在了这个倒霉的爵位上。

刘恢的死再次证明，在当时谁当赵王，基本上就等于被判了死刑。赵王这个爵位，成了一场噩梦。那么下一位，就要轮到汉高祖活着的儿子中年龄最大的代王刘恒来做这个噩梦了。

刘恢死后，吕太后派人告诉代王刘恒，准备一下去担任赵王。理论上，从代王到赵王，依然是升级。虽然名义上代王和赵王平级，但赵国可比代国富庶多了。可问题是本年内都死了两个赵王了，刘恒借口镇守边境，拒不奉命。

拒绝皇太后那也基本上是死罪，但这时候有人出面救了刘恒一命。作为汉高祖留下的暗线，陈平虽然不问政务，也不能眼睁睁看着汉高祖的儿子们都被吕太后给整死。于是他说通了吕产，打着为吕后好的旗号，请求册封吕禄为赵王。吕太后欣然同意，因为吕禄还掌握着长安北军，他也是得留在长安，未去赵国就藩。

刘恒暂时安全后，吕太后又收到了命运带来的大礼。汉高祖的小儿子燕王刘建病死，吕太后赶紧派人暗杀了刘建唯一的儿子，这样刘建的爵位无法传袭，于是吕太后让吕产的侄子吕通担任燕王。

至此，我们再盘点下刘氏和吕氏的力量对比，汉高祖子孙中的六个王爷，还剩三个。其中齐王系和吕家已经绑定在一起，此外还有防御匈奴的代王刘恒和南方的淮南王刘长。

而吕家则增加了赵王吕禄、吕王吕产以及燕王吕通。如果再算上鲁王张偃，以及吕家女婿琅琊王刘泽，那就是五王对二王的优势。就算汉高祖的弟弟楚王刘交和汉高祖的侄子吴王刘濞站在刘氏这边，双方的实力也算是达到了一种平衡。

在这种实力对比下，刘氏一族愿意和吕氏一族深度绑定了吗？肯定还是不愿意，因为就目前来看，吕太后的权力制衡还是失败的，原因有三。其一是吕太后从己方阵营千挑万选的吕产根本难当大任。其二是吕太后一直忽略了在两大家族之外，朝臣也是重要的力量。其三是吕太后忽略了依附她的刘氏其实都是变数。这里最大的变数，就是一直对吕太后毕恭毕敬的琅琊王刘泽。

也正是吕太后的权力制衡失败，才导致未来的朝局没有按照她预想的那样发展下去。她强行绑定刘氏和吕氏，反而让两家的仇恨越来越深。至少，刘氏对吕氏的恨意会越来越深。吕太后对此并不在意，在她看来，刘氏一族中除了久经沙场的刘泽之外，余子碌碌不足挂齿。吕太后有的是办法控制刘泽，只不过她算准了刘泽，没算准影响刘泽的一个小人物改变了汉朝历史走向。

16
投机取巧

如果翻看刘氏皇族的宗谱，琅琊王刘泽与刘氏皇族在血缘上并不那么亲近。按照《史记》的说法，刘泽只是汉高祖的远房亲戚。但是按照《汉书》的说法，刘泽和汉高祖的关系稍微近了点，是汉高祖的远房堂兄弟。别管是什么关系，但至少刘泽和汉高祖是平辈，算是在刘氏皇族中占了个大辈。其实大辈也不光只有他一个，楚王刘交还是汉高祖的亲弟弟，按说在家族的话语权比刘泽大。刘泽之所以能以刘家族长的身份脱颖而出，其实还是因其被划入了吕氏集团所致。

其实仅靠这层关系，并不能让刘泽很好地生存下去，更别提可以靠这层关系当王爷了。刘泽的出位，其实还跟一个小人物有关。

在距离汉朝并不遥远的周朝，一个底层出身的人想要逆袭命运，最常见的方式就是通过学习来当个精于舌辩的纵横家。李悝、卫鞅、苏秦、张仪、李斯等都是如此，靠舌头来阐明自己的政治主张，靠舌头来打动君王重用自己。张仪当年在楚国遭人陷害，挨了一顿暴揍，事后张仪并不担心自己是否会落下残疾，而是关心舌头有没有受伤。只要舌头没事，张仪就觉得还有机会逆袭。

纵横家们参与了一个又一个的大事件，但随着秦朝的建立，这些所谓的舌辩之士便失去了舞台。一直到秦末大起义时期，诸如郦食其、武涉、陆贾、蒯彻、刘敬等高人又重出江湖，在不同的时期大放异彩。但是随着汉朝的建立，纵横家这个职业就又陷入了沉寂。在山东，一个学成纵横术却无处施展的人成了搅局者。

这位纵横家叫田生,是临淄人,可能是齐国贵族田氏的远亲。他天生就是吃这碗饭的。在一次旅程中,田生突然停下了脚步。他走了多远呢?用今天的地理坐标来看,他仅仅从淄博临淄区走到了潍坊昌乐县,一共不到十公里。距离虽然不长,但是田生的路费花光了。穷游绝不是纵横家的作风。作为一个纵横家,要是连点钱都游说不来,那可真对不起这职业。

昌乐县,也就是当时的营陵国。田生来到这里,把要游说的人暂定为时任营陵侯刘泽。刘泽虽然是汉高祖的亲戚,但在楚汉战争中表现并不突出。直到汉朝建立后,刘泽在平定陈豨叛乱的战争中有功,这才被封为营陵侯。可能当时的刘泽并没有觊觎过王位,在那个吕氏当权的时代姓刘,能活着不就很好吗?

田生去找了刘泽,不知道他跟这个边缘皇族聊了些什么。总之刘泽很开心,当场给了田生两百金。苏秦说过:"且使我有雒阳负郭田二顷,吾岂能佩六国相印乎!"出来混都是为了生存,田生有了两百金,开开心心地放弃了旅行,转身回了临淄。假如此时时间定格,田生揣着钱回临淄的身影,像极了一个职业骗子。

第二年,吕太后废了张扬跋扈的吕王吕嘉,召营陵侯刘泽去长安。根据历史的经验,吕后召刘氏宗族去长安,多半凶多吉少。因此刘泽临走时派人去临淄找田生,告诉田生以后不能再给他钱了。田生知道刘泽被召去长安,于是又揣起没用完的钱,带着儿子匆匆去了长安。

看上去田生像是去救刘泽,但是接下来他做的事情却不像营救的样子。田生来到大城市长安后,忙着买别墅,买家具,买用人,买厨子。总之诸侯家什么标准,田生就把自己的宅院营建成什么标准,理论上这都是僭越之罪。几个月后,田生的儿子把吕太后的近侍大谒者张子卿请到家里喝酒。张子卿那是天天出入长乐宫的人,什么场面没见过,但来到田生的府邸后着实吓了一跳,一直在揣测请自己来的这位到底是什么大人物。

张子卿被带着穿过重重庭院,终于到了一间富丽堂皇的房间里。果然,屋里那位是张子卿没见过的大人物。这房间,这裱褙,这菜式,这美酒,这乐人……直接把张子卿给弄蒙了。他努力思索，怎么也想不出究竟是哪位大人物。终于，酒过三巡菜过五味，起足了范的"大人物"田生开始对张子卿"洗脑"。田生是要通过张子卿营救刘泽了吗？不是，这次谈话一句也没提到刘泽。

田生说了，他看了一百多个王侯府邸，都是高皇帝的开国功臣所有。而如今太后想要册封吕产为王，这话又不能她老人家亲口说。张大人您是太后近臣，大臣们全靠跟您打探消息才能揣测太后圣意。太后眼巴巴等着张大人牵头奏请册封吕产，这事要是成了您准封侯。如果您不懂事，那可就危险了。

张子卿恍然大悟，回去就着手做这件事情。在张子卿的运作下，大臣们闻风推举吕产为王。吕太后准奏，为嘉奖张子卿懂事，赏赐他一千金。

张子卿很开心，赶紧拿出五百金就去酬谢田生。田生当然不是来赚这区区五百金的，他接着给张子卿分析，说太后立吕产为王，诸臣不服。而目前刘氏王族中，营陵侯刘泽辈分最高、年齿最长，如果从别的诸侯国分出来十几个县封他为王，那对吕氏诸王也是有好处的。

张子卿再次按照田生的话进言，吕太后听后，随即下令割齐国琅琊郡给刘泽，册封刘泽为琅琊王！

直到这时候，田生才赶紧去见刘泽，催促刘泽赶紧去琅琊国赴任。刘泽不敢怠慢，带上田生父子即刻启程。可是吕太后一琢磨，还是觉得把刘泽留在长安更安全，然而等吕太后反应过来，刘泽等人已出了函谷关。吕太后追之不及，只好作罢。[1]

在田生的策动下，刘泽奇迹般地从长安活着离开，还当了琅琊王。田生这段小故事在史书上仅仅留下了只言片语。但是田生的历史作用却是巨大的，可谓是改变了汉朝的历史走向。因为在他的策动下，让刘泽由一个小小的人质变成了琅琊王。而且在吕太后册封刘泽时，还给刘泽的皇族长者的身份背书。这也致使琅琊王在日后大汉江山的归属问题上起到了决定性作用，此为后话。

---

[1] 见《汉书·荆燕吴传》。

17
最后的安排

吕太后称制有七年了。七年来，她权倾朝野，是整个大汉朝的实际统治者。看上去，能让吕太后感到不和谐的就是北方的匈奴和南方的南越。但她并没有发现，在自己的眼皮子底下，其实暗流涌动，不少人都在暗中部署，潜伏爪牙，等待时机。

从吕太后晚年的部署来看，她自己做事已经不如年轻时沉稳了。她杀死了一位又一位赵王，却没有坚持对付代王。她召刘泽入长安，一会儿要给刘泽封王，一会儿要把刘泽囚禁，一会儿又放弃了对刘泽的追捕。如此举棋不定，给自己留下了不少隐患。

高后七年，朱虚侯刘章已经二十岁了。在吕氏高层眼中，刘章是吕家的好女婿。而在中下层吕党看来，刘章却是个惹不起的狠角色。此人武功高强，为人豪横，还是吕党中的上层人物，一般人惹不起他。

某一天，吕太后组织吕党成员聚会。刘章作为吕党重要成员，又常年掌管禁宫侍卫，当然要列席，而且占据了此次宴会的重要位置。吕太后看着刘章这小伙子，越看越顺眼，于是开心地让刘章主持酒会，谁不喝都不行。刘章开心地应承，还说自己是军人，应当以军法监酒。本来是一家人聚会的玩笑之语，吕太后就同意了，谁也没想到刘章暗地里憋着坏呢。

这是一次再平常不过的酒宴了，大家喝得都很开心。眼看有不少人到了酒量的极限，刘章提出，要来个才艺展示。吕太后说那就唱一个吧。唱什么呢？

刘章决定唱个歌颂劳动人民的种地歌。吕太后越发觉得刘章可爱，笑着说，你爹生下来就是农民，他是真会种地，你生下来就是王子，哪懂得种地啊？

刘章非说他会种地，吕太后就让他唱一个。刘章也不客气，马上唱起了这样一首歌：

> 深耕穊种，立苗欲疏，非其种者，锄而去之。

一曲歌罢，原本觥筹交错、欢声笑语的宴会立马安静了。当然，大家绝不是被刘章的嗓音所感染，而是被刘章的歌词所震慑。

这首歌字面上讲的就是种地的道理：耕地要深，撒种要密，出苗间距要大，不是庄稼的杂草一定要去掉。包括吕太后在内，在场的每个吕党都听懂了更深层次的意思，谁是杂草？很明显就是诸吕啊。而且刘章的歌词说了，非其种者，锄而去之。这就是向诸吕发出警告啊。

突然间的安静，让整个宴会的空气仿佛凝固了一般。一个吕氏成员借口酒醉，企图离开这个是非之地。作为监酒的刘章并没有阻拦他，等他走出大殿，才追了上去，拔剑斩之！之后刘章大摇大摆地回来，还说是太后让他以军法监酒，临战脱逃，斩！

这回刘章把事闹大了，想当初汉惠帝也不敢这么明目张胆地跟吕氏一族对着干。但是，吕太后没有说话，简单宣布了一下散会，然后默默地回宫了。[1]

可是，吕太后没有意识到刘章是个危险分子，没有考虑到他跟亲弟弟刘兴居在长安组成了多强大的联盟，也没考虑到刘章和刘兴居是不是他们哥哥齐王刘襄的内应，更没考虑到吕产、吕禄这样的庸才，能是齐王这一大家子的对手吗？

吕太后似乎也没有精力去考虑其他方面。除了封鲁王张偃的两个弟弟为侯辅助鲁王之外，也就是封大谒者张子卿为建陵侯，并没有更多的部署。至少，她认为这个曾经帮她封吕产为王的大谒者是自己人。[2]

---

[1] 见《汉书·高五王传》。
[2] 见《资治通鉴·汉纪》。

在高后八年（公元前180年）三月，一个灵异事件彻底压垮了吕太后脆弱的神经。那天，吕太后外出祭祀，就在车驾经过轵道时，一只灰白色的狗突然扑向吕太后的腋下，然后这只狗就不见了。那么到底是真有这样一只神奇的狗扑向了吕太后，还是吕太后自己在车里打盹时做了个梦？这都不重要了，因为吕太后说有这样一只狗，周围谁也不敢说没有。此事过于离奇，且发生在轵道，难免让吕太后多心。当初秦王子婴向还是沛公的刘邦投降之地，就是在轵道。

于是这事就归占卜师们解读了。占卜师们经过商议，直接上奏说那只狗其实是前赵王刘如意的鬼魂。吕太后坚信这是刘如意回来复仇了，从此她就感到腋下有伤。四个月后，吕太后病情严重。自知命不久矣的吕太后，为吕氏和刘氏的深度绑定进行了最后的努力。吕太后封吕禄为上将军，进驻北军。又让太傅吕产进驻南军。

吕太后叮嘱吕产和吕禄：当初太祖高皇帝确实与大臣一起盟誓，称非刘氏而王者，天下共击之。如今你们称王，刘氏和大臣们必然不服，我死后他们可能会发动兵变。所以你们要牢牢掌握住军权，不要为我送葬，以免被他人所制。

之后，吕太后病死，葬入汉高祖的长陵。在她最后的遗诏中，封吕产为相国，使其成为汉朝实际的掌舵人。又让吕禄的女儿为皇后，让吕氏与刘氏皇族进一步深度绑定。如此，吕家坐镇南北军，又是皇后的外戚，足保无虞吧。[1]

我们知道结局注定是不太平的，有关这部分内容我们在汉文帝篇再讲解。在这里我们不妨回顾一下吕太后的执政生涯。吕太后身上有两个显著标签：一个是强势擅权，一个是残暴。

强势擅权那是自然，她以太后之尊把持朝政，压制了汉惠帝七年，亲政了八年。残暴也是很明显的，她残忍地把戚夫人变成了人彘，害死过三个赵王。

但从吕太后的执政生涯来看，这样一个在家事上能折腾的事实上的君主，似乎又是个在国事上不折腾的人。不说跟秦始皇比吧，哪怕跟后世的武则天、慈禧太后比，吕太后对外不与匈奴开战，不征讨藩属，对内不搞工程，不修园

---

[1]　见《史记·吕太后本纪》。

子，不搞崇佛炼丹之类的事。

吕太后统治汉朝的十五年里，给汉朝民众带来了什么？其实可以拿秦始皇对比一下。

秦始皇的"伟大"是需要大量的资金支持的。那么钱从哪来？肯定从赋税中来。秦时税收为农民收入的三分之二。[1] 而且，农民的收入多少并不以实际收入为准，而是以理想状态下的最高收入为准。所以赶上灾年，或者男丁被征走服徭役的时候，田地难免荒芜减产，但税赋不会减少，因此秦朝人很可能竭尽所能地耕作还不够交税。即便是这样，依然填不满秦始皇的欲壑。

秦朝灭亡后，赶上楚汉之争，老百姓就更惨了，以至于到了人相食的地步。汉朝建立后，汉高祖甚至允许民间买卖孩子合法化，这样才能让更多人不被饿死。[2]

面对这种局面，吕太后知道朝廷穷困不是因为人民不努力，而是朝廷太贪婪。于是在惠帝元年（公元前194年），吕太后就下令改田税，从收三分之二降低到收十五分之一。[3]

至于官方用度，朝廷开始做预算，定官员俸禄，而资金来源除了那十五分之一的田税之外。有爵位的，花销就来自封地山河湖海以及商业税，朝廷不另发俸禄。到吕太后称制时期，百姓的衣食收入开始有所增长。

吕太后的执政方略，其实就是所谓的休养生息。当然我们也不能理解为吕太后有多爱民，只能说是在秦始皇的衬托下，显得温和一些。秦朝崇尚商鞅的法家理念，执行的实际上是暴君政治，因此秦始皇压根不在乎百姓怎么活、怎么想，而是一味用强权去压制和剥削。但吕太后信奉的黄老之术，是法家学派中申不害、慎到、韩非的温和派之说。当然这个温和，也只是相对商鞅思想来说的。

这些秉持黄老之术的法家先贤其实并不崇尚暴君政治。比如在韩非看来，

---

[1] 《汉书·食货志》：至于始皇，遂并天下，内兴功作，外攘夷狄，收泰半之赋，发闾左之戍。

[2] 《汉书·食货志》：汉兴，接秦之敝，诸侯并起，民失作业，而大饥馑。凡米石五千，人相食，死者过半。高祖乃令民得卖子，就食蜀汉。

[3] 见《汉书·惠帝纪》。

暴政会让民众困苦，民众的困苦会反作用于君王。因为没有人会心甘情愿地被压榨，当君王要强力压榨民众的时候，指望民众自觉配合是不可能的，再温顺的民众都不可能。所以君王只能放任基层官吏去控制、压榨民众。秦始皇要把农民收入的三分之二征税，农民是绝不会心甘情愿地"配合"的。那么要顺利收上来这么多税，就要赋予基层收税官吏更多权力，以保证其能完成收税任务。那么即便不激起民变，君王也会担心地方官的权力过大会对皇权产生威胁。所以轻徭薄赋的施政方针，可以让民众过安稳日子。民众安稳了，朝廷就不需要让地方官有更多的权力了。[1]

因此，汉初的休养生息并不是为了让民富，事实上也没能做到让民富，只不过让民众稍有喘息之后，朝廷的国库逐渐丰盈了起来。简单说，暴秦的做法是杀鸡取卵，而吕太后时期的做法属于养鸡攒鸡蛋。

吕太后为将来的文、景两代皇帝做了试水，但由于她是太后而不是皇帝，所以会在采用一元黄老之术还是二元黄老之术两边反复横跳。

在接下来的汉文帝时期，汉文帝不需要因为身份的问题进行内耗，因而会去实际践行黄老之术。而在此之前，我们得先知道在吕产、吕禄把持朝政之后，诸侯王中并不显眼的代王刘恒是怎么脱颖而出的。

---

[1] 见《韩非子·备内》。

第二章 文帝之治

君臣妥协成就了黄老盛世

1
进入决赛圈

在讲述汉文帝之前,我们先思考这样一个问题。吕太后驾崩后,她指定的实际接班人其实是相国吕产。而在反对诸吕的刘氏皇族中,实力最强且旗帜最鲜明的就是齐王刘襄。结果我们都知道,最终获得皇位的不是相国吕产,也不是齐王刘襄,竟然是代王刘恒。为什么是刘恒取得了最后的胜利?这又对汉文帝时期全面贯彻黄老之术治国有什么推动呢?

要搞清楚这些问题,我们还是要从那个不一般的七月说起。

高后八年七月,吕太后驾崩。吕太后留下的政治架构是吕产实际掌权,后少帝是名义上的皇帝。如此虚君实相,外加吕禄掌握北军,至少能保证关中无虞。而且吕太后安排吕禄的女儿为皇后,也算是让吕氏和刘氏深度绑定。

吕太后对这种安排还是基本放心的。事实也证明,未来齐国举兵反吕的时候,并没有其他诸侯王响应,这就是吕氏和刘氏深度绑定的必然结果。虽然后少帝是个傀儡,但谁掌握着他,都有一定"挟天子以令诸侯"的作用。

由于未来的胜出者是刘氏,所以在史书的定性中,吕氏集团在吕太后驾崩后是想谋反的,只是因为害怕周勃、灌婴等大臣才没有动手。

这一定性有两个问题不好解决。

第一个问题,所谓谋反,就是不掌权者要对掌握权力者采取武力行动,从而取代掌权者。比如陈胜、吴广要取代秦二世,这叫谋反。而掌握权力的秦二世要诛杀陈胜,就不能叫谋反。吕产、吕禄在当时掌握了实际权力,只有别人反他们的份儿，没有他们反别人的道理。

第二个问题，吕产和吕禄想不想当皇帝？显然是不想的。假设吕产想当皇帝，吕禄肯定不干。因为吕禄官封上将军，掌握北军军权；爵封赵王，位极人臣；女儿贵为皇后，他是国丈。吕产当皇帝，并不符合吕禄的利益。

吕禄如果想当皇帝呢？吕产也是不同意的。因为吕产官封相国，爵封吕王，掌握南军军权，是汉朝权力最大的人。如果吕禄当皇帝，吕产最多也是这个地位。而对于权臣来说，最希望皇帝是个无权无势的虚君，绝不能是手握重兵的实君。

所以说吕氏集团要谋反，只不过是齐王刘襄给自己找个行动的合法性罢了。

但刘襄总不能虚空造谣吧，他怎么知道吕氏要谋反呢？这时候，留在长安的朱虚侯刘章就起作用了。刘章是吕禄的女婿，他说秘密打探到了吕禄要谋反。于是刘襄以这个理由举兵，拉开了反对吕氏集团的序幕。[1]

对于这次起兵，刘襄绝对是信心十足的，这是千载难逢的好机会。刘氏皇族对吕氏一族不满也不是一天两天了，谁能第一个站出来振臂一呼，谁就能占据道义上的制高点。齐国兵强马壮，刘章又自信满满地说他在长安有大臣支持。刘襄想当皇帝并不是什么难事。

刘襄有三个心腹，其一是亲舅舅驷钧，其二是郎中令祝午，其三是中尉魏勃。这三位虽然算不得一流人才，但是比起吕党成员来说，还是强出不少。驷钧是齐国人，在当地势力很大。祝午的主要工作是保卫齐王宫，但是他最擅长的却是合纵连横之术，是个谈判的高手。这三位中最厉害的当数魏勃，魏勃以勇武闻名天下。

魏勃其实出身于艺术家庭，他父亲善于鼓琴，还曾为秦始皇演奏过。但是魏勃本人志不在此，他年少时想投奔齐相曹参。但是曹参并不是什么人都能见的，魏勃也没有钱去疏通关系，于是只能另辟蹊径。一般人想要求见曹参，得先贿赂曹参身边的舍人，即曹参身边的近臣。魏勃的策略是每天早晚都在舍人门外扫地。那时候也没环卫工人，所以久而久之舍人难免会注意到这位"环保

---

[1] 见《史记·吕太后本纪》。

先锋"。这位齐相舍人跟魏勃交谈后，觉得魏勃是个人才，于是真的把他引荐给了曹参。曹参也觉得魏勃是个可造之才，于是任命他为舍人。后来曹参又把魏勃推荐给齐王刘肥，因此他成了齐国内史。等到刘襄继任齐王之后，魏勃就开始主持齐国政务，地位甚至比齐相召平都高。[1]

总之，刘襄和驷钧、祝午、魏勃商量得很充分，基本确定了起兵的流程。而就在这个时候，另一件事却成了刘襄的障碍，那就是刘襄如果要调动齐国的军队，并没有合法的手续。

简单介绍下汉朝初年的地方军事制度。汉高祖夺取天下后，因其统治的合法性来自他反抗暴秦，被诸侯推戴才称帝。那么至少在名义上，汉高祖是要恢复周朝传统的。这个传统，就是把功臣、子弟分封到地方上为诸侯。这个时候的诸侯王，其实是有实权的。比如在政治上，除了国相是朝廷任命的之外，诸侯王可以任命本国两千石一级的官员。[2]在经济上，诸侯国的收入归诸侯王。在军事上，调动诸侯国军队的虎符被一分为二，朝廷执一半，诸侯王执一半。[3]

所以刘襄如果要起兵，但他手里只有半块虎符。而后少帝显然不会跟他同盟，所以即便刘襄说诸吕谋反，但只要他起兵，怎么看都是他在谋反。

另外，在齐国境内，齐相召平是朝廷派来的。刘襄要起兵，召平绝对不会坐视不理。所以当刘襄要讨伐诸吕的消息传出后，召平害怕自己被祭旗，率先去控制了军队。但是刘襄手里好歹有半块虎符，召平手里什么都没有，他只能以保护齐王的名义，调兵围住了齐王宫。

局面就僵持住了，召平不敢去捉拿刘襄，刘襄也没法捉拿召平。毕竟刘襄起兵的性质属于谋反还是清君侧，那得看他能不能打赢。就在双方都进退维谷的时候，魏勃当机立断，前去游说去召平。

魏勃并没有以刘襄说客的身份去见召平，而是到军前高度赞扬召平发兵保卫王宫的行为，并表示自己愿意为召平效力。那要怎么效力呢？魏勃表示要帮

---

[1] 见《史记·齐悼惠王世家》。
[2] 见《通典·职官典》。
[3] 见《汉书·高帝纪》。

召平带兵。召平当然求之不得，因为没有虎符带兵这件事毕竟不符军制。

魏勃掌握齐军之后，所下的第一道命令就是包围相府！召平一看大势已去，只好自杀。从此，刘襄完全掌握了齐国的军队，这还远远不够。其实在吕太后称制期间，割走齐国的土地可不少。东有鲁王割走的城阳，西有济川王割走的济南，南有刘泽割走的琅琊。但是鲁王也好，济川王也罢，这些王爷都在长安，只有刘泽在琅琊国待着。刘襄起兵西攻长安，最怕的就是刘泽的琅琊国在大后方给自己致命一击。所以，刘襄得先拔了刘泽这颗钉子。

但这件事并不好办，刘襄举起清君侧的大旗对抗吕氏，也算师出有名。但是如果刘襄攻打琅琊国，就有点说不过去了。一来道义上站不住脚，二来损耗实力，三来会引起朝廷的警觉，是下下策。既然不能玩武的，那就得玩文的。这时候，轮到纵横家祝午登场了。刘襄派遣祝午前往琅琊国，要用其三寸不烂之舌，让刘泽拱手而降。

祝午见到刘泽之后，直接告诉了他刘襄要清君侧的愿望。接着祝午又说刘襄年少，没带过兵，所以做这事没把握。并奉承刘泽是刘氏家族最年长的一位，还是跟着高祖打天下的名将，用兵如神。既然这样，祝午告诉刘泽，刘襄愿追随在他的麾下，请刘泽振臂一呼，带领诸刘讨伐诸吕。

刘泽觉得祝午说得有道理，论辈分他和楚王刘交最高，论岁数他比刘交大。刘襄是他孙子辈的，不知兵事很正常，况且诸吕中也没经历过战争洗礼的人物，因此刘泽很开心地跟着祝午去了临淄。

然而，刘泽一到齐国，刘襄就翻脸了。魏勃软禁了刘泽，祝午控制了琅琊国的军队。但是刘泽脑子飞快，不仅没有反抗，还跟刘襄说了几句"掏心窝子"的话。刘泽坦言，刘襄是汉高祖长孙，本就该当皇帝。吕氏集团居然敢谋反，而长安的大臣无动于衷，就是因为大臣们不知道诛灭吕氏之后让谁当皇帝。所以呢，刘泽作为刘氏一族的元老，便自告奋勇要去长安，游说大臣拥立刘襄为帝。

刘襄一听，这话说到自己心坎里了。部署了这么多年，他对皇位已是志在必得。刘泽去游说也好。成了，那是万事大吉。败了，那也没关系。反正琅琊国的军队到手了，其他的不重要。

然而刘泽这人的身份又很有机动性，说他是刘氏元老，可以。说他是吕氏女婿，也行啊。这家伙滑得像泥鳅，他到了长安是投靠吕党还是游说大臣？也没关系，刘襄派人以齐国的车驾送刘泽去长安，这就等于告诉大家刘泽跟他是一伙的。[1]

等这一切准备停当，刘襄是时候正式谋反了。此时进入这场权力争夺战决赛圈的选手只有吕产和刘襄，但我们都知道，这两位最终都没笑到最后。而之所以代王刘恒能脱颖而出，是因为一直被忽略的开国功臣群体起到了关键作用。这些人为什么会选代王刘恒，这是否跟汉朝初期的黄老之术有关呢？

---

[1] 见《汉书·高五王传》。

2 黄老与秦制

在之前的篇章中，我讲过黄老思想的本质就是秦制温和的一面。可就是这温和的一面，间接决定了所谓诸吕之乱的结果。

如果从刘襄的角度看，吕氏一党是要篡夺刘氏江山的反贼，自己是清君侧的忠臣，甚至是大汉朝最具法统的继承人。但如果从吕产的角度看，刘襄一族就是想篡夺后少帝皇位的反贼，自己是为国平叛的国之柱石。

我们大可不必太在意史书上的定性，因为刘襄和吕产谁是反贼完全取决于最后的战果，这就是最典型的成王败寇。但我们重读这段历史的时候要明白，别管谁是反贼，事就是这么个事，说白了就是刘襄和吕产为了争夺汉朝最高权力打起来了。

这场战争的结果居然是刘襄和吕产双输。直白一点讲，真正左右这场战争的并不是这两位王爷，也不是未来的最大赢家代王刘恒，而是朝中的开国功臣——陈平和周勃。

陈平、周勃为首的开国大臣们出生入死这么多年，图的也不是给谁当奴仆。虽然他们跟皇帝有君臣之别，但汉初的君臣关系还不是主奴关系。哪怕是汉高祖刘邦在位的时候，君臣之间的关系也更接近同事。秦朝的教训告诉汉朝君臣，要继续搞秦始皇那套，那么汉朝不会有一人得以善终，哪怕是皇帝本人。也因此，制定汉朝权力框架的萧何就坚决拥护黄老之术作为治国的根本，这也是为朝臣的安全和利益考虑。

吕太后在位时，更多是改造萧何制定的二元黄老之术，从未想结束这一切，因此朝臣和吕太后也相安无事。但吕太后驾崩后，一切都不一样了。

吕氏与朝臣共治天下的局面崩坏了。虽然皇帝都是傀儡，但吕太后在位的时候，朝臣还是能有一定地位的。当时的格局，完全可以看作吕太后是实际上的君主，后少帝是形式上的虚位皇帝。坐在丞相位置上的好歹是开国功臣审食其。

可是吕太后驾崩后，丞相审食其这样的吕党核心人物都靠边站了。吕产成了相国，吕禄成了实际的太尉。开国功臣们成了边缘人，而新晋大臣也会觉得前途渺茫。追随吕党的人中，官位最高的就是审食其，结果还被踢出了核心权力圈。

也因此，朝臣们在这场战争当中不会站在吕党这边。吕产派出老将灌婴带领本部兵马东征，希望灌婴能打败刘襄。但是灌婴到了荥阳就按兵不动，而刘襄也不敢来灌婴这头老虎面前捋胡须。

其实真要打起来，灌婴灭刘襄根本不难。在汉初这些猛将里头，比灌婴强的真不多。灌婴跟过韩信练兵，领过郎中骑兵精锐数次解救刘邦于危难中。楚汉战争末期，灌婴在韩信的指挥下，数次攻击项羽的大后方，曾一举占领彭城。

汉朝定鼎之后，灌婴跟随周勃出现在了建汉后的每一次大战当中，无论是北上抗击匈奴还是大战陈豨、英布，都有灌婴立功的身影。这位战场宿将，在当时几乎是无敌的存在。也正是因为灌婴的名头，各路王侯不太敢公然响应刘襄起兵。也就是说这个时候，其实灌婴的态度可以直接影响天下诸侯的行为。

多年以来，汉军将士们往往把灌婴和绛侯周勃并称为"绛灌"。在这个非常时刻，灌婴和周勃的利益一致，所以具体这仗怎么打，灌婴要与周勃互通信息。在与周勃达成一致后，灌婴暗中给刘襄传递小道消息，称要联手诛灭吕氏。也因此双方默契地在前线对峙，并没有发生任何战斗。[1]

那朝臣们会拥护刘襄吗？当然也不会。吕太后称制期间，刘氏一族可谓"苦吕久矣"，只不过敢怒而不敢发。如今刘襄首举义旗，一下就在皇族中站到

---

[1] 见《汉书·樊郦滕灌傅靳周传》。

了道义的制高点上。假如刘襄登基，那是人家打下来的江山，自然不仅不会念及朝臣的好，还得清算他们在诸吕执政期间的不作为。况且刘襄如果杀到长安，必然带着自己的班底来分蛋糕，朝臣的日子不会比跟着吕产更好过。

所以大臣们当然要选一个原本与最高权力不沾边的王爷来当皇帝，这才能有拥立之功，才能继续贯彻黄老之术并保住自己的利益。

不管怎么说，刘襄首举义旗，终归是拉开了刘氏反击吕氏的序幕。在这个活动中刘襄自信地认为他掌控了全局，其实他不知道，在他起兵的那一刻起，开始掌控全局的人只有一个，那就是陈平。

朝臣们既然要保住自己的利益，有几个调子得先定一定。首先是以吕产、吕禄为首的吕氏集团，他们虽然只是人畜无害的纨绔子弟，但也要定性为反贼。

其实要说他们要谋反取代刘氏，那绝对是硬扣帽子。吕氏集团的这些人物，都是小富即安之人。既无远略，也无野心，甚至连心智都达不到常人的水平。

比如吕产，这样一个被定了性的反贼头目，居然没有留下任何具体的反情。再比如吕氏集团中军权最大的吕禄，居然在郦寄的劝说下打算放弃兵权回封国当个富贵王爷。哪怕是在刘襄起兵反对诸吕的危急时刻，吕禄依然经常出去打猎，丝毫察觉不到大难临头。在整个吕氏家族中，最清醒的是吕太后的妹妹临光侯吕媭。

有一次，吕禄在出去打猎的时候，路过临光候府。吕媭听闻吕禄打算放弃兵权回封国，于是打算劝吕禄放弃这个荒唐的想法。在吕媭看来，身为上将军的吕禄放弃兵权，将会让整个吕氏一族都死无葬身之地。结果吕禄不听劝，执意要放弃兵权，气得吕媭把珠宝扔了一地，称这些东西很快都是别人的了。[1]

刘襄的这次起兵，似乎什么都没改变。前线依然没有发生战斗，朝中也是风平浪静。就这样，各方势力维持了一种平衡。而真正捅破这层窗户纸的人物，居然是个小角色。

一个不速之客突然来到长安，打破了场面的平衡。此人本是戍卫未央宫的

---

[1] 见《史记·吕太后本纪》。

郎中令贾寿，他随灌婴东征，见灌婴和刘襄搞私下往来，于是便飞快地赶回长安，向吕产报告。

吕产当然大吃一惊，肯定也万分着急，不过他对眼前的局势也不知所措。因为就算他下定决心杀了后少帝而自立，对当下局势也于事无补，只能让情况更糟。刘襄不是灌婴的对手，吕氏一族也没人是灌婴的对手。而吕产唯一的生路，只能是打好后少帝这张牌，以后少帝的名义号召平叛。但具体怎么办，吕产却拿不定主意。哪怕是他召集吕氏一族开会集思广益也没用，吕氏一族对去哪儿吃去哪儿玩比较有研究，对于朝政、军事等事务一窍不通。

那么贾寿这么着急来报，莫非早有成算？显然也没有。贾寿对当下的局势，仅仅是惋惜吕产没有早早放下权力去封国享乐，现在想走已经来不及了。

此次贾寿回长安，还引起了一个非吕党人士的警觉，此人就是担任御史大夫的平阳侯曹窋。作为前相国曹参的儿子，曹窋虽然不是吕党需要打击的对象，但他的利益自然是和朝臣们绑定的。曹窋见贾寿行色匆匆，觉得此事必有蹊跷，于是利用职务之便，秘密打探到了贾寿跟吕产的对话。曹窋探听到消息后，赶紧找陈平和周勃报告。周勃见事情紧急，就和陈平一明一暗，立马启动全面夺权模式。

来看下当时长安城的形势。本来戍卫长乐、未央二宫的部队应该是南军，但是吕太后驾崩之后，吕禄调北军把守二宫。所以周勃要想夺权，首先要控制北军。当时北军的虎符印信一半在襄平侯纪通手里，另一半在吕禄手里。襄平侯纪通已向周勃投诚，所以周勃拿着半块虎符矫诏进入北军大营。但是，没有另一半，周勃不能调动军队。周勃又派郦寄和典客刘揭去吓唬吕禄，说皇上让吕禄交出兵权去封国，再不走就有杀身之祸。吕禄吓坏了，觉得郦寄不会骗他，于是把另外半块虎符印信给了郦寄，自己收拾东西离开长安。郦寄将这半块虎符交给了周勃，周勃于是集齐了完整的虎符印信，进入了北军帅帐，完全掌握了北军。经过简单的动员誓师之后，北军将士表态，效忠刘氏！而陈平这时候做了两个重要的部署，第一是派出曹窋给未央宫卫尉传令，不许吕产进宫。第二是让刘章镇守北军的军门，其实也是为了让刘章成为周勃的下属，成为这场政变的边缘人。

从这里我们能看出，至少吕禄没想造反，他只是个小富即安的人。

与此同时，吕产调动南军往未央宫方向杀去。吕产的这个行为，一直被认为是他造反的直接证据。但是当吕产带兵进了未央宫，来到大殿门口之后，卫尉听从陈平的命令，不让吕产进宫。而吕产就真的听命不进宫了，这有点造反的样子吗？这回难题又丢给周勃了。对于他们二位来讲，最理想的状态就是吕产进宫杀了后少帝，那么周勃和陈平就能堂而皇之去平叛。但是吕产没有这么做，总不能让周勃带人去跟吕产火拼吧。而且，周勃带着北军去硬拼南军，也没有必胜的把握。这个时候，刘章的利用价值就体现出来了。周勃分给刘章一千多人，令他入未央宫保护后少帝。

刘章得令，自认为这是龙归大海、猛虎上山。于是开心地带着一千大军杀往未央宫。傍晚时分，刘章赶到了未央宫。而吕产此时还在未央宫殿前广场上来回溜达，这大半天，他也不嫌累。刘章早就在诸吕面前展示过自己的勇武和果断，这次他不打招呼，抽刀追着吕产就砍。

吕产的第一反应就是赶紧跑。刘章是谁？人的名树的影，他都敢在吕太后面前杀吕党成员，谁敢惹他？此时，狂风大作，南军将士大乱，谁也不敢阻拦刘章追杀吕产。

作为南军统帅，吕产居然撇下大军独自逃跑。跑就跑吧，他还往厕所里跑。进了厕所就是死路一条，最终权倾朝野的吕产被刘章砍死在厕所中。

这时候，认为大功告成的刘章打算暂领朝中大权，静候哥哥刘襄来继位。而此时，局势陡然生变。

皇帝派来使者带着皇帝的符节来犒劳刘章，刘章很开心，想要接过符节正式掌权。没想到使者不给，刘章只好接受第二个命令，去杀长乐宫卫尉吕更始。至此，长安城中权势最大的就是周勃了。周勃下令斩杀吕氏一族。于是，长安城中开展了一场针对吕氏一族的屠杀。无论男女老幼，皆被斩首。

从未想过是这个结果的吕禄，在回封地的路上被斩杀。早就想到这个结果的吕嬃，被乱棍打死。接着周勃派人去杀燕王吕通，并废除鲁王张偃的王位。自此，吕党中的吕氏族灭，张氏被夺爵，诸吕之乱结束。

一切停当之后，周勃废除吕产发布的所有政令，恢复审食其的左丞相职位。周勃封济川王刘太为梁王,封被饿死的赵幽王刘友的儿子刘遂为赵王。然后,周勃托刘章给刘襄带个话,诸吕被灭,齐王可以罢兵回临淄了!此时的刘章在长安最多能调动一个刘兴居,不敢不听周勃的话,只能给刘襄写信。

刘襄能不能选择不回去而杀向长安?不用考虑周勃的南北二军答不答应,别忘了在荥阳还有一位灌婴呢。连齐军中最坚定的主战派魏勃都惧怕灌婴,刘襄还能有什么作为呢?

等灌婴目送刘襄垂头丧气地回了临淄,这位老将才放心地班师回朝。毕竟周勃、陈平还等着这位功勋大将回来商议大事。诸吕之乱虽已平定,但终归是要善后的。

诸吕之乱被平定,这场进入权力争夺赛决赛圈的两个王爷都成了输家。吕产被杀,刘襄回家。最终掌控大权的是周勃,问题也就来了。周勃下令杀了诸吕,要不要扶后少帝亲政?显然不可以,因为后少帝年纪小,正是主少国疑的时候。这时候如果周勃辅佐后少帝,肯定成不了"周公",大概率会被诸侯王宣传为"董卓"。

那对于周勃、陈平这些大臣来讲,眼下要保证利益或者说要活命的话,必须回到萧何制定的黄老之术上来。那么在萧何的二元黄老之术中,皇帝得是真皇帝,丞相得是真丞相,谁也不能是摆设。显然真丞相是现成的,就缺一个真皇帝了。要找一个真皇帝,那么宫里那位后少帝就必须是假皇帝,毕竟他还占着皇帝的位子。

所以,诸吕之乱虽然结束了,但为了回到申不害式黄老之术治国的模式上来,变革还要继续。

3
是黄老之术选择了刘恒

诸吕之乱在有惊无险中解决。接下来的汉朝局势很微妙。

从牌面上看，名义上的国家主宰是后少帝，实际掌权者是太尉周勃。而运作一切，让周勃走向权力巅峰的人是陈平。可能周勃还没意识到，他的处境其实很危险。天下人都不服吕产掌权，更何况他周勃呢？如今南北军听周勃节制，大前提就是尊刘氏，而不是周氏。周勃掌权内压刘章、刘兴居，外震诸侯王，后少帝在他手中掌握，汉朝的命运在他一念之间。站得这么高，吹来的风自然是冷的。

周勃遭人猜忌是必然的，周勃自身聚集所有人的目光也是必然的，同时也就意味着，将来周勃从高处摔下来的可能性是非常大的。而这一切，跟陈平无关。

周勃也不能一直掌握大权吧，这是非常危险的。这时候还政给年幼的后少帝？怎么看都像周勃想掌握国家政权而拥立一个傀儡。如果换个皇帝，那换谁呢？陈平派刘章去北军，而周勃利用此机会夺了刘章的权。而那个在荥阳震慑刘襄的灌婴，所有人都知道他是周勃的部下。也就是说，得罪齐王家族的人是周勃。如今周勃大权在握，他不拥立谁，那就是得罪谁。拥立谁，还是得罪谁。想让皇帝欠大臣一个大人情，那这个大臣就离死不远了。周勃抱着权力这个烫手的山芋无处安放，陈平在旁边跟没事人一样，这个聪明人永远都在最安全的位置上。

陈平作为当时汉朝的幕后主宰，其实对后面的道路怎么走了然于胸。别看周勃大权在握，真正决定国家命运的，还得是陈平。以当时的形势看，汉朝不需要一个强君。君主越伟大的时代，民众就越卑微。大汉朝不需要一个秦始皇，需要的是一个汉惠帝。论治国，谁本事最大？很明显是萧何。国家怎么治？萧何早有法度在。什么样的人才能依法治国？无为而治的君主才能不瞎指挥，认认真真地依法治国。

这是黄老之术的精髓，不仅要民众无为，也让君王无为。只不过君王和民众的无为，在内核上并不一样。

民众的无为，说白了就是听朝廷的话，别质疑。而对于君王来说，怀抱权力，别任性，装也得装出一副无为的样子。

这样一来，无为君主手下的官员会更有安全感。

方向确定了，下一场政变也就不得不进行了。大臣们一商议，既然要换个皇帝，那么首先要定性后少帝是非法的。可是后少帝这样一个孩子，又没有什么过错，怎样才能废掉他呢？朝臣们只好从血统上做文章，说后少帝不是汉惠帝的儿子，而且汉惠帝所有的皇子都必须是假的。都这时候了，就不用讲什么证据和逻辑了，大家都咬死了这一切都是诸吕的阴谋就好。

那如果后少帝是假的，谁才能继位呢？既然汉惠帝没有儿子，那有资格继位的皇族只有三位，分别是齐王刘襄、代王刘恒和淮南王刘长。这当中肯定首先要排除刘襄，因为刘襄身边有一套完整的班底，他如果当了皇帝，三公非驷钧、魏勃、祝午莫属，哪还能有陈平、周勃等老臣的位置？刘襄以及他两个弟弟刘章和刘兴居都是桀骜不驯之辈，刘襄当了皇帝，大概率会破坏黄老之术的执行，这点是朝臣们格外警惕的。当然这话也不用朝臣们明着说出来，那位被刘襄用计夺了兵权的琅琊王刘泽带头反对拥立刘襄，理由就是刘襄的舅舅驷钧比吕氏都坏。

刚经历过诸吕之乱的大臣们对势力大的外戚几乎是零容忍的。从这个角度看，淮南王刘长也应该是合适的人选，因为他的母族都不在了，他当皇帝则不存在强大的外戚。可以立他吗？显然也不可以，因为如果淮南王当皇帝，汉朝就不光是要结束黄老之术那么简单，甚至可能会恢复秦朝模式。从个人性格上看，要是淮南王刘长当了皇帝，得血流成河。刘长年方十八，性格乖戾，力能扛鼎，活脱一个小项羽。刘长从幼年开始内心就充满了恨。

要说起这位淮南王的出身，那真是可歌可泣。话说当年汉高祖北征匈奴从白登山逃出，途经赵国歇脚的时候。他女婿赵王张敖献上一名美女伺候汉高祖。汉高祖由于在白登山憋了一肚子火，这次全部发泄到张敖身上，骂爽了就起驾回宫。张敖的门客贯高不堪其辱，企图刺杀汉高祖未遂。案发后汉高祖捉了跟赵王府有关的所有人，其中就包括这个美女。当时美女已经怀了刘长，她企图走吕后和审食其的门路用孩子保命。当时吕太后最关心的是女儿鲁元公主和女婿张敖的性命，美女肚子里的孩子她顾不上。而审食其唯吕太后之命是从，因此也没管这事。后来这个美女生下刘长后自杀，当狱吏把这个小娃娃送到汉高祖面前时，汉高祖痛心疾首，命令吕太后把孩子抚养成人。

刘长在成长的过程中了解到自己的身世，恨吕太后和审食其不帮忙救自己的母亲，与他们的关系不是一般紧张。后来英布造反，汉高祖带上刘长平叛，顺手就封了刘长一个淮南王。所以刘长的内心一直被仇恨折磨着，他心理问题严重，有强烈的暴虐倾向。朝臣断不会支持这样的人当皇帝。

之后就没得选了，就剩下代王刘恒了。刘恒的母亲薄太后，那是个有故事没势力的女人。代王的舅舅薄昭，也是出了名的老好人。这样的人当皇帝，必须得依赖陈平这样的老臣。所以陈平早就打定主意，拥立刘恒为帝。只有刘恒为帝，黄老之术才能延续，老臣们才能安全，汉朝才能安全。

当然，这个意见，刘章一系的亲信可能不太同意。但周勃、陈平等大臣已经不想继续讨论下去了，他们从宫中取出传国玉玺，秘密派人去代国请刘恒来登基。

消息传到代国，刘恒犯了愁。兹事体大，自己该不该当这个皇帝呢？他拿不定主意，干脆找人讨论一下。刘恒找来了两个亲信，一个是代王宫的郎中令张武，一个是代国中尉宋昌。这二位的意见却截然相反。张武是个耿直的汉子，他说高皇帝时期的这些老人，多年用兵，非常诡诈。他们无非是怕高帝和高后而已，其余的他们谁也不放在眼里。如今京城刚刚政变，谁知道是不是周勃想当皇帝？天下局势不稳，为了安全，不能蹚这个浑水。

宋昌则觉得能去当这个皇帝，原因有四个。其一，秦末以来豪杰四起，唯刘氏一统江山，旧贵族都绝望了，都服刘氏为真命天子。其二，高皇帝把宗族子弟分封各地为王，让诸王相互牵制，坚如磐石，外姓人休想当皇帝。其三，汉朝开国以来，那是广施仁政，比秦强之百倍，百姓宾服，人人思安，老百姓也服刘氏当皇帝。其四，据传说太尉节制北军之时，军队高呼服刘氏，这就是天意，一两个大臣想篡位那是不可能的。况且，大臣若是篡位则内不能控制南北军，外不能制衡刘氏诸王。高皇帝的亲儿子只有代王和淮南王，论名声、论年龄，都该是代王当皇帝，所以大臣根本没有选择，去当这个皇帝并不会有什么危险。[1]

刘恒在代国就这俩心腹，结果这二人给出的意见是相左的，所以本来就拿不定主意的刘恒听后更迷茫了。毕竟这是生死攸关的大事，刘恒不敢大意，于是他决定问问见过大世面的薄太后。

薄太后就是楚汉战争时魏王豹的爱妾薄姬。为了能在魏王豹的后宫脱颖而出，薄姬母亲想到的办法就是用玄学来打动魏王豹。于是她请来了当时的著名相士许负，请她出来为薄姬背书，称薄姬将来生下来的儿子能当皇帝。魏王豹大喜，他不仅越来越爱薄姬，还越来越不安分。既然他儿子能当皇帝，那么他也能当皇帝。所以魏王豹敢于背叛汉王刘邦，企图单干。结果我们都知道，薄姬没能圆上魏王豹的皇帝梦，还引来了韩信的毁灭性打击。最终，魏王豹被俘，薄姬落入汉王刘邦手中。[2]

现在刘恒问薄太后自己该不该去当皇帝，薄太后第一反应是找个算命的来算算。当时的算命之法，跟商代以来的占卜一脉相承，就是烧龟甲测吉凶。所谓"占卜"，"占"为看，"卜"就是烧过的龟甲，占卜就是研究一下烧过的龟甲。刘恒这次占卜，得出的结论是"大横庚庚，余为天王，夏启以光"。意思是从卦象上看，烧出来的都是横纹，预示着代王要像夏启那样当天子，开创一个盛世。

但即便是这样，刘恒也没能下定决心。在他看来，无论是亲信的意见、母

---

[1] 见《汉书·文帝纪》。
[2] 见《汉书·外戚传》。

亲的经验还是占卜的结果，最多只是参考价值，起不到决定性作用。与其在代国瞎猜，不如派人去试探。于是刘恒决定，派亲舅舅薄昭去见周勃。

薄昭去长安，有什么好处呢？假设周勃想要杀刘恒，一定会扣押薄昭，然后以薄昭的名义诈骗刘恒来长安。如果周勃真心想拥立刘恒为帝，一定会让薄昭来请刘恒，而且薄昭还能自由地在长安活动，不会受到什么限制。也就是说，刘恒是把舅舅往火坑里推，成了，他登基做天子，败了，最多牺牲一个舅舅。

薄昭来不及想这些，他亲赴长安见周勃，见周勃态度诚恳，也没派人监视、限制自己的活动。薄昭经过实地考察，回到代国请刘恒去长安登基。这时刘恒才感慨宋昌的判断是正确的，于是带上亲信前往长安。

等刘恒到了长安城外，他没有着急入城，而是先去祭拜了汉高祖的高陵，派宋昌先入长安报信。

于是在长安城外，由太尉周勃牵头，捧着传国玉玺率领群臣等待刘恒。等刘恒的车驾到了，周勃本想卖个乖，请刘恒私下聊一聊。不料宋昌大呼："太尉如果有公事，就在公开场合说。太尉如果有私事，不好意思，王者无私。"这样一来，周勃弄了个大难堪，只好跪下奉上玉玺。然而刘恒没有接，那他为什么不接呢？

4
来到长安

在长安，周勃顶着太尉的头衔，赋闲了将近八年。如今再次回到权力的巅峰，这感觉让周勃欲罢不能。怎么才能长久掌权呢？周勃的方法是巴结新君。

周勃没想到，新君可不待见这位太尉。虽然太尉功在社稷，但是这是个能行使废立大权的太尉，怎么看怎么危险。正是因为如此，在长安城外，周勃率领百官迎接准新君的时候，想私下聊几句套套近乎，结果人家刘恒不给面子。周勃规规矩矩奉上传国玉玺，结果人家代王刘恒还不接。[1]

周勃给刘恒奉上玉玺的行为，让刘恒非常不舒服。原因有二：其一，当皇帝最讲究名正言顺。看看玉玺上的字"受命于天，既寿永昌就知道了"。代王变成皇帝，那是要搞一出受命于天，而不是随随便便接过来太尉送来的玉玺。莫非皇帝是太尉立的？这岂不是给诸侯王留下话柄？

一千多年后，宋高宗赵构作为靖康之变以后赵氏唯一的皇族，从丞相张邦昌手里接过玉玺称帝，尚且遭到将军苗傅和刘正彦的质疑，结果酿成"苗刘兵变"。更何况刘恒当汉朝皇帝，本身就有很多人不服。比如齐王刘襄和淮南王刘长。

另外，未央宫里边还有个皇帝呢。这时候让刘恒接过玉玺，难不成要把谋反和弑君的罪过放在刘恒头上？

也就是说，周勃带领群臣迎接新君奉上玉玺的拍马屁事件，让周勃拍到马

---

[1] 见《汉书·文帝纪》。

蹄子上了。刘恒要求先回自己在长安的府邸再说，然后起身走了。

刘恒到了自己在长安的官邸。真该周勃表现的时候了，但周勃却不敢发言了。这时候，还得是陈平站出来，缓解了尴尬的气氛，解决了刘恒受命于天的难题。陈平带头说当今皇上和他的兄弟们都不是孝惠皇帝的亲儿子，不能当天子。并且，陈平给了刘恒登基的合法性说辞，他说刘恒是现存高皇帝年纪最大的儿子，就该当这个皇帝。

刘恒很满意，一下就记住了陈平。刘恒按照惯例推辞三次，然后正大位，接受百官朝拜。从此刘恒就成为汉朝历史上鼎鼎大名的汉文帝。

刘恒当了皇帝，就意味着天下诸侯都没机会了。尤其是刘襄，能踏踏实实当个齐王就行了，皇位就别惦记了。也正是这时候，发现彻底失败的东牟侯刘兴居赶紧表忠心，主动要求帮助汉文帝解决后少帝这个大难题。但是汉文帝不敢让刘兴居自己去宫里，谁知道他会不会挟天子令诸侯？所以，跟随刘兴居一起去未央宫的还有开国老臣夏侯婴以及宫里的大宦官张子卿。

刘兴居等人明火执仗地进宫来，担任大内侍卫的执戟郎们就冲过来护驾。当时的张子卿是宦者令，宫里的太监都归他管。张子卿说明情况，执戟郎们都退出殿外。刘兴居进宫毫不客气，说后少帝不是孝惠皇帝的亲儿子，不能再住在宫里当皇上。夏侯婴派人用车把后少帝送出宫外，安排在少府官邸。刘兴居赶紧用天子仪仗去接汉文帝，请新皇进宫正大位。汉文帝开心地坐着龙辇连夜进宫，接着出现麻烦了。这位皇帝陛下到了宫门口，侍卫不让进。侍卫们归谁管？周勃啊。所以汉文帝不得不再派人去请周勃，周勃亲自去了趟未央宫传令，侍卫们这才让汉文帝安安心心进了未央宫。

当然，这次事件让汉文帝更恨周勃了，宫里的侍卫明显只认周勃不认新皇帝，这是周勃犯了大忌讳。当夜，汉文帝下令，封宋昌为卫将军，接管南、北军。封张武为郎中令，接管大内侍卫。太尉周勃再度被架空。

后少帝刘弘、淮阳王刘武、梁王刘太、恒山王刘朝这几个孝惠帝之子相继被杀。汉文帝登基后的第一道诏书就是大赦天下。自此，汉文帝刘恒正式君临天下。

汉朝初年以十月为岁首，十月初一是汉文帝元年的第一天。在这一天，汉文帝封刘泽为燕王，封侄子刘遂为赵王。该大封群臣的时候，有个事情令汉文帝很伤脑筋。这件事就是该怎么处理太尉周勃。理论上掌管南、北军的卫将军宋昌和郎中令张武都归周勃管，而南、北军又是周勃带出来的，所以无论如何不能让周勃当太尉了。

但是新君初立，先拿下功臣周勃，怎么都说不过去。这时候陈平上表称病，说自己身体不好，不能再担任右丞相了。汉文帝不明白，问问怎么回事。陈平说高皇帝在的时候，自己的功劳比周勃大。但是平定诸吕之乱，周勃功劳最大。汉文帝明白了，陈平教自己明升暗降啊。于是汉文帝封周勃为右丞相，封陈平为左丞相，封灌婴为太尉。这样周勃成了国家最高行政官员，不能再染指军队了。就连周勃都觉得这次让他当右丞相，是皇恩浩荡，汉文帝离不开他。自此周勃恃"宠"而骄，得意忘形。[1]

汉文帝刚继位，就开始推行仁政。这些行为说是收买人心也好，说是形势所迫也罢，总之这些为都非常符合黄老之术的基本治国理念。为什么汉文帝愿意采用黄老之术治国呢？我们先从他的经历说起。

---

[1] 见《史记·陈丞相世家》。

5
从一个传说开始

秦朝统一全国之后,前六国的贵族集体失势,能活着就不错了。魏国宗室也是混得一个比一个惨。其中有一位魏姓女人,虽然丧失了贵族的身份,但她并不甘愿一直处在社会的底层。在机缘巧合下,她结识了位薄姓的平民男子。两个人未婚生子,这个孩子就是汉文帝的母亲,即后来的薄太后。[1]

但是世事无常,秦朝是秦始皇一个人的盛世,而每一个秦朝人都要为秦始皇的盛世作出牺牲。魏、薄二人不幸地生活在秦朝,注定了这个家庭的未来大概率悲剧丛生。按常态,男人早晚会被繁重的徭役和兵役累死,而遇上大规模的战争女人也得被征走负责军队的后勤。

然而令人欣慰的消息传来,陈胜第一个打出反秦旗号之后,天下响应,一段时间之后,六国复立,一切仿佛回复到了周朝的秩序。只是这一切来得太晚了。男人已经去世,女人带着一女一儿,也艰难地活成了魏媪。这时候女儿也出落成了一个亭亭玉立的少女,现在我们可以称她为薄姬。魏媪毕竟出身贵族,一心要恢复家族昔日的荣光。趁着反秦局势逐渐明朗,章邯投降了项羽,再无秦人能对东方六国带来毁灭性打击,魏媪决定去活动活动。

魏媪找了当时的魏王魏豹,把女儿薄姬奉上。自此魏媪和魏王豹就攀上了亲家,这门亲事成了魏媪家族地位复苏的良好开端。

魏媪是个居安思危的人,她发现薄姬在魏王的后宫并不受宠。争宠要靠天

---

[1] 见《史记·外戚世家》。

赋，这个事儿靠后天学习是不行的。指望薄姬在魏王后宫混出个名堂来，看来是够呛了。这时候，魏媪又出手了，她要把薄姬运作成为王后。

当时，江湖上有个传说，有个叫许负的女人擅长算命，可谓活神仙。据说这个许负出生时，手握文王八卦玉，百日后即可说话，连秦始皇都知道这事。当然这事没法找秦始皇求证，根据三人成虎的规律，此时的许负已经被吹成了神仙下凡。魏媪找来了这位活神仙许负，不知道两人是如何密谋的，总之许负到魏王后宫相面之后，非说薄姬将来能生个天子！这回行了，魏王豹信以为真，既然薄姬能生个天子，那自己得先是天子。魏王豹坚信自己在这乱世是最后的赢家，所以薄姬在后宫争宠中靠着这个预言脱颖而出。

时至今日，还有人相信许负是神秘的玄学大师，有三大预言统统应验。其实人们总爱相信自己愿意相信的答案，许负如果真这么厉害，怎么没算出自己的女婿会被汉文帝处死？也没算出自己外孙郭解被汉武帝灭族。[1]

很明显许负就是一个政治符号，毕竟汉文帝的皇位不是直接承袭自汉高祖，而是大臣拥立的。所以汉文帝的统治合法性在传统礼法上说服力不足。而许负的神话，恰恰弥补了汉文帝缺少"天命所归"的短板。

但在当时，魏王豹却信了许负的话，变得无比膨胀。当时楚汉彭城之战刚结束，项羽三万铁骑横扫刘邦的五十六万反楚联军，刘邦死里逃生刚刚稳住阵脚。魏王豹作为刘邦的盟友，按道理应该帮助刘邦稳住西线。或者说魏王豹也可以向项羽投诚，然后和项羽联合夹击刘邦，那天下大事尚未可知。就因为魏王豹轻信许负的言论，认为自己和薄姬将来的儿子能当皇帝。那自己就算不当开国君主，最起码能号令天下吧。所以，魏王豹不仅仅是看不上老上级刘邦，而是看不上天下所有的诸侯了。他要单干，既不从属刘邦，也不从属项羽。但他确实没有单干的实力，只有单干的信心。就算是刘邦派出汉国第一说客郦食其来劝他，他也执意和刘邦划清界限。

然而，就因为这样，魏国被韩信灭了，魏王豹被韩信抓了。荥阳大战最危险的时候，汉将周苛怒杀魏王豹。魏王豹只能去阴间做皇帝梦了。

薄姬作为战利品，被韩信送给了刘邦。当时的刘邦日子过得并不太平，他

---

[1] 见《史记·游侠列传》。

在荥阳苦苦支撑，顾不上这些战利品。况且刘邦独宠戚夫人，所以在很长时间之内，薄姬都是在织布房干活。

薄姬早年有两个闺蜜，一曰管夫人，二曰赵子儿。俗话说，三个女人一台戏，她们的戏词说的就是"先贵勿相忘"。若干年后，管夫人、赵子儿果然被汉高祖恩宠，这二人也不负当年誓言，把薄姬推荐给了汉高祖。汉高祖从织布房里找到了薄姬，一夜雨露之后，薄姬怀孕，生下的儿子就是汉文帝。而汉高祖从那以后很少去薄姬房里，可见薄姬确实不符合汉高祖的审美。

历史事件几乎都有因果。大汉统一之后，后宫"战火"纷飞。由于薄姬是个边缘人，所以并未被戚夫人和吕后视为打击对象。连薄姬都是边缘人，其子刘恒更是个边缘人，因此不受重视。刘恒的大哥刘肥在汉高祖迁韩信为楚王后就被封为齐王，远离长安。二哥刘盈和三哥刘如意争太子之位，一度成为大汉的焦点。韩王信叛国谋反后，汉高祖为了巩固北方边疆，封自己的二哥刘仲为代王，防守北疆。不料刘仲在匈奴入侵时竟然临阵脱逃跑到了洛阳，汉高祖一怒之下废了其王位，让爱将陈豨镇守代地。后来陈豨叛国，汉高祖封自己八岁的四儿子刘恒为代王，镇守这个是非之地。八岁的老实孩子刘恒，怎么说也是皇室血脉，总不至于也叛国吧。

那时中华大地上真正的好地方是齐、楚、燕、韩、赵、魏、秦，也就是原战国七雄的统治中心。当时齐地给了刘肥，楚地给了刘贾，燕地给了卢绾，赵地给了张敖，韩、魏、秦地则由中央直辖。刘恒这个代王，离匈奴那么近，不是什么肥缺。所以在汉高祖驾崩后，燕、赵的王爷老换，齐国老被分割，吕太后却不怎么搭理代王刘恒。也正是因为薄姬不受宠，才能在吕太后掌权后逃出生天，去了代国。

终于有一天，吕太后驾崩，大臣们联手灭掉诸吕，陈平分析完汉高祖仅存的俩儿子代王刘恒和淮南王刘长，决定迎立代王刘恒为新皇帝，代王就这样成了汉文帝。汉文帝在历史上的显著标签就是以黄老之术治国，而文景时期又是中国历史上黄老之术最兴盛的时期。不过实际上，汉文帝本人是喜爱法家学说的。那么为什么汉文帝会采用黄老之术治国呢？可能有以下几个方面的原因。[1]

---

[1] 见《史记·儒林列传》。

首先当是汉文帝的家庭教育。汉文帝的原始教育主要来自母亲薄姬，长期以来，由于薄姬母子并不得汉高祖的宠爱，所以汉文帝的行事风格更多受母亲影响。薄姬无论是在魏王豹后宫，还是在汉高祖后宫，都是不争宠不折腾的人，虽然她在后宫地位不高，却躲过了吕太后的打击报复，甚至可以体体面面地离开皇宫，去代国当太后。这种处事风格，跟汉文帝的执政思路如出一辙。

再者，汉文帝的夫人窦氏深深影响了汉文帝。在汉文帝还是代王的时候，窦氏就深受汉文帝宠爱，而她本人又是狂热的黄老之术爱好者，这难免也对汉文帝产生了影响。

当然，相比之下，汉文帝的统治合法性问题，才是让他选择黄老之术作为治国方略的重要原因。

汉文帝本人当皇子的时候并不受汉高祖喜爱，他也不是由上一任皇帝传位登基的，而是来自大臣的推戴。那大臣既能推戴他，自然也能推戴别人，所以从这方面讲，汉文帝要顺从朝臣心向黄老之术的意愿。而他心心念念的法家学说太过暴力，在纯法家统治的制度下，参考秦朝的例子，满朝文武没有能得好下场的，倘若如此，汉文帝的执政合法性容易被大臣否定掉。

另外，他也不能选择儒家学说，因为当时的儒家学说尚未像汉武帝之后那样进行法家化改造。对于儒家来说，君王的统治合法性来自天意，天意又直接和民心挂钩。在这方面，古儒和法家是天然对立的。比如法家认为君王执政的根本是要做老百姓不喜欢的事，这样就能削弱民间力量。如果做百姓喜欢的事情，百姓就会强大。国家和民众的关系是零和博弈，因此国强要建立在民弱的基础上。[1]而儒家倡导天心就是民意，皇帝是天子，自然要顺从民意。[2]

在春秋晚期那个相对宽松的政治环境下，孔、孟周游列国，其学说都不被国君所接受，汉文帝自然也不会接受。

墨家学说能不能成为汉文帝的"官方意识形态"呢？当然更不能。因为墨家是个组织严密的团体，即便是在朝为官，也要服从墨家的规矩。所以在很多时候，在墨家弟子的心目中，墨家巨子比皇帝更权威，墨家内部的法规也比皇

---

[1] 《商君书·弱民》：政作民之所恶，民弱；政作民之所乐，民强。民弱国强，民强国弱。
[2] 《尚书·泰誓中》：天视自我民视，天听自我民听。

帝的王法更权威。比如秦惠文王时期，墨家巨子腹䵍的儿子杀了人，被秦惠文王宽恕，但腹䵍本人却坚持按照墨家之法把儿子杀死。这也是为什么在春秋战国时代，墨家虽为显学，却比儒家更不被君王所接受的原因。[1]

那么留给汉文帝的现成经验只有黄老之术。黄老之术可以把汉文帝喜好的法家刑名之学很好地伪装起来，以一种温和的状态展现。但温和的背后，其实还是法家的基本逻辑。

---

[1] 见《吕氏春秋·去私》。

6
都不合法，那我就合法

汉文帝无惊无险地白捡了一个皇位，对他而言最难的就是解决统治合法性的问题。为了解决这个问题，汉文帝必须迎合大臣们所热衷的黄老之术来治国。

自周朝确立宗法制以来，确立皇位继承人的最基本的原则之一就是嫡长子，有且只有一个。至于什么贤能、宽仁、才德、勤勉等优秀品质，没有标准，也好复制。汉文帝得以继位，最初的官方说法就是他仁孝。显然仁孝不具备唯一性的特征，那么其他仁孝的刘氏皇族是不是也具备合法性呢？而且，汉文帝的仁孝是以周勃为首的大臣们评价的，那么他们的评价权是不是一直存在？能不能再评价别人仁孝？这些问题，都是汉文帝亟待解决的。很明显，朝臣选他当皇帝是看他好控制，当朝臣有能力推举皇帝的时候，显然不会自找麻烦选个"秦始皇"出来。

要是按照后世的标准，皇帝要巩固自己统治的合法性，就要保证权力最大可能地集中在自己手里，而且还不能被监管。要达到这个效果，一般都要大开杀戒。而汉文帝在黄老之术的指导下，绝不能这样，一定要用一个不折腾的方式。

汉文帝首要解决的，肯定是周勃。周勃的功劳太大，任谁回顾诸吕之乱这件事，都是周勃率军平定诸吕，其部下灌婴退了齐兵，然后周勃牵头派人去请汉文帝来登基。那么一般人都会联想到汉文帝的皇位是周勃给的。再说明白点，周勃能牵头去请汉文帝，也能牵头去请别的皇族。他既然请了汉文帝，那就是汉文帝的大恩人。

周勃这种拥立之功，肯定被汉文帝所忌惮。毕竟能立皇帝的大臣，大概率都能废了皇帝。比如说后少帝，平定诸吕之乱的时候，周勃打的是后少帝的旗号。不过控制了局势之后，以后少帝为首的所有汉惠帝之子都被周勃等大臣直接定性为非刘氏子孙。那是不是意味着，汉文帝也能被这些大臣定性为非刘氏子孙呢？

坐在皇位上的人，都不会对任何微小的威胁等闲视之。于是，汉文帝每次朝会都对周勃毕恭毕敬，让周勃不断骄傲。在这种情况下，汉文帝身边的中郎袁盎看不下去了。

袁盎上朝的时候问汉文帝："周勃是什么样的大臣？"

汉文帝当然得往好了说啊，他说周勃是匡扶社稷之臣。袁盎说周勃只是功臣，但不是社稷之臣。当年诸吕乱政，周勃不起兵匡扶正义，后来大臣反对诸吕，他只不过是顺势而为而已。对于这样的大臣，现在一点规矩都没有，皇上不应该惯着他。[1]

汉文帝听了表示下不为例。自此，周勃的拥戴之功彻底作古。袁盎是个投机小人吗？并不是，因为袁盎此举并非为了汉文帝，而是为了救周勃。

周勃早年是个白事吹鼓手，本行是编养蚕的筐子，没多大政治智慧。汉文帝之所以烦他，最主要的原因是周勃耍小聪明，自认为是汉文帝的恩人。但他并不知道，这个恩情可要不得。谁敢成为皇帝的恩人，那早晚是死路一条。

由于袁盎的言论，汉文帝继位合法性问题的第一个"污点"就洗刷干净了。自此，谁也不能说汉文帝是周勃立的。而周勃，也只是个普通功臣而已。他能做到目前这个地位，已经是皇恩浩荡了。

周勃自然不这么想，他还以为袁盎是在进谗言害他。袁盎也跟朝局敏感性极低的周勃说不清楚，自此周勃深恨袁盎，直到有一天袁盎从死牢里救出周勃，这才化解了仇隙，这是后话。

对于汉文帝来说，新的问题又来了。既然他不是周勃立的，可他也不是

---

[1] 见《汉书·爰盎晁错传》。

先帝立的，那他的统治合法性从何而来？如果从法家的角度去找，那是找不到的，因为汉文帝还未建立绝对的君主集权。那如果从儒家的角度，汉文帝得先有大功于民，再得到诸侯宾服才可以。那么很显然，汉文帝目前也不具备这个条件。墨家更不必说，汉文帝自己还没有获得绝对的权力，更不可能立个巨子当"教主"。

于是汉文帝的统治合法性，只能从黄老之术的角度去找。那么在黄老之术的基本要求中，无为是最大的功绩。换言之，汉文帝不必给自己刻意制造什么功绩，只要其他候选人都不合法，那他就是最合法的。诸如刘襄舅舅是恶人之类当然不可以昭告天下，得有一个冠冕堂皇的说法。于是围绕这个问题，在汉文帝元年（公元前179年）正月，一场"辩论会"高调开始。

辩论的正方是朝中大臣，也就是史书上所谓的"有司"，反方是汉文帝。也就是说，这场辩论是汉文帝一人对抗所有朝中重臣。

正方首先提出观点，朝臣奏请汉文帝从自己儿子中挑选一人，早立太子。

反方汉文帝对此进行了反驳，他说自己当皇帝都不称职，不可能再从儿子中选择太子。做皇帝要大公无私，有三个人更适合当下一任皇帝，分别是自己的小叔楚王刘交、堂哥吴王刘濞、弟弟淮南王刘长。

汉文帝提出来的这三位，也是民间认为有资格当皇帝的三位。你看这三位，都是刘氏皇族，实力强劲。这三位能不能当皇帝？当然可以。楚王是高皇帝的亲弟弟，又是大学问家，有水平。吴王基本上是当时诸侯王中最有实力的，作为刘氏子孙，也可以当皇帝。淮南王和汉文帝一样，都是高皇帝的亲儿子，按说也有当皇帝的资格。

汉文帝提到这三个有资格接替自己皇位的人，难道是真的高风亮节要搞禅让？其实不然，汉文帝之所以提他们，就是为了让有朝臣们有理有据有节地说出来这三位为什么不能当皇帝，这是要借此来堵住天下人之口。你看汉文帝提都不提齐王刘襄吧？这个人是不用提的，汉文帝提的都是辈分大的，小辈没资格。

话说到这分上，朝臣们必须开始认真"反驳"汉文帝，得配合汉文帝把戏做足。他们说商、周都是采用父死子继制度，国祚千年。当然这里的"千年"

是虚数，总之意思就是商、周国祚很长。潜台词是皇位不传给儿子，那国家就会乱，老得"禅让"。而且国家需要秩序，这个秩序是高皇帝率领士大夫浴血奋战才建立的。这个秩序就是皇位传儿子，一代代传下去。各诸侯国的爵位，也是传给他们的儿子，一代代传下去。您要是坚持把皇位传给外人，那就是不尊重高皇帝建立的国家根本大法，属于不孝。皇长子刘启敦厚仁慈，应该立为太子。

反方汉文帝见正方的辩词有理有据，根本无从反驳，于是从了建议，出于"公心"立皇长子刘启为皇太子。为了天下同乐，只要汉朝境内当了父亲的男子，都赐爵一级。[1]

自此，汉文帝的皇位不再受到质疑。因为辩论的结果为刘氏皇族的其他人都不具备继位合法性，那么汉文帝这个已经在位的皇帝就是最合法的。况且，太子名分都定了，其他人就不要有非分之想了。这种方式不见得多高尚，但比起后世为了争夺皇位搞得血流成河，那还是要体面很多。

况且，汉文帝登基后，除了后少帝一家之外，大多数人是跟着沾光的。功臣们的封赏拿到手软，封地一再增加。边缘皇族或者被吕太后迫害过的皇族，拿到了本该属于自己的王位。意难平的刘襄，也拿回了当初被吕太后割走的齐国土地。就连老百姓也跟着立太子这事吃了一波福利。

到了这个阶段，汉文帝的皇位就算是稳了。那么接下来，我们就可以看下汉文帝采用黄老之术治国的一些特点了。

---

[1] 见《汉书·文帝纪》。

7
法律和民众素质的关系

　　黄老之术的内核其实还是法家。汉朝的司法体系继承了秦朝的司法体系。秦朝的司法承自商鞅变法，一向以严刑峻法著称。那么秦朝的司法为什么要那么严苛呢？其实从商鞅变法到秦朝灭亡的这段历史就能说明问题，朝廷每一个重大政令都会激起老百姓的强烈愤慨和反抗，秦政的运行需要用严刑峻法来弹压人民。

　　也就是说，秦政模式下的法律是出自统治者收割百姓的需要。那么很显然，法律不应该是这样的。大概和汉武帝同时期的罗马哲学家西塞罗在其著作《论法律》中阐述，法律应该源于正义，而不是源自权力，相反权力应该符合法律。怎么理解呢？我们以清朝为例，法律本应该是维护正义的，让破坏正义的人得到相应的惩处，从而达到预防犯罪的目的。比如人们最朴素的生命权、财产权不应该被破坏，有谁破坏了百姓的生命权或者财产权就要被相应的法律制裁，这就是法律维护正义。那么清朝法律规定百姓人人都要留辫子，不留辫子就要杀头，那么这种法律就是源自权力，不是为了维护正义而设立，属于恶法。而所有的恶法，都应该被去除掉。西塞罗的主张很符合现代法律的基本要求，也因此，他被誉为启蒙思想的先驱。

　　其实比西塞罗早几十年的汉文帝，对法律也有过类似的思考。至少在汉文帝看来，秦律中的很多酷刑是恶法，应该废除掉。

　　汉文帝继位之初，召集三公和司法官员一起开了个会，汉文帝的议题是这样的：法律是国家颁布的行为准则，其作用应该是惩恶扬善。而现在的法律规定，一个人犯罪，要让他无辜的父母妻儿跟着一起判刑，还要没收他们的财产，朕觉得这样不妥，你们都来讨论一下这个议题。

周勃、陈平以及司法界的权威人士的论调很统一，他们是这样说的：老百姓素质低，又不自觉，得用这种重刑来约束他们。正因为有连坐法，罪犯在犯罪前就会多考虑一下家人，况且连坐法历史悠久，继续保持就挺好。[1]

这帮官员的话有道理吗？听上去没什么毛病。正所谓乱世用重典，在理论上法律越严格，犯法的成本就越高，从而会让犯罪减少。但在实际操作中，犯法的成本高，就会让犯罪率更低吗？那还真未必。秦朝的法律非常严苛，光死刑就有夷三族、灭宗、坑、车裂、体解、磔、腰斩、弃市、戮、剖腹、绞、囊扑等恶刑，但其犯罪率就高得离谱，甚至秦始皇微服出行的时候，在首都咸阳都能遇到劫道的。[2]

这么看来，严刑峻法对治安不见得有什么好处。甚至陈胜、吴广要不是因为延误日期要被斩首，也不至于造反。恰恰是因为获得死罪太容易，因此更容易让人铤而走险。

还有个例子可以佐证，商朝灭亡后，皇叔箕子来到了朝鲜半岛建立了古朝鲜国，开始在朝鲜推行礼义教化、耕田养蚕。而法律只有八条，但箕子朝鲜之民知荣辱，民风淳朴，生活安逸。后来汉武帝攻下朝鲜之后，法律增加到了六十多条，但社会治安却变差了。[3]

所以，严刑峻法不代表能让治安变好，甚至会让治安变得更差。比如汉朝承自秦朝的连坐法，汉朝官员说如此可以让想犯罪的人有所顾忌。那么想犯罪的人会因为担心连累家人就不犯罪了？那还真未必，但凡有这底线的，没这政策也不会犯法。穷凶极恶之徒并不会顾及家人。法律还是要明确个人责任，不应该扩大化。

既然如此，汉朝官员认为百姓素质低所以需要严刑峻法，这是合理的吗？

---

[1] 见《史记·孝文本纪》。

[2] 见《史记·秦始皇本纪》。

[3] 见《汉书·地理志》。

显然也不是。如果这种说法成立，就等于他们为汉朝每一个百姓都赋予了原罪，这个原罪就是百姓都是潜在的罪犯。因此朝廷需要用严刑峻法来震慑这些潜在的"罪犯"。换言之，汉朝官员对百姓进行了有罪推定。

如果这个逻辑成立，那能不能假设汉朝官员都是潜在的罪犯，需要每天被刀架在脖子办差呢？另外，假设汉朝百姓都有犯法潜质的话，那么就不是百姓有问题了，是法律有问题。毕竟绝大多数人的日常行为本能是为了生活，假设人们因为了满足基本生活需要而游走在犯法的边缘，那这法一定是恶法。

在古代社会，皇权往往是凌驾于法律之上的，所以法律之上的人很难认为法律有问题。可是汉文帝作为一个处在法律之上的人，能意识到恶法的存在，确实难能可贵。再看汉文帝是怎么看待这个法律和民众素质问题的，这才叫高论。

汉文帝说，法律公正，老百姓才会素质高。处罚合适，老百姓才会服从。而且，让老百姓素质提高，那是官员的责任。当官的不能以身作则引导百姓向善，却用根本不合理的极端法律去处罚百姓，这不是逼得老百姓走投无路才去铤而走险吗？怎么能说这种法律是为了禁止老百姓犯罪呢？朕反正没看出这样的法律有什么好处，你们再慎重想想。

很难想象，两千多年前的汉文帝能有这样的觉悟。而且作为统治阶级，汉文帝丝毫没有给统治阶级的荒谬找借口。他相信一定是先有好的司法制度，才会有好的百姓。制度不行，才会导致百姓不行。

周勃、陈平以及司法官员们都觉得汉文帝说得对，于是汉文帝下旨废除了连坐法。这是汉朝采用黄老之术治国以来，继废除夷三族之外的又一大善政。[1]

汉文帝废除连坐法，体现了秦政这种统治模式在黄老之术的约束下，显现出原始人文主义的一些雏形。而这种宽刑的理念，又符合黄老之术中"无为"的内核。用大白话说，就是朕不折腾你，你也别造反。

事实上，在传统秦制的模式中，无论民众的素质高低，都不会影响统治者采用严法治国。在商鞅看来，民众都是国家这部机器的螺丝钉，可紧而不可

---

[1] 见《资治通鉴·汉纪》。

松。而在汉朝建立后，汉初的政治精英们是认同商鞅观点的，只不过当时反秦制是一种政治正确，因此他们把严刑峻法和民众素质进行了绑定，于是出现了因民众素质低所以需要严刑峻法的论调。

而汉文帝对此是不以为然的。假设民众素质差，朝廷需要做的是引导民众素质提高。而这个引导的过程就是通过改进民生和教育实现，绝非严刑峻法。

但是，我们知道黄老之术治国在汉武帝时期便终结了，所以汉文帝宽刑的做法，在不同的时代也有着不同的解读。

8
两大史学家眼中的汉文帝

汉文帝的宽刑政策并不局限于废除连坐法,在汉文帝前元十三年(公元前167年)发生的一件事,标志着汉文帝的宽刑政策到了顶峰。[1]

那年齐国太仓令淳于意犯罪,当处以肉刑。汉代肉刑继承自秦律,广义上的肉刑有五种,即黥、劓、膑、腐、大辟,也被称为五刑。这里黥就是面部刺字,劓就是割鼻子,膑是砍脚,腐就是阉割,大辟即为死刑。狭义上的肉刑,只有劓、膑、腐三种。淳于意应该被处于哪一种史书没写,但无论哪种都是不可逆的残疾伤害。淳于意没有儿子,只有五个女儿。但他在这一刻想到的居然是自己的悲剧根源在于没有儿子。不过他最小的女儿缇萦给他上了一课,缇萦跟随父亲从齐国来到长安,并上书汉文帝称自己的父亲平时工作认真负责,这次犯罪要被处以肉刑,将来就算改过自新也晚了。自己愿意入宫当奴婢为父亲赎罪。

汉文帝接本御览后召集群臣议事,他讲了个故事,说在上古有虞氏的时代,死刑之罪的处罚也不过是穿上囚服,但人民也不犯罪。现在有三大肉刑震慑,但案犯不止。为什么呢?那是因为教化不足导致。如果不能教好民众向善,反而要加大刑法力度,那是不对的。皇帝既然是民之父母,父母能用打孩子来取代教孩子吗?

---

[1] 汉文帝时代尚无年号纪元,而汉文帝还曾有过一次改元,所以汉文帝改元前的纪年以前元××年表述,改元后以后元××年表述。

当时的丞相是张苍，御史大夫是冯敬。两位都是信奉黄老之术的大臣。他们坚决支持汉文帝废除肉刑，于是废除了黥、劓、膑三刑。这就是缇萦救父的故事。

在具体执行中，废除肉刑给犯人带来了更大的痛苦，直到汉景帝时期才稍有纠正，这个后面再讲。

这里我想说的是，汉文帝宽刑这件事，在不同的时期有着完全不同的评价。司马迁是主张宽刑的，他自己本身也是严刑峻法的受害者，他认为如果不能很好地引导百姓有德，严刑峻法起到的只有反作用。所以司马迁对汉文帝的宽刑政策高度评价，甚至他多希望腐刑也被废除掉。之后的唐代司马贞在作《史记索隐》的时候，也高度赞扬了汉文帝宽刑的政策。[1]

而东汉史学家班固不认可汉文帝君臣废除连坐法，感慨汉文帝、周勃、陈平这么明白的人，居然也有认为刑罚过重的"谬论"。[2]

我们不能因此认为班固就是个冷血无情的法家人士。班固的法律思想更贴近荀子之学，简单说他不认同汉文帝宽刑的底层逻辑是：乱世之时，民不聊生，犯罪情有可原，因而要宽刑；但太平盛世，人民生活安定，犯罪的性质则会更恶劣，所以要严刑。

班固和司马迁对于汉文帝宽刑的评价为什么会有那么大的区别呢？从班固对司马迁的评价就能看出端倪。班固认为司马迁的价值判断常与圣人不同，主要体现为司马迁论述大道的时候，总是先遵循黄老之术的观点，然后才是儒家的观点。记录游侠则赞扬奸雄而贬低隐士，讲经济则重利而轻贫贱。[3]

但是我们从《史记》上也能看出，司马迁其实是非常推崇孔子的，甚至把孔子的传记归入世家当中，并不像班固说的那样"（司马迁）是非颇缪于圣人，论大道则先黄老而后六经"。

之所以班固有此一论，主要是他们对圣人的认知不尽相同。自汉武帝以后，儒家成为官学。但是汉武帝之后的儒家思想，与孔、孟时代的儒家思想渐

---

[1] 见《史记三家注·孝文本纪》。
[2] 见《汉书·刑法志》。
[3] 见《汉书·司马迁传》。

行渐远，更多是在传承荀子的思想。而荀子思想的特点就是批判儒家的所有流派，尤其是对孟子一脉大加批判，称自己是最正宗的孔子传人。既然是高举孔子的旗号，又要否定孔子的门人，那么荀子塑造的孔子形象肯定与实际是有出入的。

孔子本人并不赞赏严刑峻法，因此他在跟季康子探讨类似问题的时候，说过执政者不必用杀人来培养民风，上位者的德行就像风，普通人的德行就像草，风往哪刮，草就往哪倒。[1] 在这一点上，儒家和黄老之术并无矛盾。也就是说，宽刑和严刑，与其说是司马迁和班固的思想区别，不如说是汉初黄老之术与汉武帝后荀学思想的区别。司马迁生活在汉景帝、汉武帝时期，刚好经历了汉朝的官方思想从汉景帝时期的黄老之术转变为汉武帝时期的外儒内法，司马迁记得文景之治的好，也体验了汉武帝严刑峻法的坏，因而对黄老之术充满了钦羡、赞美和怀念。况且《史记》并非官修史书，司马迁的创作相对自由，可以表达自己的感受。

而在汉武帝结束黄老之术后，对外宣称是罢黜百家独尊儒术，实则是外儒内法，而这里的外儒还不是孔孟之学，是荀子之学，也就是清末学者说的荀学。谭嗣同还曾评价中国古代用了两千年的荀学作为指导思想。荀学和秦政，就是乡愿和大盗的关系，假托为孔子之学而已。[2]

在班固生活的东汉时期，荀学已经假孔子之名，地位非常稳固了。班固自然是对这种官学更为推崇，且《汉书》是官修史书，自然要体现官方思想。

在秦政荀学的体系下，主张黄老之术会被视为对皇帝的不满，甚至会被看作造反。除非主张黄老之术的人是太皇太后，否则没什么好下场。

班固和司马迁对严刑峻法的认知差异，其实也体现了他们在不同思想体系下对法律和民众素质之间关系的认知差异。这二位史学家虽然一个认同黄老之术，一个认同荀学，但表面上都祖述孔子，都以儒门正宗自居。如果是这样，就不得不面对一个现实问题，那就是孔子对法律和民众素质的关系是怎么认识的。

---

[1] 见《论语·颜渊》。
[2] 见《仁学·二十九》。

在孔子看来，如果单纯用政令和律法去规范百姓的行为，只能让百姓避免触犯法令，不能让百姓知道荣辱。要使用德政和礼制来教育引导百姓，才能让百姓知道荣辱对错，从而纠正自己的错误。换言之，孔子认为对于百姓的引导和教育，远比用刑罚来吓唬百姓重要得多。[1]

在这个问题上，孔子和汉文帝一样，或者说传统儒家和黄老之术一样，都认为刑罚不是目的，而应该是引导百姓向善的手段。而引导百姓向善，远比用严刑峻法惩戒百姓犯法更重要。这回压力就给到班固这边，怎么解释这件事呢？

儒家推崇的所谓尧舜禹汤文武这些圣王时代，均主张宽刑，且在这一宽刑制度下，百姓的素质反而更高一些。为了解释这个问题，班固只能说法律要根据时代不同而做出修改，春秋时代百姓素质下降，子产首作《刑书》。战国时代百姓素质进一步下降，申不害、商鞅开始使用连坐法、肉刑。秦始皇暴政导致社会崩溃，所以汉朝重新建立法度，从"约法三章"到《汉律九章》，才让社会安定下来。汉初虽然废除了夷三族和连坐法，但在新垣平案之后又恢复了夷三族。这是因为百姓素质不如古代，所以律法也不能像古代那样宽刑。因此要减少死刑，恢复肉刑。

班固是否想过怎么提高人民素质呢？其实班固知道，百姓的素质高低跟皇帝有直接关系，只是没法说太细。毕竟孔子也说过，尧舜那样的王者治国，三十年能民风大变。稍微次点的明主治国，得一百年能让民风大变。

但汉朝也经历了两百年了，班固依然没有看到民风改变，所以他只能坚持严刑峻法，反对宽刑，这也在所难免。在班固看来，皇帝如果没本事改变民风，一味讲宽刑会让社会风气变坏。而皇帝如果有本事改变民风，倒也不用宽刑，因为犯罪的人少了。

从这个角度看，汉文帝作为一个皇帝，能主张宽刑，已经是非常难得了。事实上汉代的犯罪问题跟民生问题是直接挂钩的。大部分人只要能好好生活，都不愿意作奸犯科。在这一点上，汉初黄老之术的缔造者之一曹参有过精彩论述，他认为维护社会治安只需做好两件事，一件事是市场公平，让人有饭吃。

---

[1] 见《论语·为政》。

一件事是司法公正，让人有地方说理。可是这两点与皇权是天然对立的，当皇权膨胀后，必然要与民争利。当皇权与民争利的时候必然理屈，那么就会破坏司法公正。司法公正破坏后，社会风气必然急转直下。那假如无法从源头解决问题，也就理解班固为什么主张严刑峻法了。

当民怨就像烧开了的沸水一样时，如果没办法釜底抽薪，也就只能扬汤止沸了，但扬汤止沸又能扛多久呢？

9
全汉朝最支持黄老之术的人

汉文帝即位后，圣君的形象逐渐清晰。皇长子刘启被立为太子不久，大臣们便上书汉文帝，请立皇后。这回跟立太子不一样，汉文帝没什么可谦让的，于是去请示了自己的母亲薄太后。薄太后当即决定，立太子的母亲窦氏为皇后。于是命运坎坷的窦氏成为皇后。

我们知道，汉朝初期一直采用黄老之术治国。倘若要在汉初统治阶层找一位最支持黄老之术的人，非窦皇后莫属。为什么窦皇后这么信奉黄老之术呢？我们还得从窦皇后的人生说起。

窦皇后的童年已不可考，但可以肯定的是她出身于一个生活条件相对优渥的家庭，受过良好的教育，以至于她可以以家人子的身份入宫。而家人子也分三六九等，像窦氏这样能伺候吕太后的，应该是上家人子。

窦氏的名字一直是个谜，其实这也不奇怪。薄太后的名字也没人知道，当时大部分的女性可能都没有一个正式的名字。可窦氏比较特殊，她的名字是后世考证出来的。

在东汉末年，名士赵歧在编写史书《三辅决录》时，提到窦氏名猗。而后来晋朝史学家皇甫谧又多考证了一个字，称其名为窦猗房。窦猗房是河北清河郡人，从存世史料推断，窦猗房的父亲应该属士人阶层。可惜的是，窦父摊上了秦朝乱世，没有什么生存空间。于是他隐居野外，以钓鱼为生养活家人。很不幸，窦父钓鱼时跌入水中不幸溺亡。[1]秦始皇的文治武功对于一个小小的士人来说，是场巨大的灾难。

对普通人来说，面对如此的悲剧，大概率会感慨命运不济。可对于士人阶层出身的窦猗房来说，她的思考能力大概高一些，难免对秦制怀有刻骨的仇恨。

虽然窦猗房在幼年就失去了父亲，但可能正是因为她的文化水平较高，才能在汉朝以上家人子的身份入宫伺候太后，这也算知识改变命运。历史上的窦猗房发迹，其实是非常偶然的。吕太后称制之后，曾大肆迫害汉高祖宠爱的后妃和皇子。而不受宠的薄姬才得以跟儿子去代国当太后。

薄姬去代国那年，吕雉毒杀了赵王刘如意。之后吕雉为了安抚诸王，分别赐代王刘恒、新赵王刘友各五名宫女。后宫选出来的十个宫女当中，其中一个就是窦猗房。

窦猗房的家乡属赵国。所以窦猗房给管事的宦官送礼，希望把她编到去赵国的队伍里。结果这个宦官收钱之后把这事给忘了，导致名单下来后，窦猗房被分配到了代国。窦猗房大怒，骂宦官不守诚信，哭着坚决不去代国。但是她一个弱女子，又如何对抗太后的旨意？就这样，窦猗房被强迫去了代国。[2]

窦猗房在代国的经历是一段历史空白，给文学创作者们留足了创作空间。我们虽然无法得知这段历史的过程，但可以知道这段历史的结果。当时的代王已有王妃，窦猗房来到代国是在汉惠帝末年。当时的代王刘恒的年纪不过十几岁，但很快专宠窦猗房。窦猗房的年纪不详但却为十几岁的代王生下了一个女孩。到了汉惠帝七年，窦猗房又为十五岁的代王生下了一个男孩，也就是未来的汉景帝刘启。

此后代王妃去世，代王也没立窦猗房为王妃。后来代王成了汉文帝，他登基三个月内，代王妃所生的四个儿子都死了。于是在随后的立太子活动中，窦猗房所生的皇子刘启就以长子的身份当了太子。窦猗房和薄太后的婆媳关系极佳，也因此在薄太后的拍板下，窦猗房成了窦皇后。正是薄太后这个决策，让

---

[1] 见《三辅决录》。

[2] 见《汉书·外戚传》。

黄老之术在汉朝的推广达到了顶峰。不仅如此，薄太后甚至下令为窦猗房早逝的父母修建墓园。大臣们对窦皇后也很满意，在那个时代，皇后没有强大的外戚是特别大的一个优势。就像薄太后只有一为人稳重的弟弟，让汉文帝在皇位大战中有了决定性优势。而窦皇后只有一个哥哥，也是个大优势。

可就在窦猗房成为皇后的诏书颁布天下的时候，一个年轻人找来，此人自称窦少君，是皇后的亲弟弟。

原来窦少君四五岁的时候，被人贩子拐卖了。不知道这孩子是经济价值太大还是太小，反正买了他的人都争相转手卖掉，窦少君就这样被倒卖了十多次，直到卖往宜阳，才成了一个烧炭工人。然而一次无情的山崩事件之后，百余名烧炭工人命丧山下，唯有窦少君活了下来。大难不死的窦少君卜了一卦，卦象显示自己不日自当封侯。后来他跟随主人来到长安，听说新皇后姓窦，老家在清河观津，于是便觉得新皇后有可能是自己的姐姐。窦少君回忆了小时候跟姐姐生活的点滴，把小时候姐弟俩摘桑叶摔下树的往事写下来报告给朝廷，果然引起了窦皇后的注意。窦皇后召见窦少君，问是否还记得其他往事。窦少君又详细描述了当日窦氏被选为家人子去长安的时候，与自己诀别时的详细场景。一时间窦皇后尘封的记忆一一涌现，百感交集，泪如雨下。经过这场鉴定，这位弟弟是真的。窦猗房心疼弟弟受了这么多年罪，于是赐给他大量的金钱田宅，让他与哥哥窦长君都住在长安。

这时候，丞相周勃和太尉灌婴站了出来。尤其是周勃，对皇后的兄弟非常警惕。他说只要他不死，就不能看着窦氏兄弟变成下一个吕氏集团。所以周勃忙前忙后，又是给他们挑选老师安排上学，又是给他们挑选同窗伴读。从此，窦家兄弟个个谦逊有礼，但是内心可不念周勃的好。周勃又没证据，凭什么说人家将来会效仿吕氏呢？总之周勃这样做，不仅得罪了皇后，也得罪了皇帝。

因为事可以这么办，但是话不能这么说。周勃可以说为了关心窦氏兄弟的学业和成长，给他们安排老师、同窗。结果周勃上来就跟防贼一样教育窦氏兄弟，明白此事因果的人得说周勃缺心眼，不明白的得说是皇上小心眼。

那么问题来了，窦氏兄弟读的是什么书呢？在这一点上，窦皇后做了指示，都要读跟黄老之术有关系的著作，而窦皇后本人最爱的一本书就是《老子》，也就是我们现在说的《道德经》。如此一来，窦少君自我占卜那卦说不日就会封侯的愿望落空，不过也算是苦尽甘来。二人经过黄老之术相关著作的洗礼，虽为皇亲国戚，却都有君子之风。

不过，窦皇后还是希望能给自己的兄弟封侯，但作为一个最支持黄老之术的汉朝高层人物，她不会去强行争取，而是以一种"抱朴守一"的态度等待机会。毕竟在窦皇后的传奇人生中，所有机会都是她在准备充分的前提下等来的，没有主动出击争来的。

10
黄老之术下的福利制度

汉文帝是一个以圣人自居的皇帝。圣人嘛,和皇帝一样,都不能是自封的,而得是别人承认的。让别人承认自己是皇帝简单,掌握刀把子就行。要让别人承认自己是圣人可就没那么简单,得有切切实实的"作为"。靠身边几个阿谀奉承的小人尊自己为圣人,终归是要被钉在历史的耻辱柱上的。

比如说夏桀在位的时候,那就不是仅仅是自封圣人的事了,而是以太阳自居。夏桀自称太阳不亡,自己就不会亡。[1] 但结果大家都知道,老百姓宁愿和他这个太阳同归于尽,夏桀最终身死国灭,成为同行们的反面教材。汉朝人心中的第一反面教材就是秦始皇了,他的功德也是自封的,至今泰山上还有李斯为他刻的功德碑文。但是呢,结果大家也知道,秦朝崩溃之后,功德不仅没有,反而罪孽罄竹难书。

与之相对的,就是上古真正的圣王,比如秉持黄老之术的、受人歌颂的黄帝,圣名都是别人自觉尊奉的,因而代代相传。再如尊崇黄老之术的另一个圣人老子,他连君王都不是,但老子的思想被人们广泛认可,因而老子也被信徒代代称颂。至少汉初的统治阶层的君臣们都对老子的思想推崇备至。

自尧、舜、禹、汤、文、武六圣君以来,毕竟已经快一千年没有圣君出现了。倘若汉文帝能成为圣君,别说他当皇帝的玉玺是从周勃手里接过来的了,就算他的玉玺是大街上捡来的,也具有稳固的合法性。

---

[1] 见《太平御览·皇王部七·帝桀》。

那么怎么成圣呢？显然像夏桀那么自信不可以。别说是皇帝不能自封太阳了，就算是太阳神也不能为所欲为。毕竟在上古传说中，太阳多到害民的程度时，也会被人类用弓箭射下来。学秦始皇当然也不行，别说跑泰山刻功德碑了，就算是跑喜马拉雅山刻功德碑也无法消弭百姓对暴君的怨恨。

那就只能学上面说的那些圣君了。毕竟在没有"蚩尤"入侵的情况下，也不能硬造一个"蚩尤"；没有"大洪水"出现，也不能制造"大洪水"。只是想当老子那样的圣人，确实有点难度。思想境界并不是光靠后天学习就能达到的。汉文帝虽然富有天下之书，现学也来不及了。但要当个圣君，就特别简单。只要对百姓好，那就是圣君。于是，汉文帝时代的福利政策，就不得不开展了。

早在汉文帝立太子之后，为了彰显与民同乐，汉文帝给应当继承父亲爵位的人都赐爵一级。这样，大家跟着皇帝立太子沾光，自然不会非议太子，还得念皇帝的好。汉初的平民爵位制度承自秦朝的军功爵制度，一共二十级，最低一级叫公士，待遇是得到田一顷、宅一处和仆人一个。这对于当时的普通老百姓来说，也算得上是泼天的富贵了。从另一个角度看，在经历了秦朝的暴政和秦末战争之后，中原人口锐减。汉文帝的这次赏赐计划，对生育也是一个有效刺激。

两个月后，汉文帝册封窦氏为皇后，自然还得与民同乐。这次汉文帝并不仅仅是一次性赏赐，还建立了一套福利制度。汉文帝下诏，救济一下全国的鳏、寡、孤、独、穷五类人。

史书往往更多讲述帝王将相的故事，所以很多人读史后往往对帝王将相有很强的代入感。比如汉文帝登基后，可能会有人替齐王刘襄鸣不平，他多适合当皇帝啊，可惜没有大臣支持。也会有人替淮南王刘长鸣不平，这位"小项羽"多勇武啊，怎么就没当上皇帝呢？抑或是会有人替刘章鸣不平，潜伏长安那么多年，结果替汉文帝做了嫁衣。但实际上，无论什么时候，鳏、寡、孤、独、穷这些弱势群体才是最需要关爱的人。

不用替朱虚侯刘章操心，他饿不死。也不用替淮南王刘长抱不平，他命运再不济也比一般百姓强得多。汉文帝看得很明白，在这个社会上，达官贵人、商贾巨富远不及鳏、寡、孤、独、穷值得关爱。刘襄成功了是皇帝，失败了也是个王爷。刘章进一步是王爷，失败了最起码还是个侯爷。而挣扎在社会底层的老百姓，进一步也好不到哪去，退一步就是死。所以作为一个负责任的皇帝，不能放着这类人不去关心，而去关心贵族和官员的疾苦。

在动物世界里，兽性驱使着动物们秉持着自然界最原始、最野蛮、最落后的准则，也就是丛林法则，弱肉强食。再强大的野兽也有衰老的时候，而衰老就是它们被吃掉的时候。人类最终能成为地球的主宰，一个原因就是动物所不具备的而人独有的对弱者的大爱，也就是所谓的"仁"。觉得鳏、寡、孤、独、穷是负担，那就是兽性的体现。觉得他们该被关爱，那就是人性的体现。

汉文帝还建立了一套汉朝的养老福利制度。该制度规定，年龄在八十岁以上且没有犯罪的人，每月可以领取一石米、二十斤肉、五斗酒。而年龄超过九十岁，就在这个基础上增加帛二匹、棉絮三斤。

那么问题又来了，万一地方官舞弊，克扣老年人的福利怎么办？汉文帝规定，赐给老人的这些东西，由长吏检查后，让县丞或县尉亲自送去。不满九十岁的，由啬夫、令史送去。各郡守要派督察官巡视，对没有执行此令的要加以督责。[1]

也就是说，汉文帝给予老年人的福利是实际的。但在中央集权的帝制框架下，汉文帝最多也就做到这样了。诚然，这里面有作秀的成分。但是作为一个皇帝，汉文帝守住了最起码的底线，福利是真的给。

汉文帝行仁政，但他从来不说自己伟大，还总说自己无能。对比一下秦始皇，却满世界刻歌功颂德碑，向全世界彰示他的伟大。秦始皇时代，好东西都得献给皇帝。讽刺的是秦始皇攒下的东西，都被项羽抢走了。而项羽守着这堆宝物，丢掉了江山，这些东西又到了汉高祖手里。秦始皇搜刮这些家业的时候，没想到最终落到汉高祖手里。

汉文帝前元元年，有百姓按照惯例，自觉自愿地把自己养的千里马献给皇帝陛下。然而汉文帝见到这贡品之后，非但没有收下，反而废除了进贡制度。

汉文帝说，皇帝出门，前有鸾旗为先导，后有属车做护卫，每日行程不超

---

[1] 见《汉书·文帝纪》。

过五十里，率军出行，每日只走三十里，要千里马何用？然后汉文帝把马退了回去，还给人家回家的路费。自此，汉文帝下旨，禁止民间进献宝物。

在古代，进贡方物的风气一开，百姓得了宝物或者种植、饲养出好的东西，不进贡都不行。但进贡的过程又很艰难，不仅山高路远，而且运输也是大问题。马还好点，万一是农产品，很难保鲜。普通人家进一次贡，苦不堪言。因而废除进贡制度，可谓汉文帝一朝的又一大仁政。其中的内核，也是黄老之术中的不折腾思想。

汉文帝这一系列的操作，让他真的成了圣君。

秦始皇以武制人，但不能服人。汉文帝登基不到一年，以德服人。别说国内百姓了，连周边四夷都服气汉文帝是个令人敬仰的君主。这在古代的价值观当中，非武力而让四夷宾服，不是圣人是什么？

但是我们也要清楚，汉文帝是个皇帝，他做的一切都是为了自己的统治。他营造的圣人形象，并非为了天下苍生，而是为了巩固自己的皇权。只是在暴秦之后，能秉持黄老之术不大肆折腾的皇帝，已经是非常好的皇帝了。

纵观历史上的所谓圣明君主往往出现在一个王朝初期，此时国力不足，皇权不稳，皇帝比较倾向休养生息，哪怕是为了收买人心，也会去演一个好皇帝。而在一个王朝的强盛时期的皇帝，往往好大喜功，不爱惜民力。这在秦以后两千多年的帝制时代，几乎是定律。

那么如果汉文帝的皇权不受威胁，那他还能是圣君吗？

11
剪除皇权的所有威胁

汉文帝在圣君的路上越走越远，但是我们一定要清楚，皇帝别管嘴上喊着是要以黄老当榜样还是要以尧舜禹当榜样，归根结底都是想暗中当个秦始皇式的君主的。

对于汉文帝来说，满朝文武中，他最不喜欢的就是周勃。因为周勃曾经另立新君，这对于任何一个君王来说，这都会触动逆鳞。更何况在汉文帝的角度看，周勃早就"恶行累累"了。

从当年来到长安城外开始，周勃捧着玉玺当着百官的面非要和自己私聊，汉文帝就记住了这个不规矩的周勃。汉文帝是不想且不能和周勃单聊的，他要证明自己的帝位不是周勃给的。之后当了右丞相的周勃日渐骄横，上完朝皇上还没走，他居然扭脸就走？人家窦皇后的弟弟窦少君好不容易和姐姐相认，还没怎么着呢，周勃叫嚣着窦少君和窦长君会效仿吕氏作乱，必须得好好教育。总而言之，周勃太不拿自己当外人了。换句话说，周勃压根没明白自己的身份。江山是人家汉文帝的，周勃事事表现出生怕别人破坏他理想的汉王朝，这在皇帝看来是非常不妥的。

其实周勃也很冤枉，他没什么野心，否则汉高祖早就把他清洗了。只不过这个人过于耿直，朝局敏感性也不够高。当陈平这么聪明的人处处装傻的时候，周勃这个不聪明的人却处处装聪明，这注定了他的结局不会太好。

在汉文帝元年七月，汉文帝心血来潮，突然问周勃，今年全国判了多少案子？周勃顿时蒙了，连忙回答不知道。汉文帝又问，今年收税多少？周勃更加慌了，依然只能回答不知道。周勃连续两次没答上来皇帝的问题，惶恐至极，以至于汗湿衣襟。

汉文帝用同样的问题问左丞相陈平，陈平说司法的事问廷尉，税收的事问治内粟史。汉文帝又问，他们都各司其职，那丞相有什么用呢？陈平说丞相上承天子，下抚百姓。让大臣各司其职，各自发挥各自的专长。汉文帝一听，对陈平大加赞赏。皇上越夸陈平，周勃就越尴尬。退朝之后，周勃埋怨陈平不教他这么说。陈平说你自己当丞相却不知道丞相的职责，皇上要问长安有多少盗贼，难道你还要去给皇上数一遍吗？

周勃可能还没明白其中的利害关系，随后就有人告诉周勃，诛灭吕氏迎立代王的功劳太大，如此还身居高位，早晚要惹祸。周勃这才明白朝局变了，在和平时期，自己跟陈平差距太大。八月二十日，周勃称病请辞。汉文帝批准周勃退休，只留陈平一个丞相。[1]

汉文帝早就盼着这一天了。此后陈平一人担任独相，功高盖世的周勃就这样被排挤出了朝廷，比当年吕雉夺他权的时候更彻底。事实证明，无论谁在位，陈平都是那个不可或缺的。

为什么陈平能当政坛不倒翁呢？这就是一个优秀政治家的过人之处。陈平这样的人，谁用他都只有好处没有坏处。他能解决的问题都是大问题，但是因为他善于用阴谋，所以办大事不显功劳。你看陈平跟着汉高祖，六出奇计，每个计谋都是解决生死攸关的大问题，但是都不特别耀眼。比如灭项羽，陈平的计谋都是致命的，他瓦解了项羽身边的重臣，但是从表面上看陈平都不如英布显得耀眼。所以英布那点功劳会被封王，而作用更大的陈平只能封侯。白登之围那次，大家看到的是诸将拼死杀出重围。事实上没有陈平走夫人路线，将士再拼命也够呛能杀出去。平定诸吕之乱那次，大家看到的是周勃主持大局，事实上幕后都是陈平在策划指挥。

反过来看周勃，显现出来的功劳都比他实际作用小。还是说平定诸吕那次，南、北军的口号是效忠刘氏。在北军大营坐镇的可以是周勃，换成柴武、

---

[1] 见《资治通鉴·汉纪》。

郦商、夏侯婴也一样。退一万步讲，换成郦寄、刘揭、张苍、曹窋替代周勃也可以。军队认的是兵符，而不是太尉。但是陈平这个角色，任谁也替代不了。

很明显，陈平是个性价比极高的臣子，而周勃就太"危险"了。陈平知道自己功高，但是一直说自己功劳不如周勃。周勃功劳不如陈平，却自视为刘氏王朝救世主。早就犯了皇帝的忌讳。

不过，话说回来，如果不是在等级森严的皇权社会，周勃是那种好相处的直率人物，反倒是陈平阴谋太多，不适合当朋友。在皇权社会，皇帝看中的从来都不是大臣的品德，甚至品德越差的大臣用处越大。

陈平是个符合汉文帝价值观的丞相，或者说陈平是一个符合黄老之术的丞相。他不显山不露水，不折腾不擅权，很让汉文帝放心。此外，汉文帝从代国带来的六位大臣，也都身居要职。汉文帝在长安的势力，算是非常稳固了。

在长安之外，汉文帝还有两方面的威胁。一是诸侯王的威胁，主要是齐王刘襄一系，另一个是盘踞岭南的赵佗。

先说赵佗。赵佗是秦朝大将，先后两次跟随屠睢和任嚣南征百越。一败一胜之后，秦始皇设立象郡、桂林郡、南海郡。赵佗则随任嚣驻扎南海郡，也就是今天的广东。秦平百越的战争非常惨烈，尤其是第一次南征，秦朝动用了五十万大军尚且失败，南征的难度之大可见一斑。[1]

陈胜、吴广起义后，病重的任嚣传位给赵佗，赵佗接受任嚣遗命，兼并岭南三郡，反叛秦朝，后建立南越国，自称南越武王。汉朝建立后，赵佗接受了汉高祖的册封，为南越王。吕后称制时期，对南越国实施铁器禁运政策，导致赵佗脱离汉朝体系，自称南越皇帝，开始攻打汉朝的长沙国。吕太后命隆虑侯周灶去攻打赵佗，一年后吕太后驾崩。当年秦始皇第一次攻打百越时，动用了五十万大军还大败亏输，周灶这点兵马根本不足以打败赵佗，也没有足够的准备去应对岭南的气候和水土，因此周灶用兵不利，只能采取守势。[2]

汉文帝继位后，对于这个问题也不得不解决。要是按照秦始皇那脾气，得起倾国之兵，再与南越作战，不死不休。至于百姓要为此付出的代价，那都不

---

[1] 见《淮南子·人间训》。
[2] 见《史记·南越列传》。

足挂齿。但对于秉持黄老之术治国的汉文帝来说，解决这种问题大可不必如此折腾。

汉文帝召回了周灶，询问了前线的情况。一场奏对完毕，汉文帝得到了两个信息。头一个，南越的气候、地势复杂，以汉朝目前的形势不能用武力征服此地。第二个，赵佗不想跟汉朝翻脸，但一直认为是长沙国从中作梗，才有了汉朝和南越国之间的误会。

那这就好办了，汉文帝派人去了趟赵佗的老家河北真定，给赵佗的父母修缮墓地，然后又给赵佗的兄弟册封官职。当时博阳侯陈濞在长沙国任将军，他是赵佗最恨的人。汉文帝下旨罢免了陈濞，让他退休。这时候，汉文帝听从陈平的建议，找来了当年汉高祖时代出使南越的陆贾，让他带上汉文帝的信，再走一遭南越国。

如果按照某些激进派的观点看，汉文帝给赵佗的信那是丧权辱国，屈辱无比。因为在这封信上，汉文帝的态度很谦卑。他说：朕是高皇帝侧室所生，因不受待见，所以在代地当藩王。代国离南越山高路远，朕又没什么见识，所以一直没和大王通信问候。后来高皇帝和孝惠皇帝相继去世，那时候吕太后专政，她老人家身体不好。后来吕氏谋反，大臣们平定叛乱，大家一直拥立朕为皇帝。朕刚继位不久，就从周灶将军那里得到消息，说大王您挂念家乡的亲人，请求罢免长沙国的将军。朕已经罢免了陈濞，又派人封赏了大王的兄弟，修缮了大王的祖坟。前不久大王又发兵攻打大汉，使大汉长沙国、南郡损失极大。但是难道南越国就没有损失吗？战端一开，两国伤亡极大。凭空增加这么多伤亡，是朕所不忍的。朕本来想重新划定长沙国和南越国之间交错的边界，但是大臣们说这是当年高皇帝为了隔离长沙国故意设立的边界，所以朕打算保持原状。如果大汉出兵灭了南越，也增加不了多少土地和财富。所以朕打算把五岭以南的土地让大王自治，大王即便是称帝也没关系，两个皇帝之间也得派使者修好。若是一味地以力相争，那不是仁者所做的事。朕希望和大王和平相处，两国休战。

汉文帝完全没有天朝派头，甚至居然允许两帝并立。为了安抚赵佗，他不惜罢免老将陈濞。这种态度在后世王朝是很少见的，比如澶渊之盟的条约是大宋皇帝和大辽皇帝之间的平等对话，宋真宗也没有像汉文帝这样放低姿态。哪怕是晚清皇帝跟列强签订丧权辱国的条约，字面上也比汉文帝这封信硬气。

但是这封谦卑的信，却把赵佗吓得不轻。内容上汉文帝一再恭敬，把道理讲得很清楚：我们灭了你，也增加不了多少土地、金钱，但百姓伤亡，得不偿失，所以，尽量还是和平好。

那么汉朝能不能灭了南越？赵佗心里很清楚，汉文帝万一动了邪火，学秦始皇倾全国之兵南下，灭南越问题不大，即便是灭不了，南越也没有什么好果子吃。而且在整个百越地区，除了吴回、欧阳摇、欧阳无诸三个领袖级别的大王是汉朝臣子以外，地方各越族头领都服汉文帝。包括赵佗裹挟的闽越、西瓯、骆越都倾向汉文帝，毕竟汉文帝圣名远播，赵佗的人格魅力比汉文帝差远了。

赵佗是真不想再打仗了，打也不可能灭了汉朝，倒是惹急了汉文帝，汉朝能灭了他。既然有这样一个机会，那就赶紧见好就收，赶紧和汉朝握手言和。而到了这个时候，汉文帝那个谦卑到极点的信，就显出高明之处了。

赵佗出身秦将，秦朝实行世卿世禄制度，当官的都是贵族出身。赵佗是河北人，那时候的河北赵氏是嬴姓赵氏贵族后裔。所以赵佗跟那些少数民族部落酋长不一样，是个受过良好教育的人。汉文帝在信里虽然态度谦卑，但是句句见血。赵佗又不是傻子，总不可能觉得汉文帝真是怕他吧。汉文帝态度这样谦卑，赵佗的态度必须更谦卑。汉文帝的态度都谦卑到那样了，那留给赵佗的态度就只剩低三下四了。

汉文帝允许赵佗称帝，赵佗又是个体面的人，他当然不可能再称帝。所以赵佗给汉文帝的回信称臣，愿意成为汉朝的藩属，为汉朝皇帝纳贡。赵佗传旨南越国，称世间两雄不并立，两贤不共存。汉文帝是真正的贤明天子，所以南越国去除帝制。

赵佗给汉文帝上书说，罪臣跟高皇帝、孝惠帝的关系非常好，两位皇帝对臣非常地照顾。吕太后称制时，对南越禁止出售铁器、农具、母的马牛羊。后来又听到小道消息说，罪臣的祖坟也被破坏，亲属也被诛杀，因此罪臣才僭越称帝。长沙王造谣生事，让臣和吕太后互相有了更深的误会，这才造成了兵戎相见的局面。这些年虽然臣儿孙满堂，却夜里睡不着，白天吃不香，不思美色，不听音乐，原因就是臣害怕再也没机会当大汉的臣子，现在幸好陛下可怜臣，恢复臣大汉南越王的称号，能当大汉臣子，老臣死了也能不朽。不敢再称帝了。

就这样一封信，汉文帝做成了秦始皇五十万大军南下才做成的事，这就叫不战而屈人之兵。

别的皇帝穷极一生才能打造出来内外一统的江山，汉文帝一年就完成了。而且还没动用暴力，完全是以德服人。这在中国历史上也是少有的。

而这种傲人的成绩，连汉文帝自己都有些飘飘然。可是即便解决了南越之事，汉文帝还没有解决齐王刘襄这块心病。

一个人如果跟皇位擦肩而过，那么他就会一直想着这事，越琢磨越觉得遗憾。在汉文帝看来，刘襄内心一定是憋屈的。毕竟在诸侯王中，齐王地盘最大，实力最强，地理位置也相对较好，曾经离皇位也就一步之遥。可是汉文帝对刘襄的担心，在汉文帝元年的结尾便烟消云散。刘襄突然去世，让汉文帝又少了一个心腹大患。

汉文帝成了天下至尊，黄老之术对他的影响就逐渐减弱。汉文帝爱上了打猎，聚集了一些能陪他玩的大臣。歌颂皇帝圣明的越来越多，给皇帝提意见的越来越少。历史的经验告诉我们，汉朝要走下坡路了。那么汉文帝是如何悬崖勒马，重回黄老治国的道路上来的呢？

有人对汉文帝当头棒喝。敢对圣人一般的汉文帝提意见而被嘉奖，此人是第一个，但不是最后一个。

12
汉朝的忠臣和佞臣

汉文帝继位第一年，励精图治，采用黄老之术治国，使得国势日盛，达到了汉朝建国以来的最佳局面。如果是在乱世，大概人们的最大希望就是保命。但在稳定时期，年轻人就更想上进。

到了汉文帝元年年底，汉文帝起用了当年秦相李斯的徒弟吴公和徒孙贾谊。吴公作为李斯的亲传弟子，自然学了一肚子刑名之学，因此汉文帝起用他当廷尉。贾谊则以儒家自居，奏请汉文帝要改历法，变换朝服颜色，重新审定官名，确定汉室的礼仪和音乐，以建立汉朝制度，更改承自秦朝的那些法度。[1]

上一次对皇帝提出这种建议的大臣是以儒生自居的叔孙通。贾谊其实也跟叔孙通一样，希望像叔孙通那样通过投机来实现自我跃升。

汉朝在实行黄老之术治国之后，其实是达到了一种各阶层平衡的状态。在不折腾的理念基础上，很容易形成阶级固化。这种情况下，皇帝、诸侯、群臣是满意的，只有贾谊这种人是不满意的，他需要上升通道。而汉文帝时代没有科举，没有成熟的察举制，一个普通人想被皇帝发现是非常难的。

吴公有李斯这个师傅，简历就很好看。吴公在地方政绩方面做到了天下第一，汉文帝提拔他按照本身的业务专长当廷尉，那似乎是顺理成章。可是贾谊作为吴公的弟子，能借着这点关系担任太中大夫，几乎是做到头了。所谓太中大夫，其实就是九卿的属官，主要工作是出主意，或者说就是九卿的秘书。贾

---

[1] 见《汉书·贾谊传》。

谊文章写得好，这点也是汉文帝非常看重的，所以让他当太中大夫。

但这并未能满足贾谊的胃口，可是再往上升也很难。毕竟开国元勋们还都在，贾谊想要位列三公，根本不可能。贾谊还有一位祖师爷是荀子。荀子是个杂家，儒法黄老无不涉猎，当然他对外还是以儒生的形象示人，而他能出圈最重要的一点就是盯准了当时儒门成就最大的传人孟子，非说孟子是旁门左道，而他才是儒门正宗，靠着这套炒作手段，加上几乎与孟子所有观点都相反的理论，也开宗立派成了一代大家。我们之前讲过的叔孙通，就深受荀学的影响。

贾谊也想走这个路子，只要成为汉文帝时代的"国师"，就能完成阶层跨越。要想当这个"国师"，贾谊也学着叔孙通去挑战固有的模式，企图从更换礼仪的角度入手，改变当时的朝局。

可是贾谊面对的情况和叔孙通又不一样。叔孙通制定礼仪，那是因为大汉初立，还没有礼仪，他制定礼仪的本质是维护汉高祖的权威，用礼仪去钳制群臣。可是贾谊要重新制定礼仪来突出汉文帝的神圣，就要挑战汉朝黄老之术促成的政治格局。贾谊如果出头，就一定要抢占开国功臣们的利益，违背了朝廷不折腾的原则。所以贾谊的主张虽然足以让汉文帝心动，但是作为一个圣君，汉文帝不得不做出姿态，并未接受贾谊的提议。

历史上很多人说贾谊怀才不遇，其实贾谊的才华与其职位是相匹配的，甚至是超越了大部分人，只不过是他野心更大，而其野心在奉行黄老之术的时代无法实现而已。贾谊这种奉行荀学的人，想上位必然要折腾很多事，而这与黄老之术的不折腾原则相冲，因而显得其怀才不遇。

如果放在汉武帝时代，贾谊这种眼里只有皇帝的大臣，绝对会被视为忠臣。事实上汉朝所谓改正朔、易服色、定礼仪等突出新皇权威的工作，也的确是在汉武帝时代完成的。负责这些工作的相关大臣，比如公孙卿、董仲舒等，也确实成了汉武帝的忠臣。贾谊没赶上这个时代。

不过贾谊的出现就是一种信号，这代表了一些人希望改变自身的固有阶层，希望通过直接获得皇帝的欢心而实现地位跃升。说白了，他们内心的榜样还是商鞅。只不过在当时的价值观下，商鞅这类人名声太差，因而贾谊等人必须把自己包装成儒生。

但是贾谊的出现，是开国元勋们不想看到的，因此贾谊人缘极差。汉文帝也犯不上为了他得罪人，毕竟汉文帝还得当圣人，尽管汉文帝不是真的想为天下苍生当个圣人。

汉文帝继位第二年，陈平去世了。陈平的一生甚是不凡，说他是实力派，他却是靠脸赚得了第一桶金。说他是偶像派，陈平是靠着实力一直稳居相位。不算上前少帝和后少帝的话，陈平也得算是四朝元老，除了他自己战略性申请下调官位，这么多年来陈平的爵位和官职一直在上升。

陈平一死，对朝廷的影响极大。汉文帝对陈平任相是非常满意且放心的，很多机要之事也愿意和陈平去谈。现在陈平去世，谁来当丞相？很明显，还得从开国元勋里找一个。但是这些开国元勋谁又能让汉文帝放心呢？而无论汉文帝起用谁，周勃都是汉文帝绕不过去的一个人。

于是，汉文帝下旨，让长安城的王侯都回到自己封地去，在朝中有官职不能走的，也得把各自的世子送到封地去。在此之后，汉文帝跟周勃客气了一下，让他回来担任丞相。

按说这时候周勃趁此机会赶紧回封国享福多好，人家平阳侯曹窋年纪轻轻的都急流勇退回封国享福了，但是周勃愣是认为汉文帝是真心请他当丞相，他觉得此时又到了出山主持大局的时刻。于是，本来在家养病的周勃突然没病了，雄赳赳气昂昂地回来担任丞相。这般没政治敏感度的作为，奠定了他日后的悲剧。

周勃出山了，还担任独相，但是依然改变不了他昔日为人处世的风格。而且，周勃的能力并不足以担任丞相。那么丞相的具体工作由谁来负责呢？当年韩信的副将张苍出任御史大夫，而御史大夫本就有副丞相的职责。所以在陈平死后，朝中实际处理政务的人就是这位御史大夫张苍。

张苍是个全才，但由于外表出众，他也像陈平一样曾经是个偶像派。当初张苍犯过死罪，在法场之上，幸好王陵路过时看到了身材高大且皮肤白皙的张苍，于是救了张苍一命。接下来，张苍确实靠实力随着韩信大战河北，计算钱粮从未有误，精通历法、音律。有他署理政务，汉文帝就清闲多了。

陈平死后一个月，出现了日食。在汉代，日食往往被认为是上天对皇帝的不满。于是汉文帝赶紧下诏，颁布四条政令。其一，要求群臣进谏，指出皇帝的过失。其二，下令群臣举荐贤良之士，担任各级官员。其三，进一步轻徭薄赋。其四，减少宫廷使用的马匹，多余的马匹调拨给驿站使用。

这道圣旨一出，汉文帝的圣明直追尧舜禹汤。围绕在他身边的一帮所谓"贤明"之士，也都成了阿谀奉承之辈。老跟一帮只会说皇上圣明的人在一起，再圣明的人也会不圣明。汉文帝打猎上瘾，一天出去好几次，比当年的吕禄有过之无不及。

在古代一提起明君诤臣，最有名的当数唐太宗和魏徵这两位。魏徵直言敢谏，唐太宗虚心纳谏。但是，终太宗一朝，也仅仅是只有一个魏徵。既然唐太宗喜欢别人提意见，为什么别的大臣不跟着魏徵学呢？而且，魏徵一生进谏两百多次，有一件是大事吗？无非是以关于礼法上的一些小事为主。其实当时的国之栋梁还得是房玄龄和杜如晦，魏徵还真不行。事实上魏徵最大的作用，就是衬托得唐太宗像个明君。他是有特权的进谏，别人不行。跟唐太宗比起来，汉文帝更像个虚心纳谏的典型。他身边的"魏徵"不止一个，提出的问题都很尖锐。

汉文帝前元二年（公元前178年），陈平死了，赵佗也服了，周勃也架空了，刘襄也不在了，张苍办事又很让汉文帝省心，再加上一帮阿谀奉承之辈喊着皇上圣明陪着汉文帝打猎，著名思想家贾山站了出来，给汉文帝的盛世江山泼冷水。这种行为，在桀纣之君在位的时代得算是"奸臣"。

贾山说皇帝的权力和威严比万钧雷霆还要大。这种情况下，就算是皇帝请求群臣提意见，又有谁敢真的去挑皇帝的毛病呢？再遇上皇帝不爱听意见的，那就更没人提意见了。没人提意见，国家就危险了。比如说周朝的时候，天下百姓要供养一千八百个诸侯。但是各诸侯生活富裕，老百姓手里也有余粮，社会各阶层生活得还算不错。结果到了秦朝，全天下的百姓只供养秦始皇一个人，但是老百姓倾家荡产也不够朝廷要的赋税。秦始皇能吃用多少？他无非也是出去打打猎而已。那为什么比周朝一千八百个诸侯消耗得还要多呢？

原因就是周朝诸侯在收取赋税的时候会量百姓之力而取，而秦朝是按照自己的需求来取。秦朝在秦始皇时代已经处于极度危险的时刻。但是秦始皇不知道民间疾苦，周围大臣都说他功德盖过了三皇五帝，让秦始皇自认为皇位能传之万世。大臣们歌功颂德，没人敢告诉他实际情况。为什么会这样呢？一来是秦始皇不爱听意见，二来是秦始皇杀害了不少谈论朝政的儒生，罢免了不少批评朝政的大臣。剩下的就是歌功颂德之辈，这些都是一群无耻之徒，让秦始皇身处危机中还觉得歌舞升平。

皇上登基以来，实行仁政，重用贤才，轻徭薄赋，天下太平。每当有诏书颁布，老百姓就算老弱病残也拄着拐出来听圣旨。今天四方贤才都来辅佐陛下，而陛下整天和一帮猎人一起玩乐，这叫人家怎么提意见？提意见就会得罪目前受宠的这帮"猎人"，这不让天下贤才绝望吗？古代有个制度就很好，大臣不得跟着君主游玩。这样才能保持大臣的品格和节操，如此大臣才能时刻约束自己，知道当官是来办事的，不是陪着皇帝玩乐的。本来一个品行端正之人在家读书学习了很长时间，结果到了官场就看到了这景象，也学着去溜须拍马，打猎玩乐，这就是学好十年功，学坏一分钟。皇上目前的行为，太有伤国体。[1]

这话搁后世王朝谁敢说啊？在漫长的中国历史中，哪个得宠大臣、权臣不是投皇帝之所好才出将入相的？历史上留下奸名的那些重臣，无一不是靠陪皇帝玩上位的。比如王莽，是靠伺候皇帝上位的。十常侍，是陪皇帝玩上位的。蔡京，是陪着皇帝写字上位的。严嵩，是靠写皇帝爱看的青词上位的。和珅更别提，那是乾隆的最佳玩伴。甚至包括一些能臣，也得靠这个路子上位。不拍马屁，韩世忠得和岳飞一个下场。不巴结皇帝，戚继光没机会建功立业。袁崇焕照样也得给魏忠贤立生祠。

当这一切都成为惯例之后，贾山这样的人就会被淹没在历史的长河中，皇帝们不愿意提起他，也不希望臣子们学习他。

不过汉文帝看到贾山的奏疏之后，感到有理。此后他不再和大臣嬉戏游玩。只要有人进谏，汉文帝哪怕正在路上，也得停车接奏章。别管奏章说得对不对，汉文帝都认真地去看，有则改之无则加勉，断不会因为大臣说错话而发雷霆之怒。

---

[1] 见《资治通鉴·汉纪》。

中国古代那么多皇帝，能做到汉文帝这样的真不多。榜样的力量是伟大的，前提是这个榜样的行为是别人可以复制的。中国历史的走向就是皇权不断加强，后世君主不愿意去学汉文帝的做法，所以提起明君，很少有人想到汉文帝。原因就是后世帝王很难跟汉文帝去比，由于不自信所以不敢像汉文帝那样放下身段。后世帝王总是跟汉高祖比素质，跟唐太宗比不篡位，跟明太祖比文化。所以，历代皇帝标榜的圣君，基本上就么回事，别太当真。

汉文帝采纳了贾山的意见，避免了汉朝的官场歪风过早地刮起来。贾谊和贾山其实可以看作荀学与黄老之术在争夺汉朝官方意识形态的第一次交锋。这次胜利的是黄老之术，但却是因其时因其势而胜，倘若开国元勋们不在，皇帝本人的操守再弱点，黄老之术的延续就会很成问题。

不过贾谊还是聪明的，他还会积极调整方式，希望再试一次。

13
法家的困局

在先秦时代，虽说是百家争鸣，但是秉持法家思想的人往往更容易破局。他们与其他学派不同，思考问题的出发点就是君王，一切政策都以君王的利益为出发点，当然更容易得到重用，能打败法家学者的只有同行。

可是到了汉朝，贾谊试过了，过去商鞅、李斯、申不害等人的成功模式已经不可复制了。于是企图逆袭人生的投机型法家学者，就陷入了困局。陪皇上打打猎都快算奸臣了，要想破局就得玩点新花样了。

事实上，汉朝皇帝们并不排斥法家学说，只是汉朝的合法性来自站在暴秦的对立面，因而不能像暴秦那样不顾形象。也因此，汉初像萧何这样的人，虽然在制定汉初政策时几乎复刻了秦制，但在说辞上一定要打着反秦制的旗号。

到了汉文帝时代，因为他树立了圣人的形象，所以贾谊这种直接教汉文帝如何树立自己权威的说辞，自然不会被汉文帝采纳，即便汉文帝很想。而贾山的奏章被汉文帝采纳后，其实就放出了一个信号，汉文帝是礼贤下士的。哪怕是装的，他也会装下去，这也进一步证明了像商鞅那样对帝王投其所好者在汉文帝时代行不通。

这时候，有人教科书式地展现了在奉行黄老之术的时代如何争宠。

这个人就是袁盎，此时正担任大内侍卫。前文已述，周勃初任相时，汉文帝对他十分客气，周勃照单全收，日渐骄纵。袁盎趁机进言，奏请汉文帝不要对周勃太客气。这个效果就是一则帮助汉文帝树立权威，二则希望能救周勃一命。

然而就袁盎本身来说，他想发迹要比贾谊难多了。贾谊再怎么说也有两个显著标签作为政治资本，一个是名师之后，一个是青年才俊。要不是贾谊非要打破现有模式，他都能跟曾是荀子弟子的御史大夫张苍攀上关系。怎么说张苍跟贾谊的师公李斯也算同学。

袁盎的出身就惨多了，他没有名师，他爸还是个盗贼。对于袁盎的仕途来说，当个盗贼儿子的身份并不是最致命的，最致命的是袁盎曾经是吕禄的家臣，这在汉文帝时代是个巨大的污点。不过好在他生活在奉行黄老之术的时代，汉文帝并没有清算他。这要在明清时期，袁盎这种反贼二号人物的家臣，不但会被株连，就连家人都要被流放。得亏汉文帝奉黄老之术，宅心仁厚。因此在平定诸吕之乱之后，并没有展开大规模清洗。

袁盎的父亲虽然是个盗贼，但确是个非常有远见的盗贼。他有俩儿子，大儿子叫袁哙，小儿子是袁盎。在诸吕得势的时代，袁家为了风险对冲，决定两头押宝。袁哙站队刘家，袁盎站队吕家。一场有惊无险的诸吕之乱以后，袁哙因为站队正确，自然高官厚禄，之后就是袁哙保举躲过一劫的袁盎出仕，官拜郎中。[1]

袁盎作为一个前吕党，想要在仕途上有所突破，就要先得到汉文帝的信任，袁盎决定不走寻常路。

大多数情况下，古代皇帝一登基，就开始给自己修陵。皇帝不死，工程不许完工。汉文帝在位第二年，皇帝去自己的霸陵巡视，见工程不错，巡视完之后很开心地坐上乘舆下山。

乘舆是皇帝的专用座驾，至少从秦始皇时期就有定制，皇帝的乘舆六匹马拉。[2] 在汉朝，明确了皇帝御用乘舆为六匹马拉，所从属的车驾都是四匹马拉。[3] 汉文帝下山时心情不错，于是下令纵马下山。根据礼法，没人可以和皇帝的乘舆并驾齐驱，更不能比皇帝的乘舆快出一步，否则即为僭越，属于死

---

[1] 见《汉书·袁盎晁错传》。
[2] 见《史记·秦始皇本纪》。
[3] 见《后汉书·志·舆服下》。

罪。汉文帝纵马下山，所有人都应该骑马跟上，而且只能跟着。就在这时候，时任中郎将的袁盎瞬间提速，跟皇帝的乘舆并排，甚至还一把拉住了乘舆马匹的缰绳，让乘舆停了下来。

这要是在皇帝高度集权的时代，袁盎的行为都有可能被认定为惊驾。然而汉文帝并不这么认为，他见袁盎一脸惊恐，于是问袁盎是不是害怕了。一般情况下，大臣到了这个阶段都会按照惯例说皇上保重，臣担心啊之类的套词。没想到袁盎却一本正经地劝谏，说家有千金的人平时都不坐屋檐底下，生怕掉下来一片瓦砸死自己。家有百金的人，也不做危险的事。圣明的帝王也不以侥幸心理做危险的事。现在皇上以千金之躯纵六马驰骋于险峻的山路上，万一出了危险，皇上性命是小，太祖高皇帝留下的基业和太后怎么办？

汉文帝深以为然，从此对袁盎另眼相待。袁盎的行为说是拍马屁也好，说是僭越也罢，但汉文帝相信这就是耿直。也因此，袁盎和汉文帝的关系愈发亲近，甚至袁盎还有机会插手汉文帝后宫的纷争。

汉文帝的后宫既残酷又精彩。汉文帝还在当代王的时候，王后给他生了四个儿子。后来窦氏来到代国，很快被代王独宠，而代王后则暴毙，算是给窦氏腾出了位置。等到代王当了皇帝，还不到三个月，原王后所生的四个儿子就都死了，让窦氏所生的皇子刘启成为长子，刘启这才当了皇太子。这些事其实给人们留下了很多遐想空间。可是在窦氏当了皇后之后，宫里面又出现了新贵，那就是一度被汉文帝专宠的慎夫人。

这就涉及一个有意思的问题了，同样是专宠后宫，那么是先得宠好呢，还是后得宠好呢？你要说先得宠好，很明显在汉文帝二年的时候，慎夫人是后宫最红的一位，地位不亚于窦氏。要说后得宠好的话，人家窦氏早早地当了皇后，儿子当了太子。慎夫人想扳回这一局，那可就费了劲了。

这时候，不同的社会阅历，就显现出了不同的为人处世。

窦皇后出身士人家庭，且长期在吕太后身边工作。那对于窦皇后来说，什么尔虞我诈、阴谋阳谋、明争暗夺见得多了。从长乐宫的宫女变成长乐宫的主人，窦皇后的事迹不可谓不传奇，甚至说很励志。

我们再看慎夫人。她是舞女出身，精通才艺，并没有什么政治智慧。突然这么一受宠，就找不到自己的位置了。慎夫人恃宠而骄，真把自己就当成了后宫之主，根本不把窦皇后放在眼里。

所以当这两个人在后宫成为对手之后，根本不会有针锋相对的斗争。因为窦皇后作为汉朝最懂黄老之术的人，知道什么时候该"无为"。她压根不与慎夫人争宠。窦皇后很明白，汉文帝把自己打造成了圣人，圣人的夫人自然也得是圣人。所以窦皇后平时在跟慎夫人交往的过程中，姿态放得特别低。慎夫人一再逾制，窦皇后一再谦让。然而窦皇后一再忍让的结果就是慎夫人被惯得日益骄横，而窦皇后的口碑越来越好。这些事甚至发生在一些重大场合上，大臣们都看到了贤良端庄的窦皇后和飞扬跋扈的慎夫人形成了鲜明的对比。

正常情况下，朝臣并不愿意卷入后宫的纷争当中，因为风险太高。但袁盎就要掺和后宫的纷争。一般大臣非要跟后宫有联系，肯定得选边站。那么袁盎是要站皇后这边，还是要站慎夫人这边？历史上特别奇特的一幕出现了，袁盎两边都站，两边还都说他好。

在未央宫中，慎夫人经常毫不客气地和窦皇后同席而坐。窦皇后纵有千般不满，但是依然不提出异议。而慎夫人就以为窦皇后软弱好欺负，非常不慎重地以皇后自居。汉文帝都不对慎夫人的僭越行为提出意见，外人就更不好多嘴了。

有一次汉文帝带着窦皇后和慎夫人去上林苑游玩，袁盎特意把座次分了上下座。而他引慎夫人入座的时候，让慎夫人坐在下座上。慎夫人大怒，坚决不肯入座。汉文帝见袁盎跟慎夫人作对，也非常生气，甚至连游玩的兴致都没了，要起驾回宫。

袁盎赶紧去追皇帝。他告诉汉文帝，这么做并不是针对慎夫人，而是为了慎夫人着想。假设慎夫人继续僭越，难道不怕"人彘"的悲剧重演吗？

汉文帝一琢磨，袁盎说的话很有道理。当朝太子是窦皇后的儿子，如今慎夫人一再得罪窦皇后，将来太子登基为帝，难免会清算慎夫人。当年戚夫人得罪吕太后的殷鉴不远，汉文帝嘉奖了袁盎，又把其中的利害关系告诉了慎夫人。慎夫人忽然就明白了其中的利害关系，于是不再得罪窦皇后，还赐给了袁盎五十斤黄金。

从此，汉文帝更加看重袁盎。窦皇后也因为袁盎恢复了昔日的威严，自然也记住了袁盎的功劳。

袁盎在官场上混得风生水起，贾谊也开始了新的攻略。起初贾谊效仿叔孙通的路线没有成功，这次他要学习为了上位而百折不挠的商鞅，再为仕途努力一次。

当初商鞅为了打动秦孝公，几次变换游说策略，终于摸到了秦孝公的脉门。当君王的终极目标就是把国家打造成属于自己的机器，除了君王之外，其余人只能是这台机器上的零件。商鞅变法的核心目的就是提高这台机器的战斗力，而在古代社会，战斗力的保障就是粮食。所以商鞅变法把奖励耕战放在最重要的位置上，粮食多了才是帝王的命脉。另外还要注意，在商鞅看来，粮食要集中在皇帝手中，老百姓能有点口粮就不错了。

在这一点上，其实贾谊和商鞅的观点是一致的，老百姓作为帝王的一种资源，最理想的状态就是除了替君王打仗之外，就是替君王种粮食，尤其不要从事商业。

汉文帝以前的中国，其经济形态属于自然经济。简单点说，当时中国人的生活方式主要是男耕女织，自给自足。衣食住行几乎都能自己生产解决，一般不需要进行商品交换。而朝廷的财政收入，就是在这种经济体系下收取劳动剩余。中国古代的盛世和乱世就在这点劳动剩余上体现出来了，朝廷收完税还能有余粮，这是"尧天舜日"的盛世。朝廷收完税连口粮都没了，那就该"王侯将相宁有种乎"了。

但是，最起码在商朝开始，中国人的商业活动在东亚是比较发达的。这也很正常，跟周边国家相比，中原的生产力是最强的，因而有余粮跟周边进行交换。所以，四方一提起商朝人，那就是来做买卖的，简称商人。商人带来的交换物品，那就是商品。商人从事的买卖商品的这种行业，就是商业。这种叫法一直延续到了今天，可见中国是个有着商业传统的国家。

在先秦时代，中国出现了很多富可敌国的大商人。孔子的十大得意弟子之一的端木赐就是当时著名的大商人，很讲商业原则，是当时商界典范。更著名的还有被后人尊为财神的范蠡，在当时也是富可敌国，还首创了有钱就做公益事业的先例。真正把商业活动上升到经济理论的高人是战国时代的白圭，他最早提出了商场如战场。还有大商人弦高，以洛邑为中心生意做遍天下。再有一个家喻户晓的人物吕不韦，做生意做到投资国君这份上，也是行业的佼佼者了。

这些人有个共同的特点，即成为商业巨贾之后，就能干预政治。比如说端木赐，他玩纵横术比鬼谷子早多了。端木赐在各国走一遭，成就了存鲁、乱齐、破吴、强晋而霸越的伟业，他也曾在鲁国和卫国任相，也曾开宗立派教学。范蠡更不用说，直接运作出一个东南霸主出来。白圭能在魏国当官，还能运作国家大型水利工程。弦高能在秦、郑大战之前，自己花钱在秦军面前演戏，把秦军骗回国。吕不韦更厉害，没他就没有秦国的霸业。

具体到汉朝，无论是韩王信谋反还是陈豨叛国，都是以王黄、曼丘臣为首的商人集团联合运作的，仅仅是韩王信和陈豨不足以掀起那么大的风浪。单论实力，这两位加一块都不见得比英布强，但是汉高祖对付他们，比对付英布可难多了，这就是商人的力量。

商人掌握着资本，对国家有着巨大的影响。商人做事讲规则，规则是与至高无上的皇权天然相冲的。到了汉文帝前元二年，国家趋于平稳，生产力也日渐加强。随着铁器的发展和运用，汉朝的生产力已经大大超越了之前历史上的任何一个时期。再加上汉朝的轻徭薄赋政策，百姓家里逐渐有了劳动剩余。很明显，这是一片适合商人生存的土壤。

贾谊在这个时候上了一本《论积贮疏》，对汉文帝痛陈重农抑商的必要性。既然汉文帝要当圣君，就不能像《商君书》那样如此直接地讲"有道之国，务在弱民"。于是贾谊还得变通一下，在汉高祖时期，皇帝出门都得坐牛车，而到了汉文帝初年，皇上都能坐一车六马的乘舆了。可见汉朝经历了三代的轻徭薄赋，汉朝的生产力和财政收入得到了巨大提升。而就在这时候，贾谊却说国家处于巨大危机当中。

贾谊在给汉文帝的奏章中，言辞恳切地提出了对国家积贮与民生福祉的深刻见解。他引用了《管子》中的话，指出如果百姓尚且要为温饱而奔波，却对君主的号令欢欣鼓舞，这简直是古今之奇闻。贾谊又指出，布匹粮食的生产都有其时节，一旦过度消耗而不知节制，必然导致物资匮乏。他称赞古代圣王治理天下，考虑得细微周到，所以国家积贮丰厚，足以应对各种危机。话锋一转，他指出了他理解的汉朝两大弊端：一是从事工商业者过多，忽视了农业生产；二是奢侈之风盛行，消耗了大量资源。他断言长此以往，国家将面临严重的危机。

贾谊觉得汉朝建国已近四十年了，但国库和民间的积蓄依然不够多，令人扼腕叹息。若老天爷不按时降雨，则百姓便惶惶不可终日。若年景不佳，百姓便只能出卖爵位、儿女以换取粮食。这难道还不够骇人听闻吗？

这世上的粮食丰歉是自然规律，古之圣王如夏禹、商汤也都遭遇过。但如今如果遇到方圆两三千里的大旱或遇到需要调集几十万大军才能抵御的边患，国家将何以应对？遇到这种情况，有勇力之人会啸聚山林劫掠地方，而疲弱之民则只能易子而食。到了这个阶段，有野心的人就会揭竿而起，而百姓则会纷纷响应。到这个阶段朝廷再着急，又如何来得及呢？

所以贾谊陈述了一个道理，丰富的物资就是国家的命脉，假如国家有足够的物资，进可攻退可守，能招安能抚远。所以只有让全民从事农业，让工匠、艺术家、说客、侠客等都去当农民，这样不仅可以让他们自食其力，也能让国家富足。[1]

汉文帝看到贾谊的上书之后，感觉非常有道理。抛开经济因素不谈，对于皇帝来说，农民是最便于控制的群体。因为农民的生产和生活都要和土地绑定，而普天之下莫非王土，控制了土地就等于控制了农民。于是汉文帝决定采纳贾谊的建议，当年开春，汉文帝亲自到田地里去劳动，为天下做出了表率。从此开启了重农抑商政策，影响了中国两千多年。

其实，贾谊这长篇大论的奏疏，跟商鞅当年要表达的意思是一样的，总归都是让民众只当皇帝的生产工具或者战斗工具。商鞅对农业能手还有所奖励，贾谊并未提出奖励耕织的政策。那么怎么让人从事农业呢？就靠汉文帝亲自表演耕田吗？那肯定是不行的。

在汉文帝前元三年（公元前 177 年）的九月，汉文帝又下旨把田租减少一

---

[1] 见《资治通鉴·汉纪》。

半。盘点下当时的田租演化过程。在秦朝时，田租是收成的三分之二。到了汉初，改为十五税一。汉文帝为了鼓励农耕，又在汉文帝前元三年减税收三十税一。当然这就是那一年的福利政策，一年后还是要恢复十五税一。[1]

汉文帝虽然鼓励人们从事农业，但在黄老之术的影响下，汉文帝并没有对商人重拳出击。到了汉武帝时代彻底抛弃黄老之术之后，商人才遭受了灭顶之灾。

不过我们也可以看出，在黄老之术的框架下，法家思想想破局是很难的，这个困局一直延续到汉武帝时代，法家才用儒家的身份重新借壳上市。而长期制约法家人士出位的，正是窦皇后。

黄老之术虽然讲究不折腾，但皇帝嘛，总是要折腾点事才能保障自己的权威。历代皇帝都容不下强大的藩王存在，我们知道后世朝廷在对付藩王的时候，要么像汉武帝那样搞阳谋推恩令，要么像康熙帝那样武力削藩。那么，汉文帝这样一个秉持不折腾原则的圣人皇帝会怎么对付藩王呢？

---

[1] 见《汉书·食货志》。

14
黄老式削藩

在汉朝，皇帝们肯定都要反对秦始皇，但是他们内心又都想成为秦始皇。对于皇帝来说，中央集权的大汉朝才是自己利益最大化的体现。所以秦始皇废分封行郡县的政策，是皇帝们都想执行的。

但是，汉朝是一个以诛暴秦为第一功绩的王朝。所以汉朝初立的时候，不得不站在秦的对立面，在郡县制的基础上实行分封制。一批功勋盖世者被封为王。当然在汉高祖的强力削藩政策下，这些藩王也所剩无几，汉高祖之死也跟打最后一场削藩征战时受伤有直接关系。

其实在汉高祖晚年，他的权力已经被吕后给架空了。所以汉高祖坚决执行同姓皇族的分封，且给予他们巨大的权力。汉初诸侯王的权力与周朝诸侯王的权力也差不多。这些藩王，其实是刘氏皇族能在诸吕之乱中翻盘的最大保障。

可是汉文帝继位后，肯定不希望藩王继续存在，不然诸侯王也有一定概率把他给翻盘了。在诸王当中，汉文帝最忌惮的还是齐国。虽然齐王刘襄不在了，但是强大的齐国还在。齐国那是当年韩信打下来的地盘，有七十余城，在诸侯国中实力最强。怎么去掉这个威胁？按照汉高祖的经验，就得是先逼反对方，然后再用战争的手段灭掉对方。事实上在漫长的中国古代史中，这是最常用的办法，一直用到康熙帝平三藩。

不过很显然，那些大动干戈的办法并不符合黄老之术的精神。汉文帝为了分化齐国的实力，采取了温水煮青蛙的策略。比如在平定诸吕之乱之后，汉文帝对齐王进行了更大规模封赏，把吕氏一党的封地鲁国、吕国和琅琊国都划入齐国。[1]

这是一个圣君的姿态，不能上来就表现得很想削藩的样子，否则容易引起诸侯的全体警惕。况且，吕太后在位的时候，也是强行削弱齐国，导致齐国第一个举起反吕大旗。汉文帝继承大统之后，给齐王的定性就是反吕功臣，所以齐国收回了之前所有被吕太后割走的土地。但功臣不能光有齐王一个，如果论功行赏的话，陈平、周勃、灌婴三巨头作为反吕的谋划者和执行者排在第一梯队没什么问题。往后算，刘揭和郦寄骗走了吕禄的兵符，曹窋及时报信，也是功劳甚大。可在执行层面，汉文帝又不能忽视斩杀吕产的朱虚侯刘章以及主动为汉文帝废掉后少帝的东牟侯刘兴居。而在最初的约定中，只要诛灭诸吕，刘章会被封为赵王，刘兴居会被封为梁王。

但是，汉文帝在具体执行的时候，连到长安来逃命的刘泽都被封为燕王。整日里朝不保夕的刘遂又被封为赵王。这样一来，刘章的赵王爵位就算飞了。到了这一步，我想刘兴居断然不会认为自己的梁王爵位还有什么希望。这二位必然会有意见。他们肯定得想，如果登基的是他们的亲哥哥齐王刘襄，他俩应该早就得到这王位了吧。

不过很显然，汉文帝确确实实没有封刘章和刘兴居。虽然记录在史书上的原因是刘章和刘兴居曾经拥立过刘襄，所以汉文帝故意削减他们的功劳。但实际上任何人都明白，假如齐王、赵王、梁王是亲兄弟的话，这三位占据了汉朝最富庶的三个地方，地盘也是汉朝的半壁江山，汉文帝拿什么制衡他们？

可是，汉文帝如果不封他们，又显得不够圣人。这种情况下，汉文帝居然想到了两全其美的办法。在汉文帝前元二年三月，戏剧性的一幕又发生了。朝臣奏请，说汉文帝的儿子们都长大了，应该分封到地方上为王。汉文帝是圣人啊，圣人必须高风亮节。所以，汉文帝先封了自己的亲侄子，赵王刘遂的弟弟刘辟强为河间王。对于刘辟强来说，这是皇恩浩荡。但对于赵王刘遂来说，河间王的地盘是从赵国分出来的，实际上是削弱了赵国。就这种阳谋，赵王还真没有怨言。毕竟如果没有汉文帝的话，刘遂别说当赵王了，会不会死在诸吕手

---

[1] 见《史记·孝文本纪》。

中都是未知数。

人家赵王和河间王哥儿俩没意见，那么这回轮到齐国一系了。刘章虽然没能当赵王，但是汉文帝可以封他为城阳王，地盘呢，就是从齐国割出城阳郡划给刘章。汉文帝又封刘兴居为济北王，地盘肯定也是从齐国出的。[1]

那么说汉文帝到底恨不恨刘章和刘兴居呢？要说恨，那就别封他们为王。要说不恨，为什么封刘泽、刘遂的时候不封他俩？这里边可大有玄机。

所谓此一时彼一时，当年封跟现在封，形势已大为不同。汉文帝当初冷落这二位，到汉文帝二年册封这二位为王，期间就发生了一件大事，那就是齐王刘襄薨。

作为天下实力最强的藩王，刘襄不仅地盘大、钱粮多。而且在汉高祖的八个儿子当中，庶长子齐王一系人丁最为兴旺。刘襄有当皇帝的资格和实力，而且他的弟弟们也期盼着他称帝后自己跟着封王。

刘襄争位失败，不光齐国老百姓替他惋惜，最觉得惋惜的还是他的弟弟们。刘襄虽然没当上皇帝，但至少还是实力最强的诸侯，且封地有所增加。但刘襄的弟弟们可就没机会当王了，他们很自然地会觉得大哥在关键时刻没有再努力一下。而当时劝刘襄退兵的书信，还是汉文帝命刘章写的。所以，刘襄的弟弟们又能很自然地想到这是刘章和刘兴居只顾自己的荣华富贵，不为兄弟们着想。

但现在刘襄死了，其子刘则继任王位。这时候汉文帝册封刘章和刘兴居为王，不仅不能加强齐王系的实力，反而削弱了齐王系的力量。

为什么这么说呢？汉文帝册封刘章为城阳王，其封地朝廷是不出的，这块地得齐国出。就这样，刘章在自己家族的眼中，没能帮大哥登上皇位，还占据了整个城阳郡当王。城阳郡很大，包括今天山东省的莒县、五莲县、沂水县、沂南县、莒南县、临沭县、费县、枣庄市山亭区一带。刘兴居的情况也一样，爵封济北王，土地还是齐国出，其辖境相当今山东省德州市、聊城市茌平区以东，东平县、泰安市、济南市以北，邹平市、阳信县以西及河北省沧州市、海兴县以南的地方。

---

[1]　见《史记·齐悼惠王世家》。

刘章和刘兴居回到山东当王,家里人怎么看他们?感觉就有点像当年三秦老百姓看当了雍王的章邯一样,就一个字的评价:呸!

没有人知道长安是什么形势,大家看到的是在长安经营多年的刘章和刘兴居,居然效忠了刚来长安的代王,本来还以为是刘章和刘兴居能力不足,现在看来他俩荣归故里,是不是当初向代王投诚了呢?反正推戴书上的劝进大臣名单中,有刘章和刘兴居。而且后少帝是刘兴居替汉文帝杀掉的,现在的情况是刘章和刘兴居被封为王,分解了齐国的土地。

可想而知,刘章和刘兴居如果回到山东,根本没法做人。所以,这二人虽然受封,但是并没有马上去封国就藩。对他俩来说,能终老长安,算是最好的结果了。汉文帝也没催他们,不去正好,一箭双雕的机会来了。

汉文帝这一手,其实就是日后汉武帝推行"推恩令"的模板。如此一来,天下肥爵,唯有梁王了。这也意味着,梁王会成为众矢之的,这是后话。

在汉朝历史上,皇帝如何打击藩王总被人们津津乐道。反面典型是汉景帝采用了晁错的主意,强力削藩导致发生了七国之乱。正面典型是汉武帝采用主父偃的主意,搞推恩令分化削弱强大的诸侯国。但实际上,推恩令的源头就是汉文帝分化齐、赵两国的政策。

汉文帝这个政策,既削弱了齐国,又没引起刀兵之祸,还让齐王系内部离心离德。那么接下来就是想办法逼刘章和刘兴居回封地就藩。

汉文帝前元三年初,汉文帝召见丞相周勃探讨机密大事。对周勃来说,这是久违了的。可他没想到,接下来汉文帝找他商量的事,是他完全不想听到的。汉文帝说,之前朕下诏让在长安的诸侯回到封地,结果这么久了还有人不回去。您老是丞相,又是朕器重的元老,要不您先去封国给诸侯们当个榜样?

周勃一听,心都凉了,这哪是商量大事,这是逼自己退休啊。周勃这位平定诸吕之乱的第一功臣,只好离开长安回到封地,结束了自己的仕途。

汉文帝前元三年十二月,汉文帝罢免周勃,迁灌婴为丞相,自此不设太尉。[1]

这时候汉文帝就可以跟刘章和刘兴居聊聊了。人家周太尉都回封地了,你俩啥时候走啊?刘章和刘兴居也不挣扎了,各自回到了各自的封国。

---

[1] 见《史记·绛侯周勃世家》。

四个月后，也就是汉文帝前元四年的四月，或许是在高度的压力之下，城阳王刘章薨，死在了自己四叔的前边。不过汉文帝还是厚待了刘章的后人，城阳王位传了九代十王，直到王莽篡汉之后末代城阳王刘俚才被废掉。[1]

相比之下，刘兴居则越活越窝囊。一来他没有帮助大哥当上皇帝，却分了大哥的封地当了济北王。二来他为汉文帝亲手弑君，却没有换来曾许诺给他的梁王爵位。兄弟们大概在背地里骂他首鼠两端，而他又对现状极其不满。于是刘兴居暗地密谋准备，要向天下表明，他不是贪图富贵的小人。

但就当时来说，汉文帝真顾不上刘兴居这头儿，因为当年五月匈奴大举入寇。匈奴那边的日子并不好过，作为一个军事强国，匈奴被其萧条的经济拖累到日渐衰弱。汉朝那是一个以农业生产为主的自然经济国家，如果按照贾谊的奏请勤俭节约地过日子，财富是可以增长的。匈奴素来逐水草而居，缺乏经济基础，除了战斗力强之外，其他方面都是短板。就算比牲口的数量，以游牧为主的匈奴，都比不上业余搞畜牧业的汉朝。

汉朝和匈奴都在看天吃饭，不同的是天决定了汉朝财政收入的多少，而对于匈奴来说，天决定了匈奴是生存还是死亡。此时匈奴的冒顿单于还在位，他作为汉高祖的女婿，不好太明目张胆地侵占汉朝的领土。匈奴的这次入侵，只是右贤王去河套地区抢劫物资而已。

匈奴这次抢劫规模虽大，却是抢完了就迅速撤离，根本不做停留。所以等汉文帝调来丞相灌婴、卫将军宋昌北上抗击的时候，匈奴压根没有跟汉军交战的意愿，而是着急回家分战利品。所以前线虽然热闹却有惊无险。汉文帝趁机驾临晋阳，接见了当年代国的老部下们。

汉文帝这次来晋阳，有点当年汉高祖去沛县的意思。本来汉文帝和乡亲们相谈正欢，丞相灌婴驱赶匈奴的工作也顺风顺水。但刘兴居并不知道前线的情况，在他看来此时关中空虚，正是起兵造反的好机会。他要推翻汉文帝的统治，就像当初他杀掉后少帝一样。

此时摆在汉文帝面前的是俩对手，一个是匈奴，一个是刘兴居。是先攘外还是先安内？还是同时进行？历史上遇到这种事，除了明朝崇祯皇帝同时进

---

[1] 见《汉书·高五王传》。

行之外，所有皇帝的做法都是先安内。汉文帝得到消息后，第一时间下旨，召丞相灌婴和卫将军宋昌带兵回长安驻守，谨防城内有人作乱。与此同时，汉文帝调大将军柴武将兵十万平叛，而他自己也在赶紧免了晋阳的税之后，迅速返程。

七月，汉文帝回到长安，下诏传檄济北叛军，只要现在终止犯罪，那朝廷就当什么都没发生过，大家回去该干什么干什么，以前什么官现在还是什么官，朝廷既往不咎，绝不清算。自此，被刘兴居裹挟的济北官员纷纷离开了刘兴居。八月，毫无战争经验且众叛亲离的刘兴居在战场宿将柴武面前一败涂地。刘兴居的人生，真是失败得无以复加。受吕氏封赏而背叛吕氏，为大哥办事却转投汉文帝，帮汉文帝登基却又起兵谋反。活着，对刘兴居来说是场耻辱。刘兴居挥剑自绝，至此齐王系有实力的王爷死伤殆尽。

汉文帝前元三年到四年，从年初两度出现日食，到罢免周勃，再到匈奴入寇、刘兴居造反，汉文帝都用最简单的方式处理了。随着汉文帝执政越来越稳固，他想当圣人的意愿就会减弱。这时候，汉文帝又任用了一位坚持黄老之术治国的大臣，这位大臣对汉文帝的影响也非常大。

15
张释之的故事

人这一辈子,如果从事的工作恰好是自己的爱好所在,那真是太幸福了。当年韩信跟着项羽做侍卫,一干就是四年,最终把韩信憋屈得离职奔汉。虽然韩信练剑,但是他的爱好真不是当个剑客。

其实在汉朝,还有个比韩信更憋屈的人,此人就是南阳张释之。张释之字季,大概在家行四。他有个哥哥叫张仲,大概行二。张仲是个富豪,所张释之长久以来都跟着他过着富贵的生活。不过张释之有钱不挥霍,而是用在了学习上。

在宋朝以前,中国的士大夫阶层都讲究个文武双全,个个都是知行合一。汉初这些文人士大夫,放战场上都是好手。比如曹参、张苍、张耳等这些汉初英雄,都能"上马击狂胡,下马草军书",文韬武略全面发展。可惜的是士大夫阶层的这种精神面貌,在宋朝以后就剩下文的一面了。

张释之就是个文武全才,尤其精通律法。然后问题就来了,老话讲,学成文武艺,货与帝王家。汉初的时候没有科举,没有孝廉,也没有成体系的察举、征辟制度,官员的选拔基本上实行世卿世禄制度。用今天的话讲,就是精英治国。父亲做官,那儿子一定是个精英。也就是说,张释之倒是想货与帝王家,必须得有当官的推荐。这也是黄老之术的一大特点,阶层相对固化,后学之士很难找到上升渠道。

张释之是个善于解决问题的人,既然需要有官员推荐才能入仕,那么就找人推荐。可问题是人家凭什么推荐他呢？张释之遵循官场的规则，愿意拿出真金白银来换取机会。终于，有人收了张释之的钱，推荐他入仕。

如果按照人尽其才的思路，张释之主修法律专业，应该去廷尉那里工作。但现实是张释之入仕的起点是从骑郎开始的。骑郎是大内骑兵的小队长，是郎中令的下属。张释之志不在此，因此他继续花钱活动，希望能调到更合适的岗位上。但是他在这个位置上一干就是十年，钱没少花，事没办成。

其实这是不正常的，因为骑郎这个职位跟普通的骑兵不一样，是个镀金的职位。很多人在郎官这个位置上待几年，要么到外地当地方官，要么升任将军。当时很多官员都是从做郎开始，一步步熬上来。别管文郎还是武郎，都是官员升迁的重要途径。张释之这个骑郎，又属于郎官中的技术兵种，理论上十年足够外放个将军了，断不至于原地踏步。

十年了，吴公都当廷尉了，而且吴公还是个很厉害的廷尉。吴公的学生贾谊，二十来岁也任太中大夫了，张释之越想越难过，这些年的俸禄都没补齐买官花的钱，还得月月找哥哥要生活费。张释之用十年的时间，花了大量金钱，买了一个失败。这也让张释之明白了，如果没有过硬的关系，光靠花钱是难以出头的。

张释之萌生退意，当他要辞职的时候，却牵动了另外一个人的心，此人就是刚刚声名鹊起的袁盎。汉文帝前元三年，正是袁盎春风得意的时候。袁盎混出来了，就不能忘了老朋友。袁盎上奏汉文帝，说张释之是个大才，可以给皇上当个秘书。汉文帝给袁盎面子，叫来张释之来面试一下。张释之兴奋得无以复加，于是他准备了一篇非常精彩的演讲稿，要用自己最不擅长的演讲，去打动汉文帝。

然而这场见面会却并不顺利，张释之第一次跟皇帝说话，所以调子起高了。张释之刚一张嘴，就被汉文帝拦住了。汉文帝对于这些高谈阔论听得够够的了，他就想听点现实的。于是张释之改了个风格，开始跟汉文帝聊一些家常琐事。比如说听家里老人讲，过去在秦朝统治时期，老家收的粮食得拿出三分之二给朝廷交税，剩下的三分之一不够吃，所以第二年老乡们种粮食，得在成熟之前偷偷把没成熟的粮食先收割一部分藏起来，要不然得饿死。

说来也巧，前朝那会儿国土面积比现在大，人口比现在多，税收是收三税二。而今天虽然国土面积小，人口也少了很多，税收还是三十税一，居然国库比秦朝充盈，这多神奇。

汉文帝一听，这有意思啊，你说说为什么税收少了，国库却充盈了。张释之打开话匣子侃侃而谈，力陈朝廷的伟大政策和老百姓家吃喝拉撒的关系。汉文帝觉得有道理，治大国若烹小鲜，就得把事情往浅了说。

汉文帝收了这个"秘书"，封之为谒者仆射。张释之一步登天，成为仅次于九卿的皇帝近臣，自此有了常伴君王的权力。而张释之也明白了，汉文帝是个接地气的皇帝，不是那爱听高谈阔论的人，这下可以发挥自己的特长了。俗话说，遇到知音谈几句，不遇知音枉费舌尖。张释之这个不爱说话的人，遇到了汉文帝，那就是遇到知音了。[1]

同样是游说汉文帝，文采斐然的贾谊比不上不善言辞的张释之，这其实也印证了当时的时代特色。如果没有黄老式的表达方式，也很难出圈。贾谊就吃亏在这点上，老爱长篇大论，不符合黄老时代质朴文风的要求。

张释之升官后，陪着汉文帝去上林苑皇家动物园去参观老虎，由"动物园园长"上林尉亲切接待。汉文帝饶有兴致地观摩了动物园，然后问上林尉：老虎一天吃多少肉啊？一天睡几个小时啊？上林尉目瞪口呆，汗流浃背，一连十几个问题都没回答上来。上林尉就像回答不出老师问题的学生一样，左顾右盼，希望周围的"同学"帮个忙。这时候，老虎园的饲养员出来侃侃而谈，连老虎几点撒欢几点沉默都知道得很清楚。汉文帝大悦，说这个饲养员才是当官的料，应该让他当上林尉。

汉文帝这番话，刺痛了张释之的心。他最烦的就是这种巧舌如簧之人，最同情的就是上林尉这样的老实人。他从上林尉身上看到了自己影子，于是张释之要为上林尉说几句话，其实他也是在为自己说话。

当汉文帝让张释之传旨封饲养员为上林尉的时候，张释之问汉文帝，如何评价周勃。截至汉文帝前元三年，周勃依然是那个领袖级别的人物，拥有反秦、抗楚、战臧荼、斩韩王信、平陈豨、灭诸吕等大功，论履历可谓当时的第

---

[1] 见《史记·张释之冯唐列传》。

一人。这时候汉文帝不能说周勃不好，所以他评价周勃为"长者"，意思是德高望重之人。张释之又问汉文帝，如何评价东阳侯张相如？这张相如是汉高祖身边的老人，一直战功卓著，尤其是在平定陈豨的叛乱中，司马迁评价其"有大功"。而且这个人从来都很低调，所以汉文帝对张相如的评价也是"长者"。

汉文帝连续称赞两位功臣为"长者"，就算是落入张释之的语言陷阱里了。张释之对汉文帝说，周勃和张相如都是长者，他们在朝堂议论大事的时候，常常因为嘴笨而说不出话来。如今上林尉也是这样，而这个饲养员虽然侃侃而谈，也就是舌灿莲花而已，没什么真才实学，怎么能用他取代上林尉呢？秦朝就爱用这些善于阿谀奉承之人，这帮人善于歌功颂德，一句真话都不敢说，秦朝就是因为用了这些人才灭亡的。今天皇上因为口才而重用饲养员，明天士大夫们就扔了圣贤之书去练绕口令。到时候皇上听到的都是这些人在文过饰非，一点真实情况都听不到。

张释之这话有道理吗？很难说。因为汉文帝证明不了口才好的一定能力强，张释之也证明不了口才好的一定是坏人啊。但是张释之说话的时候很激动，气势上完全感染了汉文帝。作为一个习惯性虚心纳谏的皇帝，汉文帝当场说张释之说得对，那边饲养员跪地下等着谢恩呢，这头皇上起驾回宫了。

且不言上林尉如何捏了一把汗，也不提饲养员回去怎么骂街。重点是汉文帝破格把张释之请上乘舆，下旨放慢乘舆的速度，虚心地请张释之好好说说这个秦朝时口才误国是怎么回事。刚才张释之情绪太激动，汉文帝没太听明白。

张释之刚才是激情发言，如今真要细细评述的时候，张释之也没词啊。他讲了一路秦朝是如何重用好口才而误国的肺腑之言，虽然言之凿凿，态度诚恳，语言质朴，但汉文帝这才反应过来，刚才被张释之给唬住了，原来他就是随口这么一说，口才好的能误国，这完全是没有任何逻辑的。

汉文帝生气啊，但是已经把张释之请到车上来了，面子还是要的。所以，当乘舆到了未央宫之后，汉文帝也态度诚恳地宣布张释之说得太有道理了，为了表彰张释之，请张释之当公车令。

很多人讲解这段史料的时候，都说张释之仗义执言，汉文帝虚心纳谏，最后汉文帝给张释之升官了。其实完全不是那么回事，张释之以前是谒者仆射，也就是皇帝身边的秘书长，年俸一千石。[1]公车令全称是公车司马令，主要负责管理皇宫的车马，年俸六百石，除了管车之外，还管皇宫的司马门，代为传达文件[2]。

汉文帝扬长而去，剩下张释之上任司马门。这也算是张释之仕途上的一个挫折，从谒者仆射到公车令，不光是官位降低和俸禄减少，从此张释之参与政务的机会也少了。

换别的朝代，弄不好皇上得找个借口杀掉张释之。但是这次事件，别说皇上找张释之麻烦了，张释之居然还准备找皇帝的晦气。最后，居然还是太后出面讲了情面，张释之才原谅了汉文帝。这千古奇闻，在皇帝绝对权威的法家时代不可想象，但在奉行黄老之术的时代，却真实发生了。

---

[1] 见《汉书·百官公卿表》。
[2] 应劭著《汉官仪》：公车司马令，周官也，秩六百石，冠一梁，掌殿司马门，徼夜宫，天下上事及阙下，凡所征召，皆总领之。

16

法和圣旨，谁大？

张释之当上公车令之后，负责看管司马门。

首先我们要知道什么是司马门。在汉朝，皇宫最外面的正门就叫司马门。然而并非只有皇宫才有司马门，王宫、军营、皇陵最外面的门也叫司马门。[1]而张释之管理的，就是未央宫的司马门。

按照汉朝礼制，司马门是皇帝专用的，其他人是不能走的。皇子臣僚要想入宫，只能走司马门旁边的掖门。但是，皇子臣僚们经过司马门的时候，该下马下马，该下车下车，然后小碎步走到掖门，这也是对百姓展示礼法的一种方式。[2]

张释之刚上任不久，就遇到了一件事。皇太子刘启和梁王刘胜回皇宫，二人坐在一驾马车上，飞快经过司马门，朝着掖门而去。很明显，汉文帝这俩儿子，都没有遵守当时的律法，经过司马门时没有下车趋步而行。

这事对于刘启来说，可能早已形成习惯了。自从慎夫人不再跟窦皇后较劲之后，窦皇后就是未央宫里最尊贵的女人。刘启的皇太子地位稳固，哪个公车令敢去管太子呢？况且这只是小事，假装看不见就算了。不过张释之就非得较这个真儿，马上下令追上去，不让刘启和刘胜进门。然后，张释之郑重其事地上书弹劾刘启和刘胜的不敬之罪。但由于这二位还是孩子，所以孩子家长也有

---

[1] 《汉魏司马门杂考（一）》．杨鸿年《中华文史论丛（1981年）第3辑 总第19辑》1981 140-141.

[2] 《汉魏司马门杂考（二）》．杨鸿年《中华文史论丛（1981年）第4辑 总第20辑》1981 140-142.

责任。所以张释之这状告到了薄太后那里。

这要在后世王朝，张释之的行为就等于自杀，可能唯一的争议就是他家要死几口人的问题了。况且，法都是皇帝定的，皇帝要不要遵守这个法律呢？如果不遵守，又有谁能对皇帝强制执行呢？

当时宫里是黄老之术最盛行的地方，薄太后认为处理这种事，不能失了皇家体面。而代表皇家体面的并不是皇家的强势，而是皇家的人讲理。况且这个案子并没有多严重，刘启和刘胜也没犯死罪，按照当时的律法量刑，二位皇子的处罚不过是区区四两黄金。[1]

在那个时代，哪怕是一个普通读书人，为了四两金子去护短也是为人所不齿的。更何况汉文帝是个皇帝，还是个颇有圣名的皇帝。

那些读圣贤书长大的官员，无论忠奸廉腐，最起码的脸面还是要的，护短是大忌。在民间传说中，岳武穆是民族英雄，打了胜仗之后论功行赏，每次都不给亲儿子岳云。戚继光是忠臣良将，因为他不护短，亲手杀了违反军规的儿子。刘统勋是忠臣，为表忠心先斩长子刘忠，后斩次子刘孝。这些事别管是真的还是假的，总之在当年，属于基本价值观。士大夫阶层是不能公开护短的，皇上就更不能了。别管皇上怎么想，他嘴里也得说："王子犯法，与庶民同罪！"薄太后又是出了名地贤良，让她护短也是不行的。再说了，就四两罚金，罚的是她亲孙子，完事罚金还得给他们家。等于是把钱从自己左边口袋掏出来再放进右边口袋，为这点事落个护短的名声，很容易落诸侯王的口实。

所以，太后先表态，不护短。汉文帝没办法，只能配合张释之的疯狂之举，自己摘掉冕冠，去了趟长乐宫请罪，说自己教子不严，请太后降罪。太后批示四个字："下不为例。"

这事要是放别的王朝，皇帝就算不杀张释之，也断然不会对他有什么好印象，但是经过这件事之后，非常难能可贵的一幕出现在汉文帝身上。他思考了这样一个问题：法律到底是什么？

就当时而言，法律是老相国萧何定的，汉高祖准的。法律和皇帝的圣旨，到底谁大？截至汉文帝前元三年，大汉朝经历了四代统治者，其中最强势、权

---

[1] 《史记集解》：宫卫令"诸出入殿门公车司马门，乘轺传者皆下，不如令，罚金四两"。

力最大的是吕太后。吕太后动动手就能把江山改姓，但是一直在阻止吕太后的，不是天下诸侯，不是朝中大臣，而是法律。这就是为什么吕太后执政期间，三公都可以不是自己人，但是廷尉一定要是自己人，可是廷尉能挡一时，没能挡一世，最终吕氏因为法理上讲不通而覆灭。

法律没有大小，不许随地吐痰和不许杀人的分量是一样的，只不过是量刑上有区别而已。不能说随地吐痰处罚得轻，就可以藐视。在法律面前，太子和庶民自是一样。如果不一样，那要法律何用？

汉文帝回宫之后，细细琢磨了一下，自汉朝开国以来，公车令干得最好的一位就是张释之，凭什么就不能拦太子的车？汉文帝下诏，封张释之为中大夫，位列九卿之下，年俸两千石，主要职责就是参与朝政。这一天，张释之已等了很久了。

对于张释之来说，这是欢天喜地的一天，不仅扬了名而且升了官。但张释之忘了一件大事，他这次得罪的是太子，太子可是未来的皇帝！

按下太子不提，总之在眼下，张释之正儿八经地当了朝廷中枢的高官，终于算混出来了。在担任中大夫期间，张释之跟袁盎成了朝中最红的一对组合，风头大大盖过了吴公和贾谊。不久，张释之担任中郎将，不仅可以议论朝政，还能统领一队皇家禁卫军。

虽然张释之位高权重，但是他的理想还是做法律工作。这两个月里头，张释之飞黄腾达，从一名骑郎，升为中郎将。

没多久，中郎将张释之保卫汉文帝去霸陵视察。霸陵，就是汉文帝给自己修建的陵寝。汉文帝很重视自己的陵寝，对霸陵的建设提出了创造性意见。汉文帝说如果用石头把墓室整个封起来，再用麻絮把石头缝塞紧，外面再刷一层漆，这样就没人能打开了吧。周围的官员们都表示皇上说得对，就差夸汉文帝简直是建筑界的奇才了。众人的赞许之声，不绝于耳。唯独张释之过去泼凉水，他说只要墓室里只要有宝物，就算用熔了的金属把整座山封起来，那也会有人想办法进去。墓室里如果没有宝物，开着门也没人到这里面去参观。汉文帝一琢磨，对啊，这要是高调地把霸陵建得这么坚固，不等于告诉别人里面有好东西吗？汉文帝认为张释之考虑得太周到了，于是升张释之为廷尉。自此张释之位列九卿，而自幼学习律法的他，最希望得到的工作岗位恰恰就是廷尉。[1]

如果说吴公是法学理论家，那张释之就是个合格执法者。在廷尉的位置上，张释之才能诠释什么叫依法治国。

没多久，汉文帝出行。在过中渭桥时，有老百姓从桥底下过，惊了皇上的御马，险些把皇上摔下来。这还了得？堂堂天子万一在百官面前摔个大马趴，那可是重大事故。所以汉文帝愤怒地派人捉拿了这个围观群众，送到了廷尉衙门处理。我们大概模拟一下当时的审讯场景：

廷尉张释之问侍卫："他怎么了？"

侍卫答曰："他从中渭桥下经过，惊了皇上的马。"

张释之问围观群众："有这事吗？"

群众答曰："有。"

张释之说："哦，违反交通管制，给开个罚单，让他交了罚款走人。"

侍卫："张大人，是我没说清楚？他惊了皇上的马。"

张释之："嗯，知道，所以罚款。"

侍卫："不是，张大人，他险些让皇上摔着。"

张释之："这不没摔着吗？"

侍卫："你等着！"

就这样，大内侍卫回宫就告状，说这十恶不赦的匪徒差点伤着皇上，张廷尉居然仅仅是对其处以罚金，分明是藐视皇上。

此时的汉文帝也惊魂甫定，听侍卫这么一说，勃然大怒，传张释之来觐见。张释之慢条斯理地来奏对，说此人犯了冲撞皇帝车驾的罪责，当处罚金。

汉文帝大怒，对张释之说：这个人惊了朕的马，幸好朕的马温顺，要是换成别的马，朕非得摔下来不可。朕把他交给廷尉，就是为了给他从法律上找个重罪判一下，而你居然只对他处以罚金，是何道理？

---

[1] 见《史记·张释之冯唐列传》。

张释之说：法律是天子和天下人共同遵守的。现在的法律规定冲撞皇帝车驾要处以罚金，那就是罚款了事。如果给他更重的刑罚，那是失信于民的行为。况且如果皇上在案发当时就杀了此人，那也就杀了。但皇上只要把人送到了廷尉这里，那就要依法量刑。廷尉应该是给天下公平，一旦廷尉不依法办事，其他衙门办案自然也就随心所欲，老百姓必然不知所措，皇上您琢磨琢磨是不是这个道理？[1]

汉文帝想了很久，最终还是认同了张释之的理论。法律应该是汉朝所有人共同遵守的，不应该有任何人凌驾于法律之上。一码归一码，不能因人而异。别人闯司马门犯法，太子闯司马门也是犯法。冲撞了皇帝车驾应处罚金，哪怕惊了皇上也是处以罚金。小偷偷了老百姓要坐牢，偷了达官贵人也是坐牢。

一个不容法律有半点玷污的廷尉，一个善于思考总结的皇帝。俩人一番对话之后，救下来的不仅仅一介草民之命，而是维护一个国家的尊严。司法本应独立在行政之外，皇上再至高无上，也不能干预司法。

这事过去没多久，又出事了。一个不知死活的小偷，居然去汉高祖的长陵偷了一个玉环，被守卫当场拿获，并上奏皇帝。汉文帝大怒，这不是小事，偷先帝的东西，这罪过够大了。汉文帝派人将其交给廷尉，让张释之审判。

经过审判，小偷对偷窃高皇帝灵位前供奉的玉环供认不讳。张释之宣判，依律当斩！

汉文帝听说之后，马上又叫来张释之问话。偷御用之物，这得灭族，斩他一个怎么行？朕是大孝子啊，一定得将这人灭族。

问题是，当初宣布不连坐的，就是汉文帝。

汉文帝觉得这回事情性质严重，跟惊了马那次不一样。张释之也不敢跟汉文帝据理力争，而是把帽子一摘，跪地上磕头，诚恳地说，根据现行法律，盗宗庙服御物者当弃市，把这家伙斩首也就行了。这家伙偷玉环，是因为见财起意，属于贪念作祟。如果给他判个灭族也行，但是假如真有来盗墓的被抓，那就不是贪的问题了，怎么加刑？假如有人来捧走了一把土，又该怎么量刑？

汉文帝对这事做不了主，于是他和太后的紧急磋商，决定还是按照张释之

---

[1] 见《汉书·张冯汲郑传》。

的判决执行。

这就是法律和人情的关系，同样的结果，应根据不同的作案动机来加以区分，从而区别量刑。执法人员对于一个国家来说，是脸面和底线。很多人容易望文生义地认为法家的核心是依法治国，其实不然，法家讲究的是以法治国。这一字之差，差之千里。法律对于法家的执法人员来说，是钳制百姓和下级的工具，执法者本身是凌驾于法律之上的。汉武帝任用大批法家酷吏，都是越过法律执法，掀起了一场场大狱。而在黄老之术盛行的时代，这种折腾的执法方式是很难执行的。汉文帝也好，张释之也罢，都要把自己置于法律之下。皇帝都不违法，大臣就不能违法。大臣不违法，地方官就不能违法。地方官不违法，百姓就有地方讲理。但凡百姓能有地方说理，也就不会造反了。这些都是上行下效的事，也是黄老之术中认为政权稳固最有效的方式。

但实际上，张释之这种比袁盎还要讲原则的大臣，汉文帝是不喜欢的。在皇权社会，别说是皇上了，村长也不愿意听下属老数落自己的不是。但是呢，汉文帝之所以还容得下张释之，是因为张释之再耿直都不是皇权的威胁，所以由着他耿直，也是给皇帝积攒名望。

我们总是津津乐道于唐朝的唐太宗和魏徵这对君臣之间的佳话，甚至传言唐太宗都有些怕魏徵。但实际上，魏徵不算虚职，官位是门下省侍中，属于门下省二长官之一，他训唐太宗那是佳话。换成李靖班师回朝时训他一顿，谁信唐太宗对李靖还能有对魏徵那样的好脾气？

其实汉文帝也一样，他能容忍顶撞他的廷尉张释之，却容不下御史大夫季布。当汉文帝地位稳固以后，就明明白白地告诉了我们，皇权若是没有制度约束，人性终归是靠不住的。

17
黄老之术不可延续的原因之一

在汉文帝继位之初,他绝对是个虚心纳谏的君主。敢在他面前唱反调的大臣至少有四个,一个是在汉文帝与弄臣们玩打猎正高兴时,给汉文帝泼冷水的贾山。一个是汉文帝沉浸在大汉盛世时,指出盛世危机的贾谊。一个是在汉文帝激情飙车时,严厉劝阻他的袁盎。一个是我们刚介绍过的那位总爱顶撞汉文帝的张释之。

这里面贾山只是灌婴的骑从,贾谊是太中大夫,袁盎是中郎将,张释之官最大,是廷尉。到廷尉这一级,已经是汉文帝对唱反调的容忍极限了。况且张释之的廷尉也没做几年。根据《资治通鉴》的时间线,张释之是在汉文帝前元三年任廷尉。但在汉文帝前元六年(公元前174年),廷尉就变成了廷尉贺。显然张释之担任廷尉不超过三年。

法国著名的启蒙思想家孟德斯鸠说过:自古以来的经验表明,所有拥有权力的人,都倾向于滥用权力,而且不用到极限绝不罢休。为了防止滥用权力,必须以权力制止权力。我们可以有这样一种政治体制,不强迫任何人去做法律不强制他做的事,也不强迫任何人不去做法律允许他做的事。[1]

孟德斯鸠的这些话,用来对比一下汉文帝继位前三年的行为,我们就会发现,能让汉文帝一直当个明君的主要原因,就是总有一些外力能干预他至高无上的皇权,让他不得不成为一个圣人。

---

[1] 孟德斯鸠著《论法的精神》,商务印书馆,1995年,154页。

到了汉文帝前元四年（公元前176年）初，丞相灌婴薨，对于汉文帝来说，这是个好事。汉朝军界素来都有"绛灌"一说。绛是绛侯周勃，灌就是灌婴。这二位在军界影响很大，也是平定诸吕之乱的关键人物。

当大臣们决心要平定诸吕时，都自觉站在周勃旗下。而灌婴一句话就能退了诸侯中最强的齐军。这种强大的影响力是汉文帝非常忌惮的。以至于当他还是代王时，在搞不清楚周勃是否真心拥护他的前提下，都不敢去长安继位。在这种情况下，即便是周勃和灌婴效忠汉文帝，汉文帝也不会踏实，这就是怀璧其罪。

这下好了，灌婴一死，具备这种恐怖影响力的人就只剩下了周勃一个。而周勃此时退居在家，齐王系名存实亡，匈奴无意大规模南侵，太后不专权，皇后不干政，太子年纪小，能制约汉文帝权力的势力已经大大削弱了。

汉文帝为什么要当圣人？那是为了权力。等权力到手，谁还当圣人？皇上都不当圣人了，底下阿谀奉承之辈云起，歌功颂德之徒猖獗，再想让汉文帝踏踏实实想想大臣的哪些话可取，哪些话不可取，那可就困难了。

比如丞相灌婴薨，按顺序是御史大夫张苍补位。张苍当了丞相，谁当御史大夫？这是件大事。自从灌婴当丞相那天起，所谓的三公就剩下了两公。在没有太尉的日子里，御史大夫这个角色就非常重要。御史大夫要监察百官，还是副丞相，理应刚正不阿。有人向汉文帝推荐，让河东太守季布来当御史大夫最合适。

季布这位当年项羽手下的大将，可谓文武双全。当年在吕太后遭遇匈奴单于致书之辱的时候，樊哙要带十万兵马横扫大漠，耿直的季布当场反驳了这种口嗨式发言。虽然吕太后很满意，但很明显季布得罪了樊哙。那得罪了樊哙，就等于得罪了樊哙的朋友们。而樊哙的朋友们，本来就不喜欢这种之前跟随项羽的部下。

要不是因为季布当年属西楚一派，以他的能力，接班曹参当丞相都行。可惜啊，这个在民间口碑不错的人物，在官场却是不得志。这么多年来也就做到了河东郡守。那么就凭季布的出身和这人缘，朝中有谁会推荐他当御史大夫呢？

在我看来，推荐季布的，应该是汉文帝身边当红的大臣袁盎。袁盎为什么推荐季布？主要原因是袁盎跟季布的弟弟季心关系不错。袁盎也算是季布在朝中唯一的政治资源。[1]

其实当时的朝堂，正值新老交替的重要时刻。老臣们最烦的就是新人，新人们最烦的就是老臣。三公这个职位上，历来没有新人担任过，从来都是老一辈担任。到汉文帝这一朝，新人能做到九卿已经是破天荒了。袁盎、张释之、吴公、贾谊等新人都是受老臣排挤的对象。

当初汉文帝任用这些新人，就是为了制衡老臣。丞相张苍是老人，但是他不是个强硬派。而他的功劳也不足以像周勃那样可以左右朝堂，甚至张苍坐在丞相的位置上也不是那么众望所归。也就是说，灌婴死后，老臣们没有了领头羊，不足以制衡皇帝。那袁盎等人的作用也就逐步降低。正因为如此，御史大夫这个职位，成为新旧大臣的必争之地。

在这场御史大夫职位争夺战当中，由于汉文帝先下旨，所以季布很快就到了长安。在这关键时刻，朝中大臣马上明白了，皇上这是要任命季布为御史大夫。季布在长安没有根基，唯一的关系户就是袁盎。他要是上位，老臣们必然不答应。这时候，就有老臣跟汉文帝说，季布这人武将出身，脾气不好，又爱喝酒，不好接近。

汉文帝一琢磨，这还真是个事。你看袁盎，那是出了名地耿直，但是他比较纠结于礼法。张释之也很耿直，但是他维护的是法律。法律在朝堂之上没有用，只要没人违法，张释之的职权就有局限性。但是御史大夫可不一样，御史大夫是副丞相，是参与制定朝政的重要职位。这要是较真讲法律的时候，汉文帝都拦不住。对于皇帝来说，御史大夫得是自己人，这样这把枪才能指哪打哪。绝对不能是季布这样的人，容易成为别人的枪。

这一次汉文帝经过深思熟虑，觉得还真不能让季布当御史大夫。因为季布不是自己人，未必好控制。最可恨的是，季布这人有脑子。万一真像老臣们说的那样，季布好酒成性不好控制，那还真是个麻烦事。

就这样，一门心思等着当御史大夫的季布，在长安住了一个月不得召见。

---

[1] 见《史记·季布栾布列传》。

最终，拿定主意的汉文帝召见了季布，道了几声辛苦，就让季布回河东郡。季布哭笑不得，于是当面说汉文帝，臣没有可以邀宠的功劳，在河东郡当太守已经是战战兢兢了。皇上您因为一个人的赞誉就把我召来，又因为一个人的毁谤而让我回去。我跑个来回没关系，这事要是传出去，有识之士会以此来揣度皇上的见识。[1]

汉文帝一听，更加确信就不该让这季布当御史大夫，说话太直白。实话不是人人都爱听的，汉文帝有点下不来台。于是他编了个理由，说河东郡是他最看重的一个郡，因此才召来季布，以示关切，别的郡守还没这待遇呢。

季布也不跟汉文帝较真，告辞回河东。季布虽然走了，但是御史大夫的人选还没定，最终由典客冯敬暂行御史大夫事。冯敬起初是魏王豹的骑兵统领，素以勇武著称。韩信征魏王豹之后，冯敬归降刘邦，也算开国功臣。不过，冯敬的影响力可不如之前的那些御史大夫。

总之御史大夫之争，让少壮派和老臣派矛盾尖锐，最终老臣派取得了胜利。这件事也反映出了黄老之术在汉初面临的一些问题。在无为而治的大原则下，汉初的政治模式呈现出一种消极的态势。这种消极，对于官场新人来说，是非常不利的。既然大家都要顺其自然，那么主动争取"进步"的官员，自然是被打压的对象。久而久之，就会形成一种阶层的固化。

一个比较典型的例子就是贾谊。贾谊是个为了仕途进步非常努力的年轻人，他想尽办法对汉文帝投其所好，复刻了当年商鞅、叔孙通这类人的策略，其实真的打动了汉文帝。哪个皇上不喜欢这类帮自己揽权的臣子呢？

于是汉文帝在朝中提议，说贾谊年轻有为，应该提拔到九卿的级别上。当时以周勃、灌婴、张相如和冯敬为首的开国老臣们坚决反对，说贾谊太年轻，学问不见得深，但一心想要擅权，要搞乱所有事。汉文帝一犹豫，就下放贾谊做了长沙国太傅，自此不再重用。[2] 其实贾谊也很冤枉，老臣们诽谤他的时候，就如同老臣们诽谤季布一样，并没什么根据。这些老臣之间也不见得没有矛盾，但在针对新人这方面，他们是步调一致。即便周勃、张相如这种素有长

---

[1] 见《资治通鉴·汉纪》。
[2] 见《史记·屈原贾生列传》。

者之风的老臣，也不惜对贾谊这样的年轻人进行打压。

当然这种打压一方面固然是所处阶层决定的，另一方面也是因为贾谊如果成为公卿，有可能颠覆现有的政治秩序。贾谊的主张其实就是要摧毁黄老之术的根基，这是当时的老臣们无法容忍的。

历史上有很多人为贾谊鸣不平，似李商隐、苏轼、王安石、王夫之等都在不得志的时候凭吊贾谊，其实他们更多是在凭吊自己的怀才不遇。贾谊自己也借凭吊屈原来感慨自己的命运多舛。当然在一定程度上，仅仅是怀才不遇还不能让那么多人不平，最不平的还是有才华的不被重用，而奸佞弄臣却靠着谄媚位高权重。

贾谊少年得志而仕途坎坷，恰好反映了当时黄老之术的一个不可延续的问题。这种模式运行的基本条件就是皇权与臣权的相互制约，汉朝开国老臣们的存在是黄老之术运行的基础。这就意味着，老臣们会形成一个固化的阶层把持着三公九卿的职位。九卿之位，除了廷尉这种专业性特别强的，其他的一般不会落在新人手上。但是老臣们终究会凋零殆尽，皇帝也需要新人来取代开国功臣。古今中外有个亘古不变的真理，权力只为权力的来源负责。开国功臣们的权力来源至少有一半来自功劳簿，而新人的权力只能来自皇帝。所以随着皇帝和开国功臣之间的权力平衡被打破，当皇帝开始大规模起用新人的时候，黄老之术运行的基础就不存在了。

回到汉文帝前元四年，这种君臣权力制衡尚未被打破，但是汉文帝也要对老臣动手了。

18
权力越小越滥用

汉文帝照顾开国功臣们的情绪，对新人进行了打击。但对于汉文帝来说，这并不是他想要的。其实历朝历代的开国皇帝都不喜欢开国功臣，更何况是汉朝都进入第四代皇帝时代了，汉文帝对这些开国功臣们也没什么好感。

汉文帝一直有个心结，那就是周勃。周勃这个人太讨厌，还不懂事。如今灌婴都没了，周勃势单力孤，要是不整治他，怎能显示皇帝的威严？再说了，整了周勃，那就是杀鸡给猴看。老臣的领袖都被整了，对其他开国功臣也是一个极大的震慑。毕竟能活到汉文帝四年的开国功臣们，没人比周勃功劳更大的了，或者说没有人能和周勃处在同一个档次了。

此时，周勃的恐惧感也日益加深。前文已述，汉文帝让河东太守季布来到长安，本想让他接任御史大夫的职位。但是一堆老臣进了谗言，汉文帝思来想去，也不想身边留个权力很大的耿直人，于是就让季布回去了。对于周勃来说，他可不知道长安城发生了什么。但季布一趟趟来家里看望，吓得周勃惶惶不可终日。从周勃的角度讲，皇上没事把河东郡守季布召到长安一个多月，没升官也没降职就让回来了。那皇上叫季布干什么去了？肯定有大事商量。为什么季布回来之后一趟趟到我家看望？是不是皇上要让季布捉拿我？周勃可不知道季布去长安的痛苦。

周勃越想越害怕，于是传令下去，下次河东郡的官员再来家里看望，全家人甲胄相迎。其实周勃的意思是，万一皇上要杀他，他还能做个困兽之斗。这回季布又来看望老丞相了,没想到并没有看到热烈欢迎的队伍,反倒是见到了全副武装的士兵在戒严。等到季布见到了周勃,发现周家上下也都全副武装,把季布吓了一跳。经过简单的看望,季布赶紧打道回府,他还担心周勃把他杀了。这么多人都看着呢,季布只好据实上奏,说周勃那架势,像是要造反。[1]

等于每次河东郡的官员去看望周勃,双方都是很害怕对方杀自己似的。

汉文帝大喜,可等到这一天了。他下令马上逮捕以周勃为首的"谋反集团"。很快,周勃被拘捕到长安,交给廷尉张释之审理。这是谋反大罪啊,张释之审得很小心。经过简单的问询,周勃的反情几乎坐实。为什么呢?因为周勃本来就嘴笨,关键时刻光顾着害怕了,说话颠三倒四,没一句像实话。这案情太大,审理谋反大案跟审理冲撞皇帝车驾不一样,张释之不敢轻易结案,得问出同党来。

这时候我们就得来说说古代的监狱了。那时候的监狱,就相当于地狱。长期在监狱工作的狱吏,多多少少都有些心理变态,皆以折磨同类为能事。所以只要是进入了监狱,管你当年是什么英雄豪杰,到这就是一堆烂肉。哪怕是贯高那样的硬汉,也能被摧残得生无可恋。

秦朝的时候,李斯曾长期担任廷尉。李斯是个冷酷无情的人,所以他担任廷尉的时候,以严刑峻法而著称。后来风水轮流转,换到他进入监狱接受审判的时候,当年的横劲一点都没有了。大将军冯劫和左丞相冯去疾跟李斯同时入狱,那俩人一看狱吏狰狞的面孔,想也没想就自杀了。李斯觉得自己还有一线生机,于是在大狱里给秦二世写奏章,结果这奏章让赵高给扣下了。狱吏们从来都没折磨过这么大的官,管他是不是老上级,什么残酷的刑罚都往李斯身上招呼。[2]本来这场面李斯见多了,这次换他受刑,李斯完全失去了精气神,让招什么就招什么,说谋反就谋反,说私通陈涉就私通陈涉。李斯宁愿全家被腰斩,也不愿再受折磨。

你想,像周勃这么大的人物到了监狱,狱吏们得兴奋到什么地步。周勃头一次来监狱,没什么经验。很快,周勃就会知道,越是基层的狱吏越能变着法

---

[1] 见《史记·绛侯周勃世家》。
[2] 见《史记·秦始皇本纪》。

滥用职权。

狱吏们觉得周勃这么大人了,这点事得懂吧,你家那么有钱,拿出来啊。周勃在里面吓得话都不会说了,当然也没想起来使钱。既然如此,狱吏们也就不客气了。狱吏对付犯人,不光是肉体折磨,还会伴随精神折磨。周勃不堪凌辱,终于脑袋灵光了一下,让家里人带了大量钱财行贿,这才免遭更大的折磨。万一哪天周勃出去了,回来报复怎么办?不怕,狱吏们收了周勃的钱,开始给周勃上课。周勃最近连吓带打,变得很不聪明。狱吏们收了周勃的钱后,给周勃递了个木头片,上写五个大字:"以公主为证。"

周勃这才醍醐灌顶,对啊,我儿媳妇是公主,我造哪门子反啊?于是,在狱吏的指引下,周勃写下了令人读来潸然泪下的自白书,然后去请公主求薄太后。周勃的长子周胜之娶的这位公主,是汉文帝的女儿。也就是说,公主去求自己的奶奶,说自己公公没有造反。薄太后一开始就不相信周勃会造反,于是跟汉文帝说,周勃当初掌握北军控制长安的时候不反,现在就凭一个县的封地造反,是他疯了还是你疯了?

此时的汉文帝看到了周勃的自白书,复仇的快感油然而生。到了这个阶段,汉文帝也没想就这样杀掉周勃。既然借周勃事件震慑了老臣,汉文帝的目的也就达到了。

汉文帝对太后说,有人举报周勃造反,就得调查。现在廷尉调查清楚了,周勃确实没有反,就要释放他了。接着,汉文帝派人赶紧拿着自己的符节去释放周勃,恢复周勃绛侯的爵位,让他回老家养伤。

逃出生天的周勃感慨啊,自己统领过百万雄兵,以为什么场面都见过。直到现在才知道,狱吏这个阶层是一个独立存在的无敌组织,他们有他们自己的江湖和法则。[1]

小吏的变态和残忍,是古代等级社会的一个顽疾。小吏社会地位低下,在官员眼中,他们都不见得有府衙院里养的狗重要。所以当小吏们有那么一点点权力的时候,他们比堂上的大人们更懂得滥用权力。再加上他们文化和道德水平普遍不高,因此能干出很多匪夷所思的事情。饶是你曾学富五车能舌战群

---

[1] 见《资治通鉴·汉纪》。

儒，遇到小吏作恶也是无可奈何。因为在古代社会，所谓的法其实是官府用来压制百姓的。这种法不存在平等对话的机会，所以百姓是不能反向用法去对抗来自小吏的暴虐。如果连理都不能讲，大家绝对想得到会是一种什么景象。

这也在社会上形成一种普遍现象，权力越小的小吏，越会滥用权力。在黄老之术的模式下，这种小吏存在于社会的犄角旮旯。但随着黄老之术的消退，当皇帝直接和这类毫无底线的小吏接触的时候，这些小吏就会形成历史上更可怕的一个群体，他们被称为酷吏。

总之，在周勃入狱这样一场风波之后，老臣们被汉文帝打压得抬不起头来，都收起那份老一辈功臣的骄傲，管你是谁都别跟皇帝叫板。周勃入狱，除了袁盎之外，竟无人为他辩解一句。在新人当中，官最大的就是廷尉张释之，但他也无法左右朝政。汉文帝只手遮天，当权力不受制衡的时候，皇帝就不可能是圣人，更可能是暴君或者昏君。

从圣人到暴君，汉文帝完成了华丽转身。接下来，汉文帝开始肆意挥洒着权力带给他的快乐。到了汉文帝前元五年（公元前175年），这位昔日的圣君还重新定义了什么叫腐败。

19
家里有"印钞机"

当一个君主权力达到顶峰的时候，往往会为了维护自己的权力而创造出君权神授的理论。不光中国，古代的欧洲、埃及、巴比伦、波斯、阿拉伯、印度、日本、印加、玛雅等地的文明，只要有皇帝的地方，就一定有君权神授。有了君权神授，皇帝就成了神。神和圣人是不一样的，圣人得有圣行，还得一直有圣行，一旦失去了圣行，圣人的光环就会掉落。当神就简单了，神可以为所欲为，神是不会有错的。

也正是这个原因，皇帝的终极目标都是要成神。为什么呢？因为别管在多愚昧的时代，皇帝的合法性都是禁不起推敲的。

哪怕是陈胜、吴广，都知道问一句"王侯将相宁有种乎"。所以，怎么以大义的名分来满足一己之私这个事，就很重要了。古代中国皇帝一张嘴就是为了天下苍生，修皇宫那是为了天下苍生，跟人打仗更是为了天下苍生，收税是为了天下苍生，建陵是为了天下苍生，可是您这么伟大，如果饿死了很多老百姓怎么说？

所以，为了不跟老百姓对话，君权神授在任何一个君权国家都是必需的。从皇帝的角度讲，朕犯不着跟你们这些刁民解释，有能耐问老天爷去。当一个君主成了神，那这个时代的人民就不如蝼蚁，这是铁律。人民生活水平绝对与国家君主的神话程度成反比。

咱再看汉文帝，当初那是绝不敢说自己是神，老说自己才智平庸，大臣们瞎了眼才推举他当皇帝。现在不一样了，没人管得了他了，他内心的欲望已经压制不住了。再让他礼贤下士、谦虚谨慎，做不到了。

汉文帝在位第四年，就做了一件以往历代君主都没做过的事，那就是为自己修了一个庙，名曰顾成庙。从此，皇帝生前建庙成了传统。

过去别管真的假的，汉文帝总表现出欣赏袁盎、贾山、贾谊、张释之这样的人。但我们前文也分析过，汉文帝并不是真的喜欢这些人，而是用这些人衬托自己像个圣人而已。如今的汉文帝对圣人头衔的依赖小了，最喜欢的是另外三个人，一个是邓通，一个是赵谈，一个是北宫伯子。这里边要先说北宫伯子，那是个老好人，谁也不得罪，当然也没什么本事，属于一个安静的美宦官。赵谈也是个宦官，据说是懂星象，甚至出门都能和汉文帝坐在同一辆车上。邓通是个船夫。在当时百官眼中，邓通看上去就是个废柴。但是，自从汉文帝梦到被邓通推到了天上，邓通就得到了无与伦比的恩宠。[1]

从圣人变成了昏君，汉文帝得靠神仙给他解释一下了。这时候，汉文帝想起一个老太太来，就是当年那位"活神仙"许负。许负十几岁就出道看相，到汉文帝这时候，俨然是看相这个行业的权威。当年汉文帝的妈妈薄姬还是魏王豹的侍妾时，汉文帝的姥姥就请许负来给薄姬看相，目的是让魏王豹重视薄姬。许负张嘴就来，说薄姬生的儿子能当皇帝。

就这一句话，魏王豹膨胀了，下决心跟刘邦划清界限，结果就成了韩信的战俘。但这个事件并不能说明许负真是个活神仙，这个道理也很简单，既然魏王豹相信了薄姬的儿子能当皇帝，肯定会让许负再帮着算算自己。许负如果说您老没那命，薄姬将来的皇帝儿子不是您的。那魏王豹还不赶紧杀了薄姬？一定是魏王豹也抽到了许负的上上签，这才有胆跟刘邦翻脸。要不然就他那点实力，只要没疯，就不会跟刘邦为敌。由此可见，许负根本没算准魏王豹的命运，或者说她根本就是瞎说。只不过后来汉文帝真的面南背北当了皇帝，这才单独摘出来薄姬的儿子能当皇帝这段故事大加炒作，只要许负是神，则汉文帝的君权就是神授。

其实，汉文帝对许负的话也是不信的。你看史书记载，汉文帝真遇到了

---

[1] 见《史记·佞幸列传》。

坎，比如说当年遇到该不该去长安当皇帝的事上，还是代王的汉文帝并没有找许负算命，而是用了最传统的烧龟甲占卜法、薄昭亲自打探消息法、宋昌临场分析法，这才决定去的长安。

现在汉文帝需要许负，于是把她拿出来包装一下，做个宣传而已。这不，汉文帝和许负闲聊，顺便让她给邓通看个相。汉文帝其实就是让她看着玩，权当娱乐。许负虽然不能真的预测未来，但是有些形势是能看懂的。邓通这个佞臣，真是啥啥都不会。你说汉文帝在的时候宠幸他，汉文帝不在的时候怎么办？窦皇后恨不恨他？慎夫人恨不恨他？太子爷恨不恨他？他要是个女人，可能还有个名分，将来当个太妃，万一生个儿子还能封王，运气好也能去外地躲躲。但他是个男人，那就尴尬了，太子爷不会放过他的。

所以，许负断言，邓通得饿死。许负为什么敢这么说？你想啊，许负已经被捧起来了，她的作用就是证明汉文帝称帝的合法性。所以将来太子爷登基后要杀邓通，一定会参考这句话，让邓通死得理所当然。退一万步讲，许负一个老太太，算错了又能怎样？早就不靠这门手艺吃饭了。许负一把年纪，一定会死在邓通前边，算不准又能怎样？

许负是汉文帝捧起来的，所以汉文帝内心不相信许负的话。他说不可能，邓通不会饿死。许负就坚持，邓通一定会饿死。汉文帝决定让许负看看，什么才是真正的神，有权力，就是神，而神可以改变一切。怎么改变呢？汉文帝送给了邓通一座铜矿，还允许他以私人的身份铸币。

这就意味着，邓通就仿佛家里有个印钞机，于是他没日没夜地铸币，被称为"邓氏钱布天下"。[1]

可以说汉文帝这么做，是非常任性的。也正是因为如此，汉文帝在金融上给自己挖了一个大坑。

秦汉时期的货币，其实经历过很多次改制。秦朝一统天下，秦始皇废除六国货币，统一使用秦朝的货币。秦朝货币分两种，一种是上币，一种是下币。上币是黄金，下币是圆形方孔钱，这个钱是青铜合金铸造，重半两，所以钱上

---

[1] 《史记·佞幸列传》记载汉文帝令善相者为邓通看相。《潜夫论·相列》记载看相者是许负。

铸有隶书阳文"半两",故此钱被称为半两钱。秦朝市面上流通的是下币,因为拿上币买个水果什么的,也没人能找得开。其实假如没有大泽乡起义,秦朝也难免衰亡。因为就从今天出土的秦半两看,秦朝的货币铸造不统一,有官府铸造也有民间私造,不见得都是半两重,而且差距还很大。没等到金融崩溃,秦朝先崩溃了。所以,秦半两不统一的恶果,得汉朝来负担。[1]

到了汉朝,币制沿袭秦朝。上币为黄金,以斤为单位。秦汉时期金、银、铜都称为金,但是细分起来,金、银、铜分别叫黄金、白金、赤金。因此史书上单说黄金,就是今天的黄金,不是黄铜。2011年以来对海昏侯墓的考古中,发现随葬品里面有大量的金币、马蹄金、麟趾金,那就是汉朝的上币黄金。而白金和赤金不作为货币使用。

汉高祖在位的时候,货币已经混乱到令人发指的地步。半两钱折合汉朝的重量单位,应该约重十二铢。但是到了汉高祖时代,半两钱中间的方孔越来越大,上称一称,本该重十二铢的钱甚至都有不到一铢的,这种钱也被称为"榆荚半两"。但是汉高祖在位期间政治一直不够稳定,所以币制改革没有进行。而朝廷新发行的半两钱,标注只有三铢重。民间通货膨胀,一石米甚至卖到了一万钱。到了汉惠帝时期,国家趋于稳定,这事就得整顿了。再这么下去当老百姓手里的钱不是钱的时候,就又到了"王侯将相宁有种乎"的时候了。所以在惠帝三年(公元前192年),汉惠帝就立法,禁止民间私自铸钱。

禁止归禁止,除了犯罪团伙继续私造之外,之前市面上那么多假钱怎么办?到了高后二年的时候,吕雉决定统一发行新货币,重八铢,称八铢钱。但是,八铢钱的表面文字,依然是"半两"。后来南越王赵佗谋反,朝廷镇压南越国花费很大。再加上单一货币的不方便性,高后六年又在八铢钱的基础上,用其五分之一的重量铸造发行五分钱,一枚八铢钱可换五枚五分钱。不知道朝廷怎么琢磨的,五分钱的铭文也铸造为"半两"。民间管这种五分钱称为"荚钱",用以区分八铢半两钱。

到了汉文帝前元五年,朝廷又增加了铸造四铢钱。不知道是不是模具的问题,这个钱的铭文也写着"半两",民间称四铢半两。邓通家的"印钞机",发

---

[1] 见《汉书·食货志》。

行的就是这种货币。

这政策一开,即意味着假币合法化。或者说从此不存在假币这个概念,谁造的钱都是真的。说是民间铸钱合法,普通人是不可能铸钱的,一来没手艺,二来没技术,三来没设备,四来没原料。那能铸钱的,还得是达官显贵。对于老百姓来说,手里的四铢钱逐渐变成了三铢、二铢、一铢、半铢,家里的存款开始贬值,通货膨胀大面积蔓延。

邓通是最大的获利者,他背靠着铜矿,没日没夜地疯狂铸造钱币。能多小就多小,只要不被风刮走就行。而且铜含量越来越低,铅、铁等杂质含量越来越高。这样一来,说好的重农抑商就靠边站吧。老百姓纷纷加入铸币行列中来,我虽然没有资本,但是我有手艺,怎么也比种地强。再不济,从朝廷发行的四铢钱上往下刮铜总会吧。

没多久,汉朝的经济泡沫就越来越大。根据当时的生产力水平,朝廷该发展的实业就是农业。可惜在铸币这行泡沫行业的冲击下,干实业的只能把辛辛苦苦种的粮食换越来越轻的钱币。所以大家都懂了,实业误国,造钱兴邦。能干铸币业的,就不再从事农业生产。

邓通获利的同时,吴王刘濞也不闲着了。他们吴国也有铜矿,许你邓通疯狂造钱,就许寡人玩命铸币。一时间,吴王和邓通开始了铸币竞赛,基本上市面上流通的不是邓币就是吴币。邓通发财的同时,一直默默无闻的吴王也发了大财。

传说清朝第一代醇亲王曾写过一篇家训,其文如下:

财也大,产也大,后来子孙祸也大!若问此理是若何?子孙钱多胆也大,天样大事都不怕!不丧身家不肯罢。

财也小,产也小,后来子孙祸也小。若问此理是若何?子孙钱少胆也小,些微产业知自保,俭使俭用也过了。

这就是说,一个人的理想会根据他自身能力的变化而不断变化。吃了上顿没下顿的,准不会想将来移民去哪儿的问题。这吴王刘濞,是汉高祖二哥刘仲的儿子。本来刘濞是个老实巴交的人，这回和邓通并驾齐驱为汉朝首富候选人，那他的想法就跟以前不一样了。有钱就能养更多的军队，有了更多的军队就能跟朝廷分庭抗礼。都姓刘，凭什么我不能当皇帝？

如果说淮南王刘长的不臣之心是因为自己血统尊贵，那吴王刘濞的不臣之心就是因为太有钱了。好好的国家，被汉文帝折腾得鸡飞狗跳，危机重重。朝廷奸佞当道，地方实业凋零，全国通货膨胀，恶人铸钱谋私，百姓惨遭盘剥。钱越来越不值钱，必然会有一些人秉持着很扭曲的价值观，指着那些老实巴交的本分农民说：你们穷是因为你们没本事，人家去铸币的都挣钱了。

其实一个社会得以良性运转的基础，就是让那些老实巴交的本分人都能赚钱，而不是让投机取巧甚至犯罪的人赚到钱。

汉朝的治世之光，就这样开始黯淡。汉文帝觉得可惜吗？不觉得。从他的角度讲，这感觉爽。通货膨胀耽误他享乐吗？不耽误。很多有识之士看在眼里急在心里，纷纷上书汉文帝，痛陈国家危机。上书的还是贾谊、贾山那些人，接书的也还是汉文帝。而享受权力的汉文帝，却不似以往礼贤下士了。

20
皇上是没有错的

马克思说过，人会为百分之三百的利润犯任何罪行，哪怕被绞死也在所不惜。那很自然，当汉文帝开放民间铸币之后，邓通、刘濞之辈仿佛开启了不歇班的印钞机，疯狂得无以复加。这些掌握资源的人赚钱赚得让人眼红，老百姓也想分一杯羹。家里没铜矿怎么办？有没有铜器？再不济有没有铜钱？有的话拿出来熔掉，掺上铁、铅等杂质，一枚四铢钱咱改成两到四枚，这利润足以让人愿意为之付出生命了吧。

随着朝臣的批评声音越来越多，汉文帝自己也意识到这样做是错误的。但是，汉文帝的本意是让邓通铸币，没想到会出现如今民间这个局面。所以汉文帝要表现出不怪邓通疯狂，要怪就怪那些刁民的不法。如今的汉文帝是神，神能有错吗？所以，汉文帝坚持民间铸币政策是没错的，只不过要加一条法律，那就是不许在铜钱里掺杂质，违者处以黥面之刑，目的就是禁止没有铜矿的刁民铸币。黥面就是在脸上刺字，这条法律颁布之后，除了朝廷多废了点墨水之外，一点用都没有。法律不让掺假就不掺假了？在巨大利益的驱使下，想要获取利益的人，何惧纹面？

一时间，民间智慧大爆发，中国的冶炼技术得到了空前的发展。如何在铜里边掺铁、铅或者其他，成为当时最热门的技术。

当时铸币疯狂到了什么地步呢？小到一个县城里边，被官府抓住且有确凿证据证明往钱里掺杂质的人，一天都能抓几百人。被抓住证据不足的犯罪嫌疑人那就海了去了。当时最时兴的职业就是铸币产业链的相关职业，比如开矿、运输、烧炭、制作熔炉、掺假技术人员、刮铜人员等。这些职业吸引着大量的从业人员，农田开始荒废。

这时候，被排挤到地方上的贾谊看不下去了，他给汉文帝上了一封恳切的奏章。贾谊的意思是法律要定在上游，而不是定在下游。老百姓为什么要参与铸币？那是因为铸币有利润。铸币怎么才能有利润？只有掺假。掺假别说判处黥面了，就算判弃市，也拦不住铸币者对掺假的趋之若鹜。如今国家法律允许铸币，而不允许掺假。那这条法律是废的，没有任何用。因为铸币，就意味着要掺假。国家允许铸币，就是引诱犯罪。国家的上游法律引诱犯罪，下游法律禁止又有什么用呢？货币的本质是交易信用，如今市面上，国家规定的物价一百文的粮食，如果用重币，可能九十几文就能买到。如果用轻币，得一百多文才能买到。那就说明金融已经乱套了，国家定的物价是一句废话，因为钱币不统一。市场定价也是空话，因为钱币不统一。如果国家信用都没了，收税的时候让老百姓交多少呢？如今从事铸币业的人越来越多，田地荒芜也就越来越多，过上几年，国家就完了。如今的社会风气被铸币弄得很不好，善良的百姓也被引诱去参与犯罪。在铸币泡沫经济的冲击下，做实业的只能喝西北风，这批人不去参与铸币，还能干啥？如果朝廷现在雷厉风行禁止铸币，抓一个杀一个，也是不对的。因为这个头是朝廷开的，不能用杀戮百姓来结束。如今最重要的就是从上游管控，先把铜矿收为国有，禁止民间开矿，这样流通到民间的铜就少了，从事铸币业的也必然就少了。这时候再谈废除民间铸币，成效就会好很多。

贾谊不愧是个大才，不仅指出了铸币的危害，还提出了相当靠谱的制止办法。但如此大才，汉文帝置之不理。定了的基本国策，错了也得坚持。贾山对朝廷的现状也是看在眼里急在心上。他觉得贾谊可能还是年轻，奏章有点逼着汉文帝承认错误的意思，所以汉文帝没采纳。老成持重的贾山决定站在汉文帝的角度分析，奏章上说铸币本是皇帝特有的大权，如今允许民间铸币，那就是让百姓和君主同享大权，这个万万不可。[1]

---

[1] 见《资治通鉴·汉纪》。

但汉文帝不管这些，他现在已经完成了由圣到神的转变。神要是认错，就会跌下神坛。所以汉文帝对这些反对意见置若罔闻。

有人反对私人铸币，就一定会有人支持私人铸币。比如太中大夫邓通，他是私人铸币的最大受益人，所以他坚决支持私人铸币。这大概也是汉文帝对贾谊、贾山的劝谏置之不理的原因。毕竟邓通说话的分量，在朝中可谓首屈一指。

到底邓通有什么过人之处，让汉文帝如此宠爱呢？我们举个例子感受一下：曾经，汉文帝身上长了痈。这个痈在现代医学中，大概就属于多个相邻毛囊及其周围组织同时发生的急性化脓性炎症。直白点说，就是长了多个相邻的火疖子。在临床上，这种病轻则抗生素治疗，重则手术切开引流。但在古代，望闻问切对这种病都没有明显效果。太医当然是束手无策，最多给开点去火的药。但邓通却能经常给汉文帝吸脓，那就如同现代医学的开创引流法，能大大缓解汉文帝的病情，甚至能吸好。

汉文帝问邓通，天下谁最爱他？如果邓通说自己是最爱汉文帝的人，那他还仅仅是个弄臣，大家最多鄙视他，毕竟这种佞人除了谄媚也不会别的。但是，邓通接下来的操作可谓教科书式的作死了。

邓通为了显示自己的忠心天下第一，愣说太子才是最爱汉文帝的人。于是在太子来问安的时候，汉文帝也让太子吸脓。太子那是金枝玉叶，哪见过这场面。但论私他是汉文帝的儿子，论公他是汉文帝的臣子，所以太子还是为汉文帝吸了脓。

太子是个正常人，指望他吸脓吸得开心，吸得享受，那是不可能的。因此太子的孝行，并没有得到汉文帝的赞许，甚至还有些失望。太子一打听才知道，原来是自己的表情不对。问题是，让太子跟弄臣比表情，真就离谱了。毕竟太子是汉朝未来的继承人，又不是靠献媚争宠上位的弄臣。[1]

所以，汉文帝确信了邓通是最爱他的人，太子确定了邓通是他将来一定要弄死的人。这件事，其实是为邓通将来被饿死埋下了伏笔。

但到了这个阶段，我们就能看出汉朝的政治倾向已经开始了转变，过去贾

---

[1] 见《史记·佞幸列传》。

谊少年成名，读了万卷书并消化成自己的知识体系，然后转化为锦绣文章上达天听，最高才做到太中大夫，在老臣们的排挤下被下放到了地方。那再对比邓通，一个人格低下且无才无德的弄臣，稳稳坐在太中大夫的位置上，甚至家里还有"印钞机"。

问题又来了，贾谊等人的崛起遭到了老臣们的嫉恨和打击。邓通这种弄臣的崛起难道不会遭到老臣们的嫉恨和打击吗？当然也会。只不过，前者没有汉文帝保护，只能被贬。后者有汉文帝保护，所以可以笑傲朝堂。

在黄老之术的观念中，皇帝应该无为，而现在的汉文帝逐渐走向了无错。这就导致过去的大臣以袁盎、张释之为榜样，又耿直又爱给皇帝出主意。而现在更多人愿意以邓通为榜样，极尽谄媚之能事，以致朝政风气大为破坏。

汉文帝也发现了一个情况，那就是即便是自己的政策出了问题，也可以说是别人的责任，那既然这样，有些人就不能再惯着了。

21
用四十辆车造反

汉文帝拆分了齐国和赵国后，天下诸侯已然没有谁的实力足以跟朝廷抗衡。通过铸币变发达的吴国虽然有实力，但吴王刘濞的血统离皇位比较远，他是汉文帝的堂兄弟。那么在当时的诸侯王当中，跟汉文帝血缘最近的就是淮南王刘长，他也是当时汉文帝唯一的亲弟弟。

说起来，这位淮南王出身比较悲惨。刘长自幼勇武过人，又是跟着吕后长大的，所以在吕后执政的时候，并没有对刘长进行打压。刘长自担任淮南王以来，别管朝中出现什么政治风波，都没有波及他。从这个角度讲，刘长是汉初藩王中的幸运儿。

但一直以来，刘长也有个心结。他觉得当初是审食其不尽力，要不然他母亲不会死。另外，刘长也有些心理不平衡。因为当初大家都是皇子的时候，刘长是跟着吕后的，而当时汉文帝的母亲薄姬是后宫的边缘人，根据子凭母贵的原则，刘长的地位自然要比四哥刘恒尊贵一些。然而时过境迁，当初不起眼的四哥成了皇帝，刘长内心并不是很服气。

汉文帝前元三年四月，刘长带着心结来到了长安。兄弟再度相见，刘长得跪拜行礼，这加剧了刘长内心的不平衡。

所以，刘长见了汉文帝一再僭越。不称汉文帝为皇上，而称哥哥。汉文帝的乘舆，他敢上去坐。汉文帝不去禁止他，而大臣们也都怕他。刘长多厉害，那是个力能扛鼎的小项羽，同时此人脾气还不好，做事没底线。汉文帝这样的人手里拿着刀在朝上走一圈，大臣未必害怕。但是刘长拎半拉砖头在殿上走一圈，能把大臣冷汗吓出来。这就是正常人和流氓的区别。

刘长恶名远扬，大臣们对他敬而远之。但是他这次来长安不是白来的，这不，他带着随从魏敬去了审食其的家。一进门，刘长毫无道理地抡起铁锤把审食其打倒，魏敬跟上去来了个一刀割喉，审食其顿时死于非命。

这是故意杀人，刘长也知道说不过去。于是他高调地去跟汉文帝请罪，说人是我杀的，我是为我母亲报仇，皇上治我的罪吧。

这事汉文帝能说什么？为了名声不好的审食其得罪亲弟弟，倒是也没什么必要。再一个，真要是较真，害死刘长生母的凶手是汉高祖啊，让审食其替汉高祖背这个锅，也算是死得其所。汉文帝没有治刘长的罪，只得让他回淮南。

刘长这次长安行，让他膨胀到了极点。那感觉就是长安的大臣，他想杀谁就杀谁，谁也管不了他。于是，回到淮南国刘长便开始以皇帝自居，并使用皇帝仪仗，而且刘长此后下令也用圣旨的格式。

就这种僭越行径，放到以后的朝代就可以直接定性为谋反。袁盎肯定不放过这个邀宠的机会，上奏皇帝要制裁淮南王刘长，都被汉文帝婉拒了。再怎么说，刘长也是汉文帝唯一的弟弟了。放在以后的朝代，皇帝的亲属敢这么僭越，几个脑袋都不够砍的。但对于秉持黄老之术的汉文帝来说，帝王不需要展示自己多么威严。况且，淮南王刘长的精神状态并不怎么正常，何必跟他一般见识呢。

这一晃三年过去了，当年那位仁慈的圣人皇帝，从无为变得为所欲为。而那位精神不太正常的淮南王刘长仿佛病得更严重了。

淮南王刘长的不臣之心，那是路人皆知。之前袁盎就一再提醒汉文帝，刘长不是个安分的藩王，汉文帝并不以为意。

到了汉文帝前元六年的时候，淮南王刘长颁布了淮南法令，不再用汉朝法律。他驱逐了朝廷委派的官吏，自己任命官员，给大臣封爵位。[1]

至于说他滥杀无辜，给朝廷上书的文辞非常不恭敬这样的事，反而不值一提了。毕竟当年他在汉文帝面前也不恭敬，何况上书呢。另外，他都能当场格

---

[1] 见《资治通鉴·汉纪》。

杀辟阳侯审食其，寻常的滥杀无辜他也干得出来。

看上去，淮南王刘长肯定会造反，一切都只是时间的问题。再看汉文帝，一点也不着急。他不仅对刘长的一再僭越假装不知道，有时候还推波助澜，让刘长觉得他软弱可欺。按理说刘长造反，比刘兴居造反的危害可大多了，汉文帝到底怎么想的呢？

所有人都知道刘长要造反，只有少数人看出来一个根源问题，刘长由于长期的偏执，精神上出了问题，谁会造反都这么高调呢？那对付一个精神有问题的人，就不用大动干戈。汉文帝感觉差不多了，派他舅舅薄昭去撩拨一下淮南王刘长。薄昭写信给刘长讲故事，说周朝初年，周武王推翻商朝之后，就册封帝辛的儿子武庚为宋国国君，另外又派管叔和蔡叔两位王亲在宋国周围看着武庚。

薄昭还说了，淮南王刘长的二大爷刘仲和大侄子刘兴居当年那罪过还不如你大呢，结果一个被废，一个被杀，自己掂量着办吧。

一般来说，话说到这份上，汉文帝要传达给刘长的信息就很明确了。其一，你这个罪过不小，难以被宽恕。当年代王刘仲无非是临阵脱逃，就把王位丢了。济北王刘兴居造反，最终自杀了。那么淮南王刘长的结局会是什么？自己掂量。其二，汉文帝还暗示了刘长，隔壁的吴王刘濞就是朝廷派来监视你的。

这招多绝啊，汉文帝一方面各种纵容刘长犯罪到不可收拾的地步，一方面让薄昭吓唬刘长，逼他只有谋反一条路，顺便把祸水引向吴国。可能一般人得到这些信号，举兵谋反就会先打吴国，家门口的都收拾不掉，还怎么发兵长安？但刘长不是一般人，他精神有问题，所以看完薄昭的信就犯病了，而且病得不轻，从这引出来一个历史悬案：他与棘蒲侯柴武之子柴奇准备了七十个人和四十乘车就宣布造反了。

假如说淮南王刘长以此七十人和四十乘车造反，那我们就要先看看这是一支怎样"庞大"的队伍。古代"一乘"指的是围绕一辆马车而组建的军事单位，一乘兵车的标准配备是马四匹，用以拉车。车上有甲士三人，车下有步卒七十二人。也就是说，一乘就是七十五人。四十乘，就是三千人。这支大军的规模放在春秋时代都不算大。那么淮南王刘长凭什么认为这三千多人就能造反成功呢？他还有个盟友，此人便是棘蒲侯柴武之子柴奇，也就是未来棘蒲侯国的继承人。

柴武是汉朝的开国大将，算是汉高祖帐下的老人了。柴武战功赫赫，在丰邑败雍齿、东阿破章邯、灭齐、垓下合围项羽、斩韩王信等重要战役中都立下了功劳，而在汉朝立国后，汉高祖在与这些开国功臣们举行了白马之盟活动，而当时册封的十八个侯爵中，柴武排第十三。[1]

我们上次提到柴武这个人还是在汉文帝前元三年的时候。当时柴武平定了济北王刘兴居的叛乱。根据汉文帝前元二年的规定，像柴武这样在朝廷任职的大将得让其世子去封地。也就是说，此时柴奇应该在棘蒲侯国。棘蒲侯国在河北，淮南王国在安徽，离这么老远，柴奇能给刘长什么样的支援呢？

这位柴大将军之子也是不得了，他居然为这次造反凑了七十多人，还没孔子的徒弟多。柴奇的这七十多勇士中，以大夫但和平民开章为首。柴奇派开章去淮南国与刘长密谋造反事宜，刘长大喜。这位淮南王不仅与开章亲切交谈，一起吃饭，甚至为开章娶了媳妇，还给他开了两千石的俸禄。当时廷尉的俸禄才一千石，你就知道淮南王刘长出手多阔绰了。很快，双方敲定了造反的计划，并且还要联络匈奴与闽越一起出兵。

这件事其实很离奇，刘长和柴奇如同儿戏般谋反，实在违反常理。那么唯一的解释就是，柴奇和刘长是一类人。用现代的话说，都属于刷几段小视频就觉得自己掌握了世界真理的小天真。

就在开章与淮南王谈妥之后，他就派人把情况通知大夫但，让其准备行动。另外，淮南王这边准备好后，让自己的心腹国相春派人去联络大夫但。

就在淮南国相春派人联络大夫但的时候，被朝廷发现了。朝廷马上派长安尉去淮南国逮捕开章。淮南王刘长肯定不敢把开章放出去，于是他把开章藏起来躲避追捕，并跟长安尉讲开章不知道去哪了。可问题是，抓不到开章，长安

---

[1]《汉书·卷十六·高惠高后文功臣表》颜师古注：（十八侯）谓萧何、曹参、张敖、周勃、樊哙、郦商、奚涓、夏侯婴、灌婴、傅宽、靳歙、王陵、柴武、王吸、薛欧、周昌、丁复、虫达，从第一至十八也。

尉不走。于是刘长和淮南中尉蒯忌商量，干脆杀人灭口。于是他们就秘密杀了开章，并在开章埋葬的地方立了个牌子，上写着"开章死，埋此下"。

长安尉觉得智商受到了侮辱，于是把刘长带到了长安。经过丞相张苍、代理御史大夫冯敬、廷尉贺、宗正逸、中尉福等人调查审理，得出结论：淮南王刘长当处以死刑。

汉文帝不忍心处死弟弟。于是召开了两千石官员都要参与的大会议。问题是，谁敢说造反值得饶恕呢？所以这次会议的结论就是维持原判。

汉文帝还得表态，不忍心处死弟弟。但他这次给了个方向，赦免刘长的死罪，废掉他的王位。有题目的文章好做，大臣们商议后，建议废掉刘长的王位后，将其和家人发配四川邛邮。

汉文帝还得表态，不忍心弟弟受苦。于是就在上述判决基础上，又给予了刘长丰厚的物质待遇。比如每天的伙食标准是肉五斤，酒二斗。除了家人外，他还能从淮南王府挑选十名宠爱的美女带走。

不过，这不代表刘长发配之旅的待遇就特别好。因为，从长安到四川这一路上，囚车上贴着封条，沿途官员不敢打开，堂堂一个王爷吃喝拉撒都在囚车上，这不仅是斯文扫地，更严重践踏了刘长的尊严。

就这样，刘长四十辆车造反的计划还没开始就失败了。素来桀骜不驯的刘长被装进囚车送往四川。而与他密谋的柴奇等人就没那么幸运了，统统处死。

按理说，淮南王谋反大案到此也该尘埃落定了。但是，至少在袁盎看来，这件事还没有结束。

我们复盘一下刘长的人生，在汉文帝继位后，他在长安称汉文帝为哥哥，御舆说坐就坐，大臣说杀就杀。在淮南国，他以皇帝自居，甚至自信到认为自己可以取代汉文帝称帝。这样一个精神不正常且性格刚烈的人，是可杀不可辱的。也就是说，汉文帝演了那么多戏，把自己的仁慈展现得淋漓尽致，其实只是换个方式宣判刘长死刑罢了。

所以呢，袁盎直接就跟汉文帝挑明了，他说刘长的结局是一步步被皇上惯成这样的。皇上从不给他找严厉的师傅和丞相教他，如今皇上不杀他，却这样折辱他，以刘长刚烈的性格，大概率会死在发配的路上，而害弟之名皇上是逃不掉的。

汉文帝闻言,赶紧下诏让刘长回长安,可惜晚了。在囚车里游街的刘长对身边的侍从说:"谁说我勇呢?我不算勇,我只不过是因为骄傲而不知道自己的过错到了这个地步。人生在世,岂能如此不快乐呢?"之后刘长绝食而死。

消息传回长安,汉文帝必然先演一出悲痛欲绝的大戏。然后汉文帝赶紧叫袁盎来商量,眼下该怎么办。其实,这种事该怎么办就怎么办。刘长犯罪被流放,然后他不接受现实而自杀,之后汉文帝给他安葬了就好,为什么还要找袁盎商量呢?商量什么呢?

汉文帝这里面有潜台词,就是他想问问袁盎,刘长的自杀,怎么才会不算在自己头上?毕竟演了那么多场汉朝好哥哥的戏码,如今弟弟死了,哥哥的名声还是要的。袁盎给出了一个巨绝的主意:杀丞相、御史大夫以谢天下。

原以为袁盎真的会给汉文帝出主意,没想到还是排除异己的把戏。汉文帝决定还是自己想办法,刘长的死一定不能是皇帝的错,那就必须是地方官的错。在刘长发配的路线上,凡事接待过刘长且没给刘长开车门的官员,统统处死。[1]

地方官摊上这样的皇帝也是倒霉了,囚车上贴着皇家的封条,那就意味着这车不到目的地不能开门。沿途官员在这件事上奉公守法,却被皇帝为了成全自己的爱弟名声统统杀死,只能说皇上开心就好。

但是,很多人都看得出来,汉文帝就是故意的。而这出爱弟大戏不过是削藩的一种手段罢了。也因此,郁郁不得志的贾谊又嗅到了机会。这回的贾谊也学着开始讲黄老之术了。

---

[1] 《史记·淮南衡山列传》。

22
一道分水岭

在历史上,秦朝一直是反面教材,虽然后世王朝都想成为秦朝,但也都不敢以秦始皇自居。但秦政这种模式,也确确实实执行了两千多年。那是因为,秦政的基本模式深入人心,是由汉朝完成的。秦朝完成了社会大变革,而汉朝完成了人们思想上的大变革。而在这场思想转变的过程中,黄老之术起到了极大的作用。

由于时代久远,我们现在很难理解汉朝人的思维。我们不妨先回顾一下上古的历史。

在人类历史上,分封制是长期普遍存在的一种国家组织形式。即君主把土地分给封建领主建国,而封建领主听从君主的命令。

当然这种封邦建国的制度,在不同地区也有差别。像欧洲封建制、日本封建制以及中东地区的伊克塔制都有着各自的特点。具体到中国,我们以周朝为例来讲,分封制算是一种早期的君臣契约关系制度。

当初周武王吊民伐罪,率所谓的八百诸侯推翻帝辛的统治。推翻之后呢?周武王不可能变成第二个帝辛。因为在那个时候,如果他是第二个帝辛,就会有第二个周武王出现。

也因此,周朝采用了分封制,为功臣、盟友、子弟、前朝贵族按照功劳、亲疏、血统分封土地建立国家,让周朝形成了比较成熟的封建制国家。而这种模式,古已有之。比如夏朝的涂山会盟,就是夏朝君主会见治下的诸侯。商朝时，周文王也是商朝的一个诸侯。

至少从周朝开始，君主与封建诸侯之间的关系，虽是君臣，但并不意味着君主可以随意指挥诸侯。维系君臣关系的准则就是礼，礼是当时社会秩序最高标准，礼在君之上。在某种程度上，也算是周朝的"宪法"。

而这种模式的崩溃，有两个标志性事件。第一件事，是西周宣王中兴时，周宣王居然干涉了鲁国的国君继承顺序，甚至不惜发兵攻打鲁国，强行扶植鲁孝公继位。可能在这种事在秦以后不算什么事，天子想干什么不行呢？但是在西周这就是很恶劣的事件，周宣王用武力干涉鲁国国君的继承，就是公然违礼。诸侯共尊周天子，是源自周朝建立时，天子和诸侯共同的契约，也就是礼。周天子带头违礼，那么诸侯对天子的权威也产生了质疑。也因此，很多诸侯开始不再听从周宣王的调遣。[1]

周宣王干涉鲁国政治，是西周由盛转衰的标志性事件。周宣王去世后，其子周幽王继续倒行逆施，人心尽失。我们知道周幽王宠爱褒姒，因此废掉了申后和太子宜臼，立褒姒为后，立褒姒生下的伯服为太子。因此惹恼了申后的父亲申侯，导致申侯联合缯国和犬戎杀掉了周幽王，并立废太子宜臼为王。自此西周改东周，宜臼就成了周平王。

但我们也知道，自此周天子的威信不再。这不完全是因为周王室的实力不行，而是周平王的继位不符合礼法。毕竟他是个废太子，且是由申国、缯国、晋国、郑国拥立，因此不具备号令天下的合法性。

东周无主之后，在春秋时代也曾出现过一些号称尊王攘夷的诸侯之长，也就是霸主。但最终在法家学者的奔走下，丛林法则大行其道。秦虽无信义，也无仁政，更无天下诸侯的认可，但也靠着武力夺取了天下。

很快，秦因其暴政引发全民反抗，反秦的各个队伍都以恢复周制的名义起兵。所以无论是"半场冠军"项羽，还是最终胜利的汉高祖，都要在形式上恢复分封制。至少在当时人们的观念中，分封制是一件自然而然的事情。

对于皇帝来说，当然是不想要分封制的。因为诸侯在一定程度上有制约皇权的作用。客观来讲，刘邦起兵反项羽，就可以看作是项羽分封的诸侯汉王对

---

[1] 见《史记·鲁周公世家》。

君主的反抗，而且反抗的原因是君主做错了事。诸吕之乱时，齐王刘襄举起反旗，也是细数朝廷的种种不对。

理论上有诸侯王的存在，诸侯王就有盯着皇帝的可能，甚至举起义旗吊民伐罪。儒家经典如《尚书》《春秋》《孟子》等，还为这种诸侯吊民伐罪的行为提供了理论支持。

所以在汉朝，削藩势在必行。而且，中央集权的概念还需要深入人心，让人们从觉得分封正常转变为觉得分封不正常。要做到这一点，就需要让人们能站在皇帝的角度想问题，那就可以与皇帝共情而唾弃分封制。虽然在削藩的方法上，汉文帝已经开始把诸侯国拆大改小，也就是所谓的"众建诸侯而少其力"。可是怎么用理论让人们信服呢？这时候，在梁国当太傅的贾谊提出了自己的理论。他向汉文帝上书了著名的《治安策》。

贾谊在开篇就定了调子，说汉朝天下看似天下太平，实则危如累卵。

接着，贾谊在吓唬完汉文帝之后，又强调了一点，只要按照他的方法去做，既不耽误汉文帝享乐，又能开创万事太平，还能让汉文帝被后世奉为圣君。而且只要按照他的政策去办，后世皇帝哪怕资质平庸，也能安享太平。

到底贾谊想说什么问题呢？其实就是我们之前说的削藩问题。贾谊认为诸侯力量太强大，比如淮南王企图称帝，济北王举兵谋反。贾谊认为中央集权是最太平的模式，而削藩势在必行。

既然定下了削藩的调子，要怎么削藩呢？从历史的角度看，商鞅变法时开阡陌、废分封、行郡县，效率很高。但是贾谊却坚决反对采用商鞅那种纯法家的方式进行削藩。因为商鞅的结局是被车裂，贾谊不想当第二个商鞅作茧自缚，于是他坚决批判了商鞅抛弃仁义的做法。另外，单从成效上讲，贾谊举了个例子，说夏商周国祚绵长，而秦朝就二世而亡。所以秦朝模式是不值得效仿的。但还要达成秦朝中央集权的效果，那该怎么办呢？那就换个说法，可以不把商鞅当旗帜，而是把黄帝当旗帜。毕竟黄老之术提倡了那么多年了，以黄帝之名做事，总不会错。

贾谊引用黄帝的话说，中午阳光好的时候要晒东西，手里有刀的时候就要用来割东西。所以呢，皇帝有条件的时候一定要赶紧削藩，否则藩王有条件了就要造反。[1]

在坚持用黄老之术治国的时代，黄帝的话就是权威。至于黄帝有没有说过这句话？不重要，反正姜太公说黄帝说过。那么姜太公真的说过这话吗？也不重要。有本假托姜太公和周文王对话的兵书叫《六韬》，这本书讲的思想基本符合汉代初期的价值观，肯定不是商末周初的书，大概率成书于汉初。

贾谊建议汉文帝把强大的诸侯国都分割成一个个的小国，让各诸侯王的兄弟子侄都能有一块自己的封地。而朝廷不占据诸侯国的一寸土地，这就是大公无私，让天下臣民也说不出皇帝的不对。这就叫众建诸侯而少其力。

贾谊的这个建议，可以说是让中央集权得以深入人心的理论依据。诸侯去世之后，朝廷不占据诸侯国的土地则不算朝廷贪图诸侯的土地。而诸侯的儿子们都继承一部分祖业成为诸侯，谁也不能说不对，毕竟这算诸侯的家务事。这样诸侯国越传越小，则不足以具备与朝廷对抗的实力。这样一来，朝廷为最尊贵的政治实体则深入人心，再有强大诸侯的出现，人们反而不适应了。时间一长，周朝什么样大家都忘了。秦朝悄悄回来了，大家似乎也感知不强。这就是以商鞅之名搞秦制和以黄帝之名搞秦制的区别。

事实上，分化诸侯的这些做法，还是来自商鞅的理论。说白了，贾谊的众建诸侯和商鞅的拆分大家庭是一样的，都是把社会原子化的一种方式，使任何社会力量都不足以对抗朝廷，如此一来，朝廷自然可以为所欲为，皇帝自然更能为所欲为。

只不过，商鞅之法急功近利，最终引发了强烈反弹，导致自己被反噬。而贾谊之法就是在商鞅的思想基础上，以黄帝之名温水煮青蛙，这效果就好多了。给商鞅套上黄老之术的外衣，那就能用不折腾的方式去折腾。用看似无为的方式去加强皇权。

但是贾谊还是要提醒汉文帝，黄老之术是说给臣民听的，皇上可不能当真。比如面对匈奴的威胁，汉文帝采取温和的办法解决，群臣都觉得对，这叫无为。但贾谊认为不对，并且豪言只要汉文帝肯用他对付匈奴，必能钳制匈奴单于，活捉中行说。再比如皇上还崇尚节俭，而民间的富户却生活奢靡。群臣

---

[1] 见《汉书·贾谊传》。

认为要无为而治，不要管得那么细。贾谊认为不可以，必须得管。皇帝和老百姓的尊卑等级，要靠衣食住行来区分。无为是让老百姓无为，而不是让皇帝无为。

因为在贾谊看来，黄老之术在一定程度上也成了皇帝的枷锁。他站在皇帝的角度思考，无为应该是单方面的。最理想的结果就是无论皇帝是秦始皇还是商纣王，百姓都要情绪稳定，保持无为。那要怎么做到这点呢？要靠教育。

人无知不见得愚蠢，而愚蠢多半是受到了不好的教育。在使人愚蠢这方面，贾谊可谓学识渊博，且源远流长。贾谊的老师是吴公，吴公的老师是李斯。李斯的同学是韩非，李斯与韩非的老师是荀子。荀子、李斯、韩非都是对民众非常不屑的，也都是愚民的高手。

比如荀子曾强调，要想国家昌盛，臣子就不能换君主，要听君主的话，不可擅权。要把利益都给君主，不可以得私利。[1]

那假如臣子或百姓不听话，怎么办呢？韩非有个主张，那就是把不听话的都杀掉。[2]

具体到李斯，虽然没有书籍留下，但从他仅存的奏章中，也可以看出他对为人民服务的君王是非常鄙视的，他认为君王就该凌驾于万民之上，否则不足以尊贵。[3]

到了贾谊这一代，他认为自己的祖师爷们的理论没有问题，秦朝的问题不在于暴政，而在于百姓对于暴政产生了仇恨。所以，治理百姓不能一味搞刑罚，还得搞愚民教育。这个教育的核心，就是要让民众明白君王是神圣的，君臣民是有等级的。这里贾谊还有个经典的比喻，即鞋子再新也不能戴头上，帽子再旧也不能穿脚上。以此来比喻君臣民的等级是固定的。说白了，就是贾谊认为君王再不堪，也是尊贵的金字塔顶端。百姓再贤明，也是卑贱的金字塔底座。因此再贤明的百姓都不能挑战昏君的权威。

这个理论在后文讲汉景帝时还要详细论述，这里就不展开了。总之，自

---

[1] 见《荀子·成相》。
[2] 见《韩非子·外储说右上》。
[3] 见《史记·李斯列传》。

荀子到贾谊这一脉的学说，虽然总是打着儒学的旗号，但其实跟儒学是背道而驰的。总结一下，贾谊在《治安策》中主要讲了三个方面的问题。第一是要以"众建诸侯"的方式来在实质上废除分封制，从而建立完备的中央集权制。第二是对匈奴不能一味求和平，这部分贾谊没有展开说，但看得出他希望强硬回击匈奴，不能失去汉朝的风范。第三是要建立完备的愚民教育，让人民认可君上的尊贵，如此汉朝的统治更稳固。

这三点，基本上构成了中国古代帝制王朝在施行秦制时的三大基本原则。我们可以看到，从汉到清，中央集权是不断加强的。这里被弱化的不光是诸侯，当诸侯不构成威胁之后，古代加强中央集权的方式主要是削弱相权。我们也可以看到，从汉到清，除非实在是打不过外敌，中原王朝的天朝派头一直是很足的。甚至为了这个天朝的派头，朝廷损失了很多实际利益甚至酿成大祸也在所不惜。至于愚民教育，从汉到清自然也是不断加强，导致民众对皇权压迫的接受度越来越高，甚至有人告诉民众不该受皇权压迫时，民众还会觉得这人别有用心。

从百姓对秦制深恶痛绝到习以为常，贾谊提供的理论支持起到很大作用。秦制在黄老之术的包装下，让法家理论改头换面。法家思想中的一些与民众利益相悖的理论，在秦朝时也不被认可，只不过当时的百姓不敢反对。可从汉朝开始，只要法家思想换个包装，就开始逐渐深入人心。而后世王朝无论号称采用道家、儒家抑或是佛家思想治国，其本质也还是法家思想。只不过不同的外包装，在不同的时期让法家思想逐渐成为人们习以为常的传统。

而贾谊即便不被重用，其《治安策》的核心思想被古代王朝一直采用。从这个角度讲，汉朝也确实是古代历史的一道分水岭。其对后世的影响，远超二世而亡的秦朝。

23
贾谊的困境

贾谊的《治安策》在历史上一度备受推崇，具体到这个奏章的第一读者汉文帝，也对贾谊的话深以为然。尤其是贾谊提倡的官民分治，汉文帝非常认可。汉文帝采纳了贾谊的建议，规定对列侯的母亲、夫人、诸侯王的儿子以及二千石以上的官吏，不经批准，不得擅自逮捕。也就是说，汉文帝用法律的形式规定了官员犯法的内部处理办法。[1]

这政策一出那就厉害了，尤其是俸禄在两千石以上的官员，不管犯了什么罪，不请示朝廷，谁也不能随意批捕。王子犯法虽然与庶民同罪，但是量刑的时候就大大不一样了。这样一来，官员成了老百姓的官老爷，而作为官员的核心，皇上就直接成了神，当然可以为所欲为。但是有个结果是他不想要的。那就是有些官越来越嚣张，甚至敢顶撞皇帝。反正刑不上大夫，把周勃拉进监狱严刑拷打的时代一去不复返了。

汉文帝一看这不对啊，给你们当官的特权是让你们压制老百姓的，没说让你们跟皇帝对抗啊。但是这类事情越来越严重。传统意义上，太监捧着圣旨去官员家里传旨，别管这个官品级多高，也得老老实实跪在地上听旨。但是在汉文帝前元十年（公元前170年）的时候，有个官员别说跪听旨意了，他都敢杀了皇上的传旨使者，此人就是国舅爷将军薄昭。

薄昭这个人，从来不是飞扬跋扈之人。作为薄太后唯一的亲弟弟，薄昭

---

[1] 见《资治通鉴·汉纪》。

在代国的时候就贤名远播。同样是藩王的舅舅，当年一提起齐王刘襄的舅舅驷钧，给人第一印象飞扬跋扈。但是一提起代王刘恒的舅舅薄昭，却以忠厚长者享誉于世。恰恰是因为薄昭有很好的名声，才能助力汉文帝登基称帝。对于汉文帝来说，薄昭是有功的。早期被汉文帝派往形势不明的长安城打听消息的，就是薄昭。后来跟随汉文帝来长安的从龙六臣中，薄昭居首。替汉文帝刺激淮南王刘长犯病造反的，还是薄昭。这些是薄昭的功劳。

再说，薄昭是汉文帝唯一的亲舅舅，也是太后的唯一亲弟弟。到底是什么原因让这位国舅爷大发雷霆，杀掉皇帝的使者呢？史书上并未有确切的记载。三国时期的史学家如淳在给《汉书》作注的时候，曾对这件事引过一条史料，说汉文帝和薄昭一起玩一种叫六博的棋类游戏，薄昭输了，应该罚酒。一旁的侍从甲给薄昭倒酒的时候少倒了一些，被另一个侍从乙呵斥。薄昭觉得侍从乙不给他面子，所以趁侍从乙休假的时候派人杀了他。[1]

甭管什么原因，有一点是肯定的，薄昭知道杀了这人没事，所以他才敢杀人。反正衙门不能抓他，这事得上报朝廷内部处理。而自己功劳甚大，又有太后当靠山，应该问题不大。

但是汉文帝必须杀薄昭，因为这风气一开，皇帝的威严何在？所谓打狗也得看主人，杀了皇帝的奴才，能跟杀老百姓一样吗？这得往欺君、谋反这样的大罪上来靠。但是薄昭又是轵侯，不能按处理小民百姓的法律去约束。最后汉文帝没辙了，派官员去薄昭家里喝酒，顺便给薄昭捎个话，您老自杀吧。

薄昭一听就怒了，凭什么啊？就不。汉文帝一看薄昭不上道，又怕事情闹大了不好收场，于是不管薄昭死不死，就派人去国舅爷府上吊唁哭丧。薄昭一看这形势，知道皇上杀意已起，不可逆转。为了死得体面点，薄昭自杀，朝廷给予抚恤。

历史上对汉文帝杀薄昭这事褒贬不一，有人说这是不孝，有人说这是汉文

---

[1] 《汉书·文帝纪》颜师古注：郑氏曰："昭杀汉使者，文帝不忍加诛，使公卿从之饮酒，欲令自引分。昭不肯，使群臣丧服往哭之，乃自杀。有罪，故言死。"如淳曰："一说昭与文帝博不胜，当饮酒，侍郎酌，为昭少，一侍郎遭呵之。时此郎下沐，昭使人杀之，是以文帝使自杀。"师古曰："外戚恩泽侯表云坐杀汉使者自杀。郑说是也。"

帝执法如山。我倒觉得是执法如山还是不孝都不重要，重要的是为什么好人薄昭会变成一个擅杀皇帝使者的罪犯？很明显，是当时的法律改变了薄昭。法律规定了，薄昭这个级别的官员杀人不用处以死刑，应该按照官员内部的处理办法去处理。而官员内部处理办法当中，薄昭也构不成死罪。这时候汉文帝还想让薄昭去死，那就是体现皇帝个人意志了，这就叫人在法上。只要人在法上，法就可以左右摇摆，如同虚文。薄昭一直不服的就是这个，按照当时的法律规定，他构不成死罪。但是皇上想杀人，已经不用靠法律了。

汉文帝杀了薄昭，震慑了群臣。自此以后，没人敢跟汉文帝较劲，没人敢提意见，自然而然地汉文帝身上的标签只剩下了英明神武，不容置疑。

可是，汉文帝虽然每每采用贾谊所奏请的事宜，却总也不提拔贾谊。这在早期当然可以说是开国功臣们都排挤贾谊，汉文帝不得不给老臣们面子。可自从周勃谋反案之后，开国功臣们已经很难约束汉文帝的意志了。这时候贾谊还不被提拔，那就是汉文帝不想提拔他了。

邓通都能被提拔，又何况是贾谊呢？那么为什么汉文帝不愿意提拔贾谊？其实贾谊的困境也不只是他自己遇到了，他们学派的韩非也曾经遇到过。论本事，韩非一点也不比李斯差。但李斯好歹当过丞相，可韩非一天大官都没当过就被弄死了。

贾谊的困境和韩非的悲惨遭遇其实是相通的，一个很重要的原因就是这二位都理性到近乎无情的地步。韩非分析人性，体现出了对人性的绝望。在他看来，人类情感都是利益使然，所以这世上无所谓爱情，最盼着皇帝死的就是皇帝最爱的女人，因为皇帝活得越久，移情别恋的概率越大，而为了保证自己利益的最大化，皇帝最爱的宠妃就盼着自己在最受宠的时候皇帝驾崩。

这世上也无所谓亲情，在韩非看来，最盼着皇帝死的还有皇帝最爱的太子。因为只有太子是太子的时候皇帝死，太子才能安全接班。太子这个位置坐得越久，反而越容易继不了位。

这世上也无所谓忠臣，大臣都是混口饭吃罢了。亲情爱情都靠不住，何况跟皇帝毫无血缘关系的大臣呢。

韩非把话说到这个份上，秦始皇当然是非常认同的。因为秦始皇本人也是个无情之人，这点他与韩非是心有戚戚焉。可是韩非忘了一点，自己把话说这么明白，那么要怎么定位自己？天下无忠臣的话，那他是不是秦始皇的忠臣呢？这就陷入了"是也不是"的死循环。因此秦始皇只需要《韩非子》，不需要韩非。

李斯则不同，李斯说得少，做得多。非说不可的时候，话不说那么透。那么他就可以当皇帝的工具人，工具人升迁那是自然而然的事情。

贾谊也是非常理性的人，他把话说得也很明白。比如，他认为皇家无亲情。亲弟弟当诸侯王也会造反，更何况其他亲戚。这天下根本无所谓亲情，皇族们势力小就是忠臣，势力大就是奸臣。甚至贾谊还做过一个比喻，假设汉文帝不是皇帝而是实力强大的诸侯，一样会造反。

由此，汉文帝虽然认同贾谊的理论，但却不能明着认同。汉文帝不需要继续当圣人，但也没来由当个冷酷无情的坏人。贾谊说的每一句话他都认同，贾谊认为要对付的那些人也确实是汉文帝想要对付的。但是贾谊忘了一点，汉文帝得要体面啊。哪怕是汉文帝很希望淮南厉王刘长死，也得把戏做足了，绝不放弃大汉"好哥哥"的人设。

人一旦过于理性，就会少了人味。人没有人味，谁还会亲近他呢？汉文帝可以采纳贾谊的建议，可以喜欢贾谊的文章，但就像秦始皇不会重用韩非一样，汉文帝也不会重用贾谊。

另外，贾谊虽然不像韩非那样冷静到可怕，但他还犯了另一个忌讳，让汉文帝坚决不会重用他。哪怕贾谊迎合汉文帝用黄老之术去讲述自己的主张，汉文帝也不为所动。要弄清楚这个忌讳，我们就要看看另外一位毫无背景的新人是如何被汉文帝重用的，就可以从中找到答案。这个人，就是初出茅庐的晁错。

24
贾谊和晁错

历史上，史学大家们总爱把晁错和袁盎这对冤家放一起对比，很少有人去把晁错和贾谊放一起比较。一方面是因为贾谊死得早，另一方面是因为晁错和袁盎这对冤家之间可挖掘的故事很多。

其实在汉朝历史上，贾谊和晁错有很多的相同之处，深挖一下他俩的人生境遇，能给我们带来很多值得思考的东西。通过晁错的发迹，我们就能明白贾谊不得志的另一个原因。

贾谊天资聪明，又师出名门，学成了一身的学问，精通诸子百家，从小就被誉为神童，十八岁以才学名声大噪，二十岁就入朝做博士，二十一岁任太中大夫，这在汉朝是极其罕见的。因为他并不是一个官二代，全凭才学入仕。二十一岁的贾谊，达到了人生巅峰。

晁错跟贾谊同龄，跟先学儒后学法的贾谊不同，晁错先学法后学儒。顺序的不同，导致俩人的际遇完全不同。从孔子那时候开始，学儒的在社会上普遍受人尊敬。那个年代学儒跟汉武帝以后的儒生还不大一样，当年的儒生跟酸、迂、腐沾不上边，学儒代表着有学问、有理想、有道德、有能力。但是，不好找工作。学法不一样，法家传人特点就是好就业，没听说哪个法家传人周游列国找不到工作的。

所以，名动江湖的贾谊是后来跟了法家传人吴公才走向了人生巅峰，而晁错从法家传人张恢那里学完之后就入了太常当掌故。之后就有意思了，汉文帝心系法家，但是嘴里念叨的都是黄老之术，更是渐渐也把儒家抬了出来。

汉文帝时代的儒家还没从秦始皇焚书坑儒的事件里缓过劲来，很多典籍都濒临失传。其实所谓的四书五经原本是六经，焚书坑儒之后《乐经》就失传了。

焚书坑儒之后，儒家经典的传承主要靠传人们口口相传，因为儒家弟子都会背诵这些经典，唯有《乐经》是乐谱，没能传下来。自此《诗经》只能朗读，不知道怎么唱了。吕太后掌权时期，废除了挟书律，百家之书不再列为禁品。到汉文帝时代，朝廷要整理儒家经典的时候，全国只有一人懂《尚书》，此人是济南人伏生，以前是秦朝博士。汉文帝下令，去济南把这位国宝级的人物带到长安来。官员去了一趟济南之后回长安报告，接不来。

秦朝时期的博士，活到汉文帝时代，都九十多了，再从济南折腾到长安，老爷子在路上就得见孔子去。这时候，汉文帝琢磨着派个人去学《尚书》，派谁去呢？汉文帝多了个心眼，隔过满朝儒家博士，选了法家弟子晁错，晁错去了趟济南，学会了《尚书》，挽救《尚书》于危亡。[1]

自此，法家晁错摇身一变，成为大儒。汉文帝封晁错为太子舍人，成了皇家近臣。太子舍人有两个任务，一个是辅佐太子，一个是戍卫宫廷。

而这时候，贾谊被贬去了梁国做太傅，晁错稳稳地当着中书舍人。贾谊痛定思痛，以法家的身份数次上书汉文帝，不再聊天下，而是聊皇权。到了汉文帝前元十一年（公元前169年），贾谊终于再次回到了长安，不过这次不是升迁，而是陪着梁王刘胜进京面圣。梁王发生了意外，坠马而死。梁王是汉文帝最小的儿子，这位少年郎还没有孩子，按照当时法律，他死了应该废除梁国，把梁国的土地改成郡县。

本来对于汉文帝来说，藩王死了无后，趁机除国，这是好事。但是这位王爷是汉文帝的亲儿子，跟别人能一样吗？替汉文帝把天下诸侯当成假想敌的贾谊上书汉文帝应该重新设立梁国，封一位皇子为梁王，这样就能震慑东方诸国，不仅如此，还要加封梁国的土地，把梁国武装成东方第一大国。

汉文帝一琢磨，肥水不流外人田，就采纳了贾谊的建议，封皇子刘武为梁王，真把梁国武装成了东方第一大国。这个事件被后来人广为称颂，说贾谊深谋远虑，

---

[1] 见《汉书·儒林传》。

正因为有强大的梁国存在，若干年后的七国之乱中，梁国起到了很大的作用。

这话其实也没什么道理。七国之乱本是可以避免的，却因朝廷处置不当而引发了这场动乱，这时候再聊梁国的作用，就好比说朝廷打翻了屎盆子，然后因为朝廷擦得快，于是被赞高瞻远瞩，还提前准备了拖把。朝廷制造了麻烦，再标榜自己处理麻烦的能力强，太离谱了。

莫非在梁地安插一个大将就不能遏制七国了？非得是梁王刘武才能阻碍七国？再说若干年后，对皇位威胁最大的并不是一盘散沙的七国联盟，而是强大的梁王。

所以，贾谊奏请封皇子为梁王，不是为国远谋，而是为了拍汉文帝马屁，求上位。别的王爷死了，如果没有传人，朝廷就把这个国给除名。汉文帝亲儿子死了，这个国也能除名吗？所以贾谊揣测圣意，说了汉文帝想说而不好明说的话，仅此而已。

汉文帝采用了贾谊的话，也没有重用贾谊。同年，晁错在太子的支持下数次上书言事，深得汉文帝器重，后升为中大夫。晁错所言之事，都不出贾谊的圈。但是贾谊成了透明人，一年后郁郁而终。而晁错的辉煌这才刚开始，之后仕途顺畅。

贾谊比晁错到底差在哪呢？论学识，贾谊比晁错只强不次。师承在那摆着呢，文章在那放着呢，晁错虽然很不错，但是比贾谊要逊一筹。论人缘，贾谊虽然在朝里混得不好，也比晁错强得多啊。晁错那是混出了境界，能做到人人都恨他，这很不容易。论能力，贾谊奠定了汉朝平稳削藩的理论基础，而日后晁错办理削藩大事的时候弄得天下大乱。比完这些之后，那俩人的差距只剩下了一个，那就是做人的底线。

汉初的黄老之术，在一定程度上是汉初君臣互相妥协的产物。这就意味着，保证黄老之术运行的基石是开国功臣们所掌握的权力足够制约皇权。也就是说，黄老之术构建的体系下，上下阶层的流通是很困难的。如果按照黄老之术的原则，臣下都讲无为，那贾谊和晁错都不该往上钻营。

从皇帝的角度讲，他当然希望打破这种局面，让自己成为天下至尊。在这种情况下，皇帝首先能依靠的，就是外戚。正因为如此，吕太后掌权的时候，不惜让汉惠帝娶自己的外甥女，也不让朝廷再出现一家外戚。诸吕之乱以后，外戚是否强大,也成了朝臣们拥立皇帝的最重要指标。汉文帝继位后,其实是被大臣们严防死守的。比如窦皇后找到了自己的亲兄弟,以周勃为首的老臣扬言要用生命阻止窦氏兄弟掌权。

那么在这种情况下,汉文帝只能提拔这些所谓的青年才俊。那么问题又来了,皇帝提拔这些青年才俊,是听他们说教的吗?很明显不是,是希望他们去咬人的,而不是听他们教皇帝怎么咬人的。

同样是面对匈奴问题,贾谊故作神秘,声称只要用了自己就能让匈奴单于去死。而晁错却把对付匈奴的办法一条条一款款写清楚告诉皇帝。其实我也不清楚贾谊想怎么对付匈奴,也不知道他哪来的那么大把握,当然我也不信贾谊能有那么大实力。所以我想汉文帝也是不信的。而晁错上陈的办法,都是不在乎牺牲民力的行为,对百姓极尽算计之能事。这样一来,晁错就深得圣心了。给皇帝当打手,底线是不能要的,甚至脸都不能要的。贾谊自然谈不上为民请命,但他还是保守着一点知识分子的底线,导致他在汉文帝眼中不如晁错好用。

至于对付诸侯王的问题,贾谊主张温水煮青蛙,想要通过分化诸侯的方式,达到类似"杯酒释兵权"那样大家都满意的结果。但是晁错绝对是达到了一种"无我"的境界,为了皇上能够大权独揽,他不惜出来当得罪诸侯的恶人,纵然亲爹劝他也不为所动。[1]

至于在官场的人缘,贾谊最多是落了个年少轻狂的名声。而晁错真正做到了得罪所有人,成了一个孤臣。而孤臣,说白了就是酷吏,再直白点就是替皇帝咬人的狗。

贾谊还要爱惜一下羽毛,而晁错根本不管那些。对于开国的功臣们,别管他们怎么对贾谊,贾谊还是想跟他们搞好关系,甚至对汉文帝用冤案整治周勃颇有微词。但是晁错为官,得罪的就是那些开国功臣。

贾谊的本事,在当时不具有"垄断"属性。他能做的所有工作,晁错都能做。那汉文帝何必非得重用贾谊呢?况且,贾谊的上书,无论说得多有道理,马屁拍得多好,但是文中总不太隐晦地去要官做,甚至爱说教。而晁错则不然,虽然他在朝中飞扬跋扈,但在给皇帝的奏章中却把姿态放得特别特别低。

---

[1] 见《汉书·爰盎晁错传》。

晁错谁都敢得罪，却没在文帝时期得罪过邓通。

看透在这一切后，年仅三十二岁的贾谊，在大好年华带着绝望郁郁而终。正如他在《吊屈原赋》中所写："鸾凤伏窜兮，鸱枭翱翔。阘茸尊显兮，谗谀得志；贤圣逆曳兮，方正倒植。"邓通这个人再恶心，都不耽误他仕途坦荡。贾谊还瞧不起他，又不能变成他，还不想放弃这个游戏，那只能走到绝路上来。在那样的时代，那样的社会，才学不能安身立命，身为楚国王室宗亲的屈原尚且如此，何况贾谊呢。

屈原比不上子兰无耻，所以败下阵来。贾谊也比不上邓通无耻，所以也一溃千里。这二人终究忘不了成功时的荣耀，所以受不了被冷落时的落差。韩非被贬能回家著书立说，贾谊却不愿意写不能货与帝王的文字，不是谁都能当陶渊明。

汉文帝重用晁错而不用贾谊，也说明了汉文帝真的学会了法家治国的精髓。贾谊这个人，哪哪都比晁错强，但在官场上就过于爱惜羽毛。而晁错无所谓，什么脏活累活都能干，也不怕留下骂名。贾谊的理想是给皇帝当个名臣，晁错却是无所谓给皇帝当个恶犬。

那从汉文帝的角度分析，要个名臣有啥用？历史上君正臣贤的故事中，主角的都是臣。比如伊尹、姜子牙、周公旦、召公奭等，他们还都成了君主的"导师"。汉文帝不需要导师，只需要能咬人的狗。贾谊的理论已经写出来了，那就没有重用的必要了。在具体执行的阶段，那是晁错的舞台。

正如当年的秦始皇，韩非把理论都写出来了，那韩非存在的意义就不大了。而李斯的文采远超韩非却从不写理论，只干执行阶段的事，所以李斯后来熬成了丞相。

韩非斗不过李斯，贾谊也斗不过晁错，何况贾谊英年早逝。但是站在上帝视角看，给皇帝当狗也不是安全的，因为兔死则狗烹。所以抛下节操伺候帝王，也只能博取一个过把瘾就死。晁错、李斯以及历代酷吏的结局，都证明了这个道理。只不过在这个行业不信邪的很多，他们前仆后继，总觉得自己能成为独特的幸运儿，但事实又岂会如此？

对于汉文帝来说，在他的执政生涯末期，匈奴对他的影响非常大，而匈奴问题也间接造成了晁错的崛起。匈奴问题是怎么间接导致晁错脱颖而出呢？

25
中行说的报复

汉朝前期政治局势不稳,一连换了四任君主。而北方广袤的戈壁滩上,匈奴依然一直是冒顿单于在位,这一段时间也是匈奴历史上少有的超稳定时期。

说起汉朝跟匈奴之间的爱恨情仇,截止到汉文帝前元四年,主要分三个阶段。第一个阶段是敌对时期,经过白登山一战,汉朝知道了匈奴不可力敌,匈奴知道了汉朝不能一口吞下。在刘敬的倡导下,汉朝对匈奴采取了和亲的政策,双方关系进入了第二个阶段,那是一段岁月静好的蜜月期。这段蜜月期并没有维持多久,随着汉高祖的驾崩,冒顿单于致书调戏过吕太后,抢劫过汉文帝,汉匈关系进入了小范围冲突的阶段。

汉文帝前元六年,年迈的草原雄主冒顿单于自知将不久于人世,其接班人稽粥是个战争狂人,绝不会跟汉朝和平相处。于是在冒顿单于最后的时光里,他决定帮助儿子最后一把。

冒顿单于给汉文帝写了一封信,信中第一段内容的大意是说,对于汉匈双方来说,和亲才符合双方的根本利益,需要继续坚持。前几年边境上有些摩擦,那是因为汉朝官员数次侵扰我们右贤王的领地。右贤王也是个暴脾气,没跟我说一声,就跟兄弟们一商量便出手攻打汉朝,严重伤害了双方的感情。

到这一段,冒顿单于这个老狐狸把入侵汉朝的责任推卸得干干净净,起因赖汉朝官员挑衅,经过是右贤王自作主张进行报复,而他自己却成了和平使者。这封信到这并没有完,后边还有精彩的内容。冒顿信件的后半段,是这么说的：

> 我不忍两国关系因此而出现裂痕，于是处罚了右贤王，命令他去攻打月氏国。没想到啊，右贤王还真有老天爷保佑，他不仅一举攻灭月氏国，而且楼兰、乌孙、呼揭以及西域二十六国或灭或降，都成了匈奴的领地。现在匈奴实力更胜以往，我希望国家和平，皇上要是不喜欢匈奴离汉朝太近，我们就迁走，总之咱们双方要恢复和亲和平的局面。[1]

这段厉害了，明着看仿佛冒顿单于对汉文帝很客气，又是道歉又是认怂，但是实际意思却正好相反。你看右贤王横扫西域，征服二十六国，汉文帝怕不怕？当年大将军柴武提议用武力征服卫氏朝鲜和南越国，汉文帝掂量掂量都觉得实力不足，更何况面对一个能横扫西域二十六国的匈奴呢？

所以，留给汉文帝的选择只有一个，而且是汉文帝求之不得的和亲。

到了汉文帝前元六年，汉文帝给冒顿单于回信，大意是说汉文帝对冒顿单于维护和平和地区稳定的举措是极其赞赏的，并高度赞扬冒顿单于的和平政策正如古代贤君圣主一样。汉匈和亲，约为兄弟，汉朝给的嫁妆是相当丰厚的，你们应该珍惜。至于之前的小摩擦，真不是大汉官员挑衅，基本上错都在右贤王。但是事情都过去了，也就不必再追究右贤王的责任了。打今儿起，汉匈双方恢复盟约，继续亲如兄弟。

这个结果对汉文帝来说，那是再好不过的了。别说冒顿单于主动提出和亲，就算匈奴大举压境，汉文帝也想用和亲来维持和平。这场盟约之后，汉文帝高枕无忧。

对于汉文帝来说，匈奴虽强，不过疥癣之疾。他的敌人肯定在汉朝之内，不在汉朝之外。而对付匈奴，自然是要秉持黄老之术来处理，尽量做到大事化小，小事化了。

很多人对于匈奴有个错误的认知，那就是灭掉匈奴就可以高枕无忧。实际上在古代社会，以农耕为主的中原人并不适于在漠北地区生存。在这个大前提下，即便是中原有强大的军事力量灭掉匈奴，也没力量驻防漠北。那么，匈奴没了就有鲜卑，鲜卑没了还有柔然，柔然没了就有契丹……

---

[1]　见《汉书·匈奴传》。

所以，汉文帝对付匈奴的指导思想，是没有问题的。以和亲为主，以军事防御为辅。那么为什么汉文帝要采取守势，而汉武帝要采取攻势呢？因为在汉文帝时代的黄老之术指导下，帝王做事不可以太激进，不要对无意义的事情瞎折腾。而汉武帝时代已经是抛弃黄老之术，而以荀学为指导思想。所以，皇帝面子这种虚无缥缈的事情，变成了汉朝的第一要务。汉武帝与匈奴打了一辈子，挣的不过是天朝名号罢了。

那么说冒顿单于为什么主动提出和亲呢？那当然不是因为这老单于好心。自从冒顿单于崛起，这些年来匈奴打遍周围无敌手。要说单论武力，东胡、月氏都不是省油的灯。之所以冒顿完成了这场草原上的绝地逆袭，主要是因为他心眼太多，善用阴谋诡计，为人没有底线。在冷兵器时代，越野蛮越落后越不可战胜。冒顿靠阴谋弑父篡位，靠阴谋玩弄东胡于股掌之间，靠阴谋击退月氏，这次他正是要靠阴谋来对付汉朝。

汉匈恢复结盟之后，汉文帝对匈奴放了心。而冒顿单于的目的也就达到了，先让汉朝麻痹大意，匈奴骑兵再出其不意，这叫战略，或者叫背信弃义。

果然，叱咤草原无敌手的冒顿单于在跟汉文帝恢复盟约之后，很快就离开了世界。其子稽粥继位，号称老上单于。老上单于上位第一件事就是通知汉朝，该和亲了。汉文帝赶紧准备公主和嫁妆，要跟老上单于搞好关系。事实上这时候老上单于却在背地里准备趁机大举进攻汉朝，结果延缓这场战争关键人物，居然是个宦官。

自从汉朝建立以来，投奔匈奴的汉臣那是层出不穷，比如说韩王信、陈豨、赵利等。这次要出场的这位关键人物，虽然实力上比不上那些大人物，造成的影响却比那几位都大。此人是燕人中行说。

中行是个复姓，中行说不光是宫中的阉人，还是个燕人。燕国离匈奴那么近，中行说对这些胡人非常了解。就拿这次举国欢庆的和亲来说，中行说敏锐地察觉到这是匈奴的阴谋。虽然当时大多数汉朝民众都觉得匈奴人头脑简单四肢发达，但是中行说知道，这些人不讲信义，现在去和亲，那是有去无回，将来还得当炮灰。

但是到了汉文帝前元六年，皇帝陛下早就不是那个虚心纳谏的汉文帝了，这时候他和亲兴致正高,谁敢泼他凉水说和亲是个阴谋?再一个,汉文帝就算知道这是个阴谋,除了继续和亲之外,他还有别的选择吗?或者说谁有更好的办法对付匈奴吗?反正中行说是没辙。中行说知道,这次去和亲的一定会当牺牲品。

然而历史就是这样跟中行说开了个大玩笑,被派去陪公主去匈奴和亲侍从,正是中行说。中行说赶紧给汉文帝上书,说自己不想去匈奴。汉文帝不管这些,非要让行说走一趟。中行说也是豁出去了,扬言敢让他去匈奴,他就要当汉朝的心腹大患。

结果中行说一到匈奴,果然投靠了老上单于,深得老上单于信赖。

中行说以前对匈奴是听说过没见过,如今亲眼见了,才知道当年主张和亲同化匈奴的刘敬是个高人。因为经过这么多年的和亲,如今的匈奴已经不是当年控弦之士四十万扬威漠北的匈奴了。论武力,匈奴肯定比汉朝强很多。匈奴人生下来就是战士,从小学的就是骑射这两样本事。汉朝人生下来就是农民,从小学的是春种秋收。真到了战场上,你指望参了军才学习骑射的汉朝人比从小学习骑射的匈奴人强?根本不现实。即便是匈奴人资质差,也没差到学了十几年不如汉人学几个月的地步。

除了武力以外,匈奴对比汉朝那是全方位的落后,根本不是一个时代的文明。虽然在冷兵器时代,落后也是一种力量,越野蛮越不可战胜。但这并不代表落后的一方对先进的一方没有钦羡之情。即便是自以为匈奴什么都是最好的,但真见过汉朝什么样之后,匈奴人再无知,也知道兽皮不如棉袄暖和舒服,原始食物不如汉朝美食可口,烧个土罐子就是不如青铜器好看耐用,粗布怎么都不如汉朝的丝绸华丽雍容。

中行说为老上单于感到担忧,这不行,时间一长,匈奴人就知道原来自己并不是地球上最幸福的人,汉朝人的日子再不济也比他们强之万倍。虽然历史的大势根本阻止不了匈奴人因为钦羡汉朝而融合到汉族生活当中来,但是在当时,中行说决心阻止这一切的发生。还好汉朝修建了长城。有长城在,可以有效减少匈奴人对汉朝的了解。

然后,中行说在匈奴大规模地抵制汉货。中行说对老上单于讲,匈奴全部人口加一块都不如汉朝一个郡人多，但是匈奴跟汉朝作战却有压倒性优势，原因就在于匈奴人的生活习惯跟汉朝人不一样，对汉朝毫无依赖性。如今情况变了，匈奴人也学着汉朝人尽可能地改善物质生活，那日子久了，您老还罩得住吗？真到那时候，汉朝人不跟您打仗，坐国境线上发点物资，匈奴人就不战而降了。所以，要保证您老的统治，就要让匈奴人知道您才是唯一的天子，还得让匈奴人知道月亮必须是匈奴的圆，汉朝的东西没有好的。比如丝绸衣服，就派几个人穿着从大草原走过，然后撕几个口子说丝绸质量不行，是专门用来骗匈奴人的，还是穿兽皮好。还有汉朝的食物，统统扔掉，要教育匈奴人民奶酪是世界上最好吃的东西。

老上单于一听，还是中行说厉害啊，就这么办。中行说在民间推行抵制汉货的同时，却开始教匈奴的统治阶级玩法家那套上智下愚的把戏。让老百姓抵制汉货，重新回到原始人的生活，而中行说却教匈奴的统治阶级学习汉字统计人口和牲畜，享受汉货带来的生活质量飞升。最重要的一点，中行说教给匈奴人如何在玩文字游戏的时候占汉朝人的便宜，以宗主国自居。比如过去匈奴单于自称孤，现在就开始在汉文帝面前摆谱，自称"天地所生日月所置匈奴大单于"。

总之呢，匈奴的"去汉化"运动在民间开展得如火如荼，所以这件事大大推迟了老上单于出兵南下的时间。在这段时间内，汉朝对匈奴继续采取和亲政策。而中行说彻彻底底把自己当匈奴人，处处维护匈奴的利益。

比如有一次，汉朝官员来送和亲的物资，在跟中行说见面的时候，讥讽匈奴人没文化没教养。中行说勃然大怒。他说匈奴法令、制度简单明了，君臣之间坦诚相待，所以匈奴能长治久安。匈奴人虽然乱伦，但是所立继承人肯定是皇子。不像你们汉朝人，自己兄弟还打来打去。你们快闭嘴吧，也别自我感觉良好，真厉害就不是你们来给我们送东西了。所以，你们保证好送来物资的质量就行，质量不好我们的铁骑就南下破坏你们的农田。[1]

中行说为了维护匈奴的利益，可谓是一本正经地胡说八道。所谓的匈奴政令简单，那是因为不完善。所谓的君臣坦诚相待，那是睁着眼睛说瞎话，冒顿

---

[1] 见《资治通鉴·汉纪》。

单于这个弑父篡位的家伙就没说过实话。匈奴人所立继承人必是皇子，那可未必，到呼韩邪那代就不是了。

总之呢，中行说在匈奴站稳了脚跟，成为老上单于的智囊。那这仗还打不打？当然要打。

中行说改造匈奴政策执行了五年。五年之后，也就是在汉文帝前元十一年，匈奴卷土重来，对汉朝大肆劫掠。匈奴骑兵具有机动灵活的特点，让汉朝军队防不胜防，疲于奔命。按下葫芦起来瓢，一时间边境烽烟四起，让汉文帝头疼不已。

有这么一个邻居，也是够闹心的。打也打不了，搬也搬不走。给他钱他不领情，不给钱他还闹事。汉朝国内能人不少，但是怎么去对付不按套路出牌的匈奴人，谁也不敢妄言。

这时候汉文帝发现，对付匈奴仿佛用黄老之术不好用的时候，晁错才崭露头角。晁错到底有什么办法呢？

26
不惜任何代价

当边关狼烟四起的时候,汉文帝感到了一丝隐忧。匈奴一直是汉朝的梦魇,隔三岔五就会冒出来,搅得人心神不安。

前文我们也说过,关于怎么对付匈奴,传统黄老之术的办法其实不多。贾谊的办法多为空谈,这时候太子刘启给汉文帝推荐了自己的门客晁错。

晁错对文、景两朝的历史走向,起到过极其重要的作用,被太子誉为智囊。我们熟悉晁错,多是因为这是位极力推动削藩的激进大臣。然而当时对于怎么对付藩王,有太多人给汉文帝出谋划策,而且贾谊已在这方面做到了极致,晁错也说不出什么新花样来。只有这匈奴问题,晁错几乎没有任何竞争对手,所以他很快出位。

一般人都不敢轻易和汉文帝聊匈奴问题,因为这个问题几乎是无解的。如此争端,无非是两种解决方式,或者打,或者谈。关键是匈奴没底线,打是打不过,谈也没法谈。因为跟匈奴谈判,无非是俩结果。一个是谈判不成功,双方就得开打,汉朝还不是对手。另一个结果是和谈成功了,匈奴人收完汉朝的钱继续打。跟他讲信用、讲契约都没有用。

所以,谁没事在朝上聊这事啊,是有本事打赢匈奴,还是有本事说服匈奴?当初吕太后在位的时候,也有爱喊口号的,比如樊哙就曾高呼跟匈奴开战。这事在民间瞎扯就好了,樊哙公然在朝堂喊这口号,那就是丢人现眼。

这时候还真就显出来晁错的高明之处了。按照晁错的办法,一不打,二不谈，照样解决匈奴问题。在过去的日子里，有两位大人物对匈奴问题有着独特的见解。头一个是秦始皇，他因为一句谣言，便派蒙恬带了三十万人北伐匈奴，取得了军事上的全面胜利。但是正是因为秦朝对匈奴一直采取敌对政策，所以大耗国力民力。而打响反秦第一枪的，恰恰是本来要去跟匈奴作对的戍卒陈涉。秦始皇的这个办法好处是见效快，坏处是副作用大。

另一个有见解的大臣就是汉初名臣刘敬。我们知道刘敬倡导的是和亲，而和亲的目的并不是屈辱求和。和亲的关键点是用血缘同化匈奴上层的血统，用文化开化匈奴人的脑袋。文明程度一致以后，就能谈判。刘敬这个办法好处是能根治匈奴，坏处是周期太长，见效太慢。

而晁错的方法就是结合一下秦始皇和刘敬的优势，去除这二位的劣势，尽可能地缩短解决匈奴问题的周期。晁错给汉文帝上书说，对付匈奴，得文武相济，张弛有度。打仗有四点基本要求：兵器要锋利、士兵要训练有素、将领要懂兵法、皇帝要任用良将。

大汉军队跟匈奴比有以下几点劣势：骑射技战术水平不如匈奴、马匹的质量不如匈奴、体能和野外生存能力不如匈奴。但是汉军也有匈奴骑兵不具备的优势。一是武器，汉军的长戟、硬弩、战车、盔甲都很精良，甚至是弓箭，汉军配备的长弓性能也大大优于匈奴的原始小短弓，更别提箭头的杀伤力。二是战术，匈奴兵种单一，只有骑兵，而汉军是步兵、骑兵、车兵相配合作战。骑兵又不是万能的，总有不适宜作战的地方。一旦匈奴人没了马跟汉军作战，那他们将不是装备精良的汉军的对手。

要对付匈奴，可以把归顺大汉的义渠人、匈奴人等游牧民族召集起来，用汉朝的精良装备武装他们，再用良将统领这样的军队去跟匈奴作战，必然无往不利。

汉文帝看完晁错的奏章，那是茅塞顿开，最起码很是感动，终于有替他分忧的人了。汉文帝亲笔回信，以示对晁错的厚爱。

晁错一看搔中了皇帝的痒处，那就再接再厉，又上了一本奏章。这次晁错的意思是，虽然我们可以组织实力强大的骑兵团，但决不能轻言放弃和平。在武力的辅佐和震慑下，就可以轻松地玩玩策略了。

秦始皇当年以武力击败匈奴虽然霸气，但是真正受损的却是秦朝的老百姓。匈奴人逐水草而居，打不过秦军最多是跑路，以后不来河套地区放牧就是了。然而秦朝士兵却伤亡惨重，运输队伍压力极大，田地无人耕种，老百姓战死也得不到抚恤金，还得继续服兵役去戍边，劳民伤财，民怨沸腾。秦朝这样的胜利，又有什么意义呢？

现在匈奴之所以嚣张，那就是因为其可以不断地监视边疆的汉军驻兵，哪里驻守士兵较少，他们就袭击哪里，等到朝廷援军来了，他们早跑了。匈奴机动灵活，所以每当这帮人打来，当地老百姓压根不会指望朝廷的援军，因为援军来得太慢，所以边疆地区的老百姓已经习惯了，匈奴一来，他们就投降。

这种情况下，如果我们调集重兵把守边关，势必会造成陈涉那样的祸乱。如果不派兵驻守，则匈奴猖獗。所以，解决的办法就是招募人民居住在边境地区。并且朝廷要给这些边境之民爵位和优厚的福利待遇，还得规定谁要是能抢劫了匈奴，抢来的东西分给他一半。跟匈奴作战的损失，由官府买单。这样能在边境住下的人民，必然是剽悍之人。有这些硬汉在，比调集民夫戍边作用大多了。[1]

汉文帝看完这本奏章，更加喜欢晁错了。按照他的计划，朝廷开始招募愿意开发边疆的勇士。所谓重赏之下必有勇夫，很多原本活不下去而打算铤而走险的人，都愿意去边塞碰碰运气。最起码眼下朝廷给房子给地，给补贴粮食和衣服。与此同时，汉文帝进一步接受晁错的建议，在边疆设立医馆、祭祀场所，让百姓的身心得到善待。这样一来，百姓口口相传，很多人都愿意去边疆居住。边疆的勇士越来越多，朝廷省去了调集民夫、戍卒的费用，省去了边疆戍卒的粮饷，至于给边疆人民发"福利"的费用，那就显得毛毛雨了，还避免了民怨四起。

当边疆的人越来越多之后，晁错建议对这些人进行军事化管理。每五家为一伍，设置伍长；每十个伍的民户为一里，里设置有假士；每四里为一连，连有假五百；每十连为一邑，邑设置假候。然后，再由专业教练训练他们武功骑射、阵型兵法。时间一长，这些边疆的老百姓的军事素质一点也不比正规

---

[1] 见《资治通鉴·汉纪》。

军差。

为了能让这里成为汉朝的兵源库，晁错建议汉文帝继续保持克制，不跟匈奴军事对抗，该和亲的时候还得和亲。终有一日，边境达到了人人都是勇士，而朝中钱粮积累甚广的时候，再拒绝和亲激怒匈奴，然后引诱匈奴进入汉朝国土，到时候关起门痛打，一次性打败打服，匈奴的问题就彻底解决了。也就是说，眼下谁嚣张不重要，看谁能笑到最后。

在晁错眼中，这些迁往边关的人不过是汉朝防御匈奴的炮灰而已。他的这套政策，就是要把边关"秦国化"，人民只有耕、战两条路可选。只不过汉文帝还没有像商鞅那样搞强制执行，而是用宣传的方式来蛊惑人民变成战争资源。未来在汉武帝时代，当汉武帝决定不惜一切代价也要跟匈奴死磕的时候，人民就成了汉武帝不惜的代价。

晁错的政策一定有效吗？那真不一定。因为晁错没去过边关，不了解情况，他不过是侃侃而谈。而汉文帝却听信了他的话，似乎忘记了问问边关的兵将。

也因此，这个政策执行了几年后，效果并不好。这倒不是因为汉朝民智很高，不愿意去当牺牲品，而是因为汉文帝之前允许私人铸币，铸币的收益比在边关种地高，风险又比和匈奴做邻居小得多。那能铸币的人，自然不会去种地。如果一个社会做正经营生不能养活自己，那百姓自然会走一些歪门邪道。

汉文帝一直以为是自己鼓励不够多，因此屡屡下旨劝课农桑。他从未想过铸币业对农业有这么大的影响，也从未想过边关的问题为什么不咨询专业兵将而去咨询晁错这样的外行。

就在老上单于再次入侵之后，汉文帝似乎清醒了一些。原来不是黄老之术对付匈奴不行，而是自己没找对方法。

27

何日遣冯唐？

自从中行说到了匈奴之后，汉文帝对匈奴的怀柔政策开始失效。即便汉文帝想要在外交上无为而治，但匈奴却不配合。在汉文帝前元十四年（公元前166年）的时候，由于匈奴经济的不稳定，在中行说的支持下，老上单于亲率十四万骑兵入侵汉朝，杀汉朝边境官员，掠夺边境粮食财物，前哨部队甚至一直到了长安城外的甘泉宫，离长安还有三百里地。

匈奴这一刀捅得太突然，汉朝上下都惊呆了。自汉朝开国以来，还没有过匈奴打到长安边上的事情发生。也就是说，前期晁错搞的边境开发计划，其实更方便了匈奴抢劫。

好在汉朝的精兵都集中在长安，汉文帝紧急调动南、北二军出城防卫。正所谓国难思良将，家贫思贤妻。匈奴打到家门口了，汉文帝居然选不出一个能跟老上单于对抗的大将。长安城能用的将领，也就是中尉周舍和汉文帝的心腹郎中令张武。这两人属于朝廷压箱底的禁卫军统领，能为皇上忠贞死节，却不能御敌于国门之外。

因此，汉文帝假装玩一出关门打狗，目的是把匈奴吓走。老上单于这十四万人是来抢劫的，也就是说对他们而言这次来不是军事活动，而是经济活动。经济活动的原则就是用最小的投入换取最大的回报。老上单于抢劫边关的利润已经很丰厚了，没必要去打长安城。汉文帝看准了这点，于是急调拨昌侯卢卿、隆虑侯周灶、宁侯魏遫陈兵边境假装关门。又调名声在外的大将张相如、董赤、季布带兵假装打狗。[1]

老上单于装好抢来的财物,掉头就回了漠北。张相如带兵把匈奴送出国门,一仗没打,战争结束。

这一战,汉朝损失很大。匈奴虽然走了,谁能保证他什么时候还来?谁又能挡住匈奴不让来?在这一切问题没解决之前,边关还要不要发展?这一系列问题考验着汉文帝。

汉文帝思索再三,认为之所以挡不住匈奴,是因为自己手下没有大将,跟他的政策毫无关系。总之,都是别人的错,是命运不好。甚至,要不是太后拦着,汉文帝还一度想要御驾亲征,不知道他的自信来自哪里?也许是来自周围大臣的吹捧吧。[2]

有一次汉文帝的车驾经过中郎将的官署,见到了年迈的冯唐还在担任中郎将。汉文帝本来想跟冯唐聊个家常,一问冯唐的籍贯才知道,冯唐的爷爷在周朝时是赵国人,曾担任赵国的将军。后来赵国被秦国所灭,赵悼襄王之子赵嘉逃到代郡自立为代王,代郡改称为代国。冯唐之父跟着迁到代国,担任代相。冯唐这位曾经的代国人,跟担任过代王的汉文帝也算半个老乡。

老乡见老乡,汉文帝跟冯唐聊天的兴致就更高了。汉文帝就回忆起自己当代王的时候,他的庖人高祛总是讲述赵国大将李齐的故事,夸赞李齐在巨鹿城下战秦军的飒爽英姿,让汉文帝也希望得到李齐这样的大将。

李齐的事迹史书缺载,他在史书上仅存在于汉文帝与冯唐的对话中。汉文帝问冯唐,既然冯唐祖上是赵国人,是否知道李齐呢?冯唐是个耿直的人,并没有按照一般逻辑高度赞扬汉文帝的观点,而是直率地说赵国大将当中,李齐的本事比廉颇、李牧差远了。

汉文帝很诧异,自己年少时的偶像居然在冯唐眼中并不太强。于是想知道冯唐这么评价李齐的依据。冯唐回答,他爷爷当年是赵国的军官,很熟悉李牧。他爸爸当年是代相,熟悉李齐。所以冯唐作为知情人士,了解李齐的能力不如廉颇、李牧。

---

[1] 见《资治通鉴·汉纪》。
[2] 见《汉书·文帝纪》。

汉文帝拍着大腿感慨，要是他也有廉颇、李牧这样的大将在，何愁匈奴呢？冯唐也是豁出去了，当场就说就算有廉颇、李牧这样的人跟着汉文帝也没用。汉文帝大怒，这都多少年没人敢这样说话了？汉文帝摆驾回宫，把冯唐晾在那里了。[1]

汉文帝跟冯唐聊天，结果生了一肚子闷气。汉文帝都当了十几年皇帝了，早就不是那个礼贤下士、谦虚谨慎的汉文帝了。这次被冯唐顶撞，对汉文帝来说可算是久违的感觉了。他越想越气，于是又召见冯唐，问问他为什么要当众顶撞皇帝？想顶撞也得私下顶撞啊。冯唐赶紧道歉，说自己粗鄙不知忌讳。考虑到匈奴刚刚入侵，汉文帝不打算跟冯唐继续掰扯礼仪的问题，就问他为什么说自己有廉颇、李牧也没有用？

冯唐说了，古代君王册封大将的时候，舍得放权。比如李牧为边关大将的时候，有一定的经济权力，他用边关贸易的收入来养军队，所以士兵效命，李牧才能率领军队北逐单于，破东胡，灭澹林，西阻强秦，南抗韩、魏，赵国也因此几乎成了霸主。而赵国的衰落，也是因为赵王用颜聚代替李牧之后造成的。

冯唐知道，汉朝并不是没有大将，关键是汉朝的制度有问题，让边关大将束手束脚，发挥不出自己的正常水平来。比如汉军大将魏尚就是个让匈奴头疼的奇才。魏尚带兵很像李牧，所以每次匈奴入侵，都会避开魏尚驻守的云中郡。可是，汉朝制度森严。来自百姓家的士兵虽然作战勇猛，但因为不会走报功的流程，就被小吏刁难，得不到应有的赏赐。魏尚的报告中记载的杀敌数与小吏记载的差了六个，结果魏尚就被革职。

汉文帝无言以对，按照这种制度，确实李牧来了也白搭。于是汉文帝让冯唐持节去找魏尚，破格提拔他为云中尉，继续镇守云中郡。

历史上魏尚这样的人很多，怀揣着梦想和能力却不得施展，都想遇到冯唐这样的人仗义执言然后持节来封。然而千里马常有而伯乐不常有，所以苏东坡在《江城子》中感慨："酒酣肝胆尚开张，鬓微霜，又何妨。持节云中，何日遣冯唐？会挽雕弓如满月，西北望，射天狼。"

[1] 见《史记·张释之冯唐列传》。

实际上兜兜转转一大圈，汉文帝发现无论晁错说得多么天花乱坠，但在实际操作中，魏尚的做法是最行之有效的。这就是让专业的人去干专业的事，而不是听人讲自己不熟悉的领域。

魏尚采取的防御法则，更符合黄老之术的要求。他不需要折腾百姓云集边关，不需要折腾朝廷在边关继续投入钱粮，就利用边关已有的资源，只要人尽其才，物尽其用，足够他进行防守反击的了。从魏尚的防区来看，别的地方守不住匈奴的进攻，绝非长城不坚固，也非匈奴战斗力太强，就是人浮于事造成的。而之所以边关将士人浮于事，是因为在当时的制度下，轻赏重罚。将士们都是提着脑袋混口饭吃，跟他们讲情怀和宏大叙事就过分了。当士兵们发现请功的流程比杀敌立功都难，一个不慎还可能有牢狱之灾，那自然会发现多做多错，少做少错。连将军都可能一个不慎就下狱问罪，士兵们还能多拼？

在这种情况下，匈奴打来了，士兵们能保命就不错了，谁还会玩命杀敌呢？而魏尚深知这一点，他对下属的关爱并非停留在口头鼓励或者形式上，他能用边关贸易的钱补贴士兵，让士兵们在生活上没有后顾之忧。他能五天请下属吃一次牛肉，这在当时是非常实际的福利。并且魏尚从不给下属制定离谱的任务，大家的任务就是守护好云中郡，而不是远赴大漠追击匈奴。可能有人会觉得，魏尚在养"大爷"。但从士兵的角度讲，这种工作实在是难得，自己也做得开心，那么为了保守住这个工作，当然在匈奴入侵的时候敢于拼命。也正因为如此，匈奴在云中郡总是被重创，因而不敢靠近云中郡。

魏尚的治军方式，在明末思想家黄宗羲看来，有五种好处。第一，权责统一，只要没人掣肘，魏尚就能发挥最大的作用保卫云中郡。第二，战争是对朝廷的巨大财力消耗，而魏尚治军花的是边关互市的钱，节约了朝廷开支。第三，战端一开，边军和外地调来的部队混在一起，不见得能精诚合作，甚至可能发生摩擦。而魏尚这种治军的方式，能让云中郡驻军只防守好云中，没有哗变的危险。第四，国家发生战争，往往要调全国的资源集中在一处，而魏尚用云中的资源养云中的兵，即便云中有战事，其他各郡也能不被牵连。第五，外有统兵大将的存在，朝廷也会有所顾忌，不至于有权任性。[1]

---

[1] 见黄宗羲《明夷待访录·方镇》。

不过，汉文帝虽然重新起用魏尚镇守云中郡，却并未全面整改军旅制度，也没号召全军学习魏尚，也没有明旨进行制度改变。

因为，即便魏尚治军的方式再行之有效，在皇帝看来也是一种隐患。当一个将军固定在一个地方拥有军权和财权，那么这种将军实质上就是后世所说的藩镇。汉文帝连诸侯王都不放心，怎么会放心外人拥兵呢？

在国家安全和皇位稳固二者之间，皇帝往往选后者。黄宗羲认为边关藩镇所拥有的五点好处，就是皇帝们眼中可怕的坏处。历代皇帝都尽量做到将帅掣肘，用财权制约兵权，军队要轮换，最好兵不识将、将不识兵。皇权就要任性，不允许有大将干预。皇帝对军队的要求首先是好控制，其次才是有战斗力。

汉文帝手下堪用的大将，也不光只有魏尚一个，比如周亚夫也是大将之才。但是在皇帝眼中，能力强的直臣不如阿谀奉承的弄臣。

正是因为一位弄臣，让一向温和的汉文帝愤然恢复了他曾废除的三族罪。

28
重新包装的阴阳家

在汉朝，提到黄老之术也离不开一些玄学的东西。比如朝廷要讲无为的时候，往往托以老子之名。但说到羽化登仙的故事时，就往往以黄帝之名讲述了。但是，黄老之术中的黄帝与历史上的黄帝相去甚远，基本属于虚构人物。至少在《庄子》中，黄帝就已经得道成仙，甚至能和仙人广成子探讨学问了。[1]

到了汉文帝时代，随着黄老之术的盛行，很多没落的诸子百家学派也会往黄老之术的玄学方面靠拢。前文已述，黄老思想就是披着道家外衣的法家。而其他学派要想上位，能学的就是这个道家外衣。毕竟换了内核，自己的学派也就完了。

一提起诸子百家，我们一般首先想到的是儒、墨、道、法四家。除此之外，熟悉周朝历史的朋友，可能会再想到战国时代大放异彩的兵家和纵横家。但要说起阴阳家，就不是那么令人熟知了。而在汉文帝末年，就有两位阴阳家乘着黄老之术的东风大放异彩。

阴阳家的创始人是战国时齐国人邹衍，曾担任当时稷下学宫的讲师，人称邹子。阴阳家学说深受道家学说的影响，在阴阳学说的基础上，又加上了五行理论。

在战国时代，邹衍在五行相克的理论基础上，发展出了五德终始学说。五德指的是金、木、水、火、土五种王朝属性，这门学问最大的作用，就是后世

---

[1] 见《庄子·外篇·在宥》。

新王朝建立以后，用五德理论来证明自己取代前朝的合法性和必然性。在历史上，五德终始学说曾经非常流行。

那么到底什么是五德终始呢？举个例子说吧，大禹治水，就是土克水，所以大禹朝为土德。大禹传位伯益，夏启以武力夺取帝位，建立夏朝，则是木克土，夏朝属木。后来商灭夏，是金克木，商朝属金。周朝代商，则是火克金，周朝属火。秦文公出猎，曾获黑龙。证明了秦属水，因此后来秦朝取代周朝，是水克火。

这套理论有依据吗？没有。邹衍的本意是靠这套理论规劝帝王对上天有敬畏之心，不能由着自己的性子和权力乱来。结果传着传着就成了确认王朝合法性的理论依据。到了汉朝这套理论就出问题了，汉朝应该是哪个属性？这件事关乎大汉王朝的合法性问题，因此必须搞明白。

汉初君臣认为秦朝国祚过短且暴虐无道，不算正统王朝。而汉朝是继承了周朝的法统，因此汉朝才是真正的水德，因此汉初尚黑，龙袍都是黑色的。到了汉文帝继位后，贾谊发现了汉朝属水德是有问题的。因为秦朝客观存在，并不因为其失德就要抹掉其是上一个王朝的事实。因此贾谊曾经在汉文帝前元元年提出过改服色和正朔，结果遭到了开国功臣们的集体反对，汉文帝也只好不了了之。

也就是说，汉朝的五德属性，已经不仅仅是汉朝合法性的象征，而且还是汉文帝与开国功臣们谁说了算的问题。到了汉文帝前元十四年，开国功臣们已经无法制约汉文帝了。因此这件事就被重新翻出来讨论。

可问题是如果要讨论这件事，对于汉文帝来讲很有难度。一来汉属水德这事已经深入人心，二来在五德终始的学术层面，丞相张苍是大汉朝首屈一指的专家。而张苍是开国功臣集团的一员。

说起张苍，可谓全才。在汉朝的开国功臣中，像萧何、曹参这样在县衙当过小吏的都算有文化的了。其余多为什么车夫、吹鼓手、小商贩等。而张苍在秦朝的时候就是御史，主管文书图籍。[1]张苍精通儒、道两家，又懂历法、算学，还曾整理编纂过《九章算术》，更是当时阴阳家的翘楚。那么他说汉朝属

---

[1] 见《史记·张丞相列传》。

于水德，谁敢说不是？关键这又不是科学，无法证伪。

在这种形势下，汉文帝想要翻盘，几乎是不可能的。不过为了打败学术权威，汉文帝还真就在玄学层面上进行了"科学"的证伪。

到汉文帝前元十四年，一位新阴阳家公孙臣首先站出来质疑张苍。他上书汉文帝，说汉朝属于土德。汉文帝问张苍，公孙臣说得对不对呀？张苍要是首肯的话，等于破坏自己的权威性，所以张苍对公孙臣的推演嗤之以鼻，说他胡说八道。

玄学这门学问，没有标准。这不像科学，有客观答案。比如说在清朝初年，杨光先弹劾钦天监的汤若望测算荣亲王下葬时的风水格局不对，这种没有标准答案的玄学事宜，杨光先站在大义的制高点上，取得了胜利。但随后在杨光先主持钦天监之后，真到测算二十四节气的日期这种有客观答案的比赛时，杨光先输给了南怀仁。[1]

公孙臣和张苍在五德终始上的争论，就属于前者。在这种没有客观答案的比赛中，怎么分出输赢呢？

公孙臣想出一个办法。他说秦朝属水，有上天的预兆。秦文王时期出现了黑龙，黑色就是水属性，这便是上天的预示。而汉朝属土德，必然有黄龙降世。张苍愈发觉得公孙臣离谱，但就是汉文帝前元十五年（公元前165年）的年初，正值春暖花开之际，陇西郡成纪县（今甘肃省东南部）上奏，说成纪县出现了黄龙。于是汉文帝下诏，改穿黄色龙袍，去掉过去黑色的装饰。张苍一看这情况，主动提出请病假，暂时离开丞相岗位，汉文帝准奏。

对这件事，很多人评论说张苍在测算方面确实不如专业测算的公孙臣。我倒不这么认为。这个事件疑点特别多，五德属性本身就没有任何依据，哪来的精密推演？宋朝以后，朝廷一般不把五德当正事提了。所以王朝属于什么属性，全看怎么去瞎说。再说黄龙事件，出现的时间太巧合，怎么看都像是汉文帝和公孙臣演的一出戏。

丞相的主要工作并不是算什么五德终始，负责这种事务的，一般是九卿之一的太常。丞相即便是完全不懂玄学，也不是什么大问题，犯不着为这点小

---

[1] 《清史稿·列传五十九》。

事就申请退休吧。就算是张苍脸皮薄，不好意思继续任相，汉文帝作为一个皇帝，怎么着也得挽留一下啊，然而并没有。

历史上，任何小题大做的事情，都是有深刻的背后原因的，这次也不例外。五德推演这种事，并不是学术之争，而是政治斗争。

截至汉文帝前元十五年春季的成纪黄龙事件，有影响力的开国功臣已经不多了。其实所谓的开国功臣中，真正能左右朝局的也就是所谓的开国十八侯。而十八侯中，重量级的基本去世了，此时健在的只有将军柴武。柴武我们之前介绍过了，他儿子柴奇不知道怎么琢磨的，居然联合淮南王准备谋反。这件事也是柴武的重大污点，而且柴武的健康大概也有问题，在成纪黄龙事件的次年就去世了。那么十八侯以下，有影响力的也就剩下张苍了。逼退张苍，所谓的开国功臣集团也就没有旗帜性人物了。

从张苍请病假开始，黄老之术作为朝廷指导思想的基石就不存在了。皇权再也没有了制衡，皇帝也就不会无为而治了。汉文帝想要折腾的心愿愈发强烈，这时候有个人来迎合汉文帝了。此人也是个新阴阳家，叫新垣平。

新垣平以善于望气而著称。那什么叫望气？望气属于古代风水学中的一项技术。时至今日，依然还有望气从业者的存在。据说，望气士经过修炼，能看到一些常人看不见的气息升腾。根据这些气的颜色和形状的不同，能判断吉凶。

说白了，这都是胡扯。但是所谓望气之术，在汉初不光是会被人相信，而且是谁也不能质疑望气术的权威性。因为望气术与汉朝的天命所归有很大关系。

想当初汉高祖刘邦斩白蛇而起义，初期藏在芒砀山当山大王。吕雉带着孩子去找他，找到之后刘邦故意当着大家的面问吕雉是如何找到这里的。吕雉说刘邦的头上天空常会聚集云气，只要朝着云气的方向走，就能找到刘邦。[1]

这就是所谓的望气，一般人还看不到，所以需要专业的望气士来进行观测和解读。既然只有望气士看得到，那可不就任凭望气士随便解读嘛。只要这种解读不忤逆皇帝的意思，那就想怎么说就怎么说。新垣平通过所谓的望气，力

---

[1] 见《史记·高祖本纪》。

主汉文帝去建设一些国家工程，比如五帝庙。该怎么去盖？当然是新垣平说了算。工程款他能谎报多少，那就是随意的事了。新垣平继承传统，又能发展创新，所以他混得就比"一次性产品"公孙臣好。公孙臣也就是当个博士，而新垣平官拜上大夫，仅次于九卿。

也就是说，事实上新垣平跟邓通一样，属于弄臣。汉文帝这么多年来，没修过未央宫、长乐宫、上林苑等皇家宫殿园林。倒是在新垣平上位后不是修建五帝庙，就是搞大型封禅活动，靡费国帑，而新垣平趁机中饱私囊。

汉文帝非常信任新垣平，甚至愿意相信他的鬼话。因为汉文帝自从重用新垣平之后，运气真的变好了。

汉文帝前元十五年，河间王刘辟强死了，汉文帝很开心，以刘辟强无子为由，废了河间国。汉文帝前元十六年（公元前164年），齐王刘则死了，汉文帝很开心，以雨露均沾为名，把汉朝最大的齐国分给了齐悼惠王刘肥的六个儿子。杨虚侯刘将间接任齐王，安都侯刘志为济北王，武成侯刘贤为菑川王，白石侯刘雄渠为胶东王，平昌侯刘卬为胶西王，扐侯刘辟光为济南王。自此，汉文帝的心腹大患齐国，不再是一个大国的概念。这招这么好使，汉文帝欲罢不能。肢解完亲大哥的齐国，汉文帝就要对付亲弟弟的淮南国。当初淮南厉王刘长死在囚车里，社会舆论普遍对刘长报以同情，认为是汉文帝做局害刘长。这回汉文帝为了表示自己对弟弟的关心，把淮南国一分为三，分给刘长的三个儿子。阜陵侯刘安为淮南王，安阳侯刘勃为衡山王，阳周侯刘赐为庐江王。

汉文帝时期的这些诸侯王，别管是汉文帝的弟弟还是侄子，哪怕是他孙子辈的，都死在了汉文帝的前面。新垣平趁机对汉文帝加大谄媚的力度，玩了出大闹剧。

汉文帝前元十六年九月，新垣平拿着一个刻有"人主延寿"的玉杯进献皇上，非说这杯子是神仙馈赠的这礼物，他通过望气才找到的。汉文帝大喜，这祥瑞太符合他君权神授的设定了。新垣平自编自演这出闹剧是为了什么呢？没有特别的原因，大概率是想挣钱了。新垣平趁着汉文帝开心，说他经过望气，找到了华夏失传多年的最高级国宝九鼎。

中国历史上，说起来最珍贵的国宝有两个，都曾经代表着天命所归，所以对帝王来说非常的重要。一个是秦始皇所制传国玉玺，宋朝之前没有传国玉玺的皇帝不算真皇帝。比如刘备，虽然谥号是昭烈帝，但是在《三国志》上，曹魏诸帝能进入《本纪》，而蜀汉和东吴诸皇帝只能进入《列传》。比传国玉玺更权威的，就是大禹铸造的九鼎，这才是国之重器。夏、商、周三四代，有了九鼎才算天命所归，才能君临天下。

战国末期，九鼎却神秘失踪了。根据司马迁的说法，九鼎有两种结局。第一种是周赧王驾崩后，秦昭襄王将九鼎迁入咸阳。[1]但是后来，秦始皇却没见过九鼎，甚至秦始皇都不知道秦国有九鼎，还曾派人去泗水打捞九鼎。[2]

秦始皇为什么派人去泗水打捞九鼎呢？这就牵扯到九鼎的另一个结局。司马迁还有个假说，那就是九鼎并没有安放在周朝的洛邑，而是安放在宋国的太丘社。宋国一直延续着商朝的祭祀，随着宋国的灭亡，九鼎也被宋人沉入泗水之中。[3]秦始皇肯定是认可这个说法的，所以才派人去泗水打捞。

总之，汉朝是没有九鼎的。而在汉文帝前元十六年，新垣平居然说他通过望气找到了九鼎，奏请汉文帝让他去找九鼎，从而借此机会改元，改元就得办庆典。过去中国历史上没有年号纪年法，也没有改元这一说。新垣平上奏把汉文帝前元十七年改为元年，史称后元元年。

新垣平有把握找到九鼎吗？没有，但是他会造假。他找出来的也好，现造出来的也好，总之他说是就是，皇上也得靠这玩意儿证明天命。就像宋元两朝的传国玉玺，明明是假的，皇帝们却拿假的当真的说事。元朝末代皇帝顺帝听说徐达打来了，丢下大都跨马北逃，啥都不带也不忘带着那颗假的传国玉玺。

也就是说，新垣平知道，真的假的都无所谓，只要去组织这个工程，就能赚钱，汉文帝还会喜欢他。"人主延寿杯"能被认可，那么新垣平铸造假的九鼎也能得到认可。于是新垣平在泗水畔建庙，组织大型祭祀活动。

可是就在汉文帝改元之后，有人告发新垣平欺君。汉文帝不好做了，如果没人质疑，那假九鼎也是祥瑞。既然有人提出来新垣平欺君，汉文帝也不好袒

---

[1] 见《史记·周本纪》。
[2] 见《史记·秦始皇本纪》。
[3] 见《史记·封禅书》。

护。因为汉文帝不希望自己被称为昏君，而明君又不能被骗，于是他只好让人去调查新垣平。

汉朝的小吏是最可怕的存在。强如周勃下了大狱，还被整得死去活来。把新垣平往阴暗的小牢房一放，新垣平是知无不言言无不尽，把这些年来的胡说造假等等罪行和盘托出。汉文帝大怒，事情到了这个地步，弄得大家都很难堪。汉文帝传旨，夷新垣平三族。

这是汉文帝亲自废除连坐法之后，为新垣平重新开启了连坐模式。

自此，汉文帝心灰意冷，对什么祭祀、祥瑞、五德终始、服饰什么的都不再上心。

随着新垣平案尘埃落定，汉文帝也冷静了下来。皇权只要一任性，国家就会出问题。而这些落在普通人头上，就是一座大山。可是尝过了权力的滋味之后，还能再克制自己的权力欲吗？

29
弄臣也分三六九等

新垣平案对汉文帝打击是非常大的,因为随着新垣平跌下神坛恢复其无赖面孔,汉文帝的神圣形象也出现了裂痕。当新垣平是权威望气士的时候,他说汉文帝是神,那汉文帝才是神。当新垣平成了骗子无赖,他说汉文帝是神,意思完全不一样了。

汉文帝仔细思考了一下这些年的所作所为,自从不装圣人了,周遭全是歌颂之音,再不见大臣积极进谏。最多是有贾谊提出建设性意见,没人敢说朝政哪有错误。这些年来,虽然都说汉文帝英明神武,但是朝廷各部报上来的数据是冰冷的。这些年来,国家耕地面积大大超过了以前,但人口没有增加,经济还在下滑。人均收入比汉文帝当圣人那几年大幅缩水,老百姓又回到了吃不饱的时代。这些数据像是无声的质问:你哪里英明?

影响经济的因素当然有很多,汉文帝不是经济学家,但是作为一个皇帝,他经过分析,认为问题有可能出现在以下几个方面:政策有误?执政有误?不占天时地利人和?不祭祀鬼神?朝廷脸面工程建设过多?老百姓当农民的少了?酿酒太多了?牲畜吃得多了?

汉文帝拿不准,于是下诏让博士以上官员进行讨论,一定要把原因查清楚,做到知无不言言无不尽,赶紧上报。[1]

但是,谁敢提意见?在证据确凿的情况下,新垣平被定性是个骗子。那

---

[1] 见《资治通鉴·汉纪》。

公孙臣呢？有人敢质疑吗？质疑公孙臣，就是质疑成纪县黄龙；质疑成纪县黄龙，就是质疑大汉天命；质疑大汉天命，就是谋反。

所以汉文帝的这道圣旨并没有什么实质效果，群臣并不相信汉文帝还能回到从前。新垣平虽然被杀，但邓通这个弄臣还依然在朝堂之上，并且越来越嚣张。在汉文帝这里，弄臣也分三六九等，新垣平杀就杀了，邓通可是谁也碰不得。

汉文帝后元二年（公元前162年），汉文帝罢免了张苍的丞相之位。张苍被罢免后，汉文帝就琢磨着让窦皇后的弟弟窦广国担任丞相，虽然这时候没有周勃那样的大臣豁出命去抵制外戚，但汉文帝还是担心会引起天下非议。不过自从张苍罢相，开国功臣中真的是挑不出有影响力的人了，思来想去，汉文帝选了申屠嘉担任丞相。

申屠嘉是弓箭手出身，在汉高祖时代最高做到都尉。在汉惠帝时期，最高做到太守。到了汉文帝继位后，为了安抚老臣们，汉文帝才给这些参加过建立汉朝但没有大功劳的老臣封了荣誉性爵位关内侯。关内侯属于二十级军功爵之一，只有封号没有封地。[1]

申屠嘉是从基层上来的官员，为人直率，不徇私情。张苍为相，处事宽仁，颇有黄老之风。申屠嘉为相，那就不一样了，他把做御史大夫时的铁面无私带到了丞相府。申屠嘉在朝最恨两个人，一个是晁错，不需要原因，因为所有大臣都恨这个靠着太子而不把任何人放在眼里的家伙。第二个就是邓通，申屠嘉横竖看邓通不顺眼。按照申屠嘉的理解，皇帝的私生活大臣不便管，但是把弄臣带到朝堂上来，确实有失体统。

但是邓通这个人不是容易对付的，他是汉文帝的第一宠臣，连太子刘启对他都是敢怒而不敢言。在一次朝会上，邓通旁若无人地在汉文帝旁边腻腻歪歪。申屠嘉大怒，直接去找汉文帝，说皇上您喜欢谁，给多少钱都没问题，但是朝堂之上不可违礼，不允许有这种事情发生。汉文帝没当个事，只是称私下会处理。[2]

退朝之后申屠嘉很不爽，皇上公然护短，他作为丞相不能坐视不理。在明朝

---

[1] 见《汉书·张周赵任申屠传》。
[2] 见《史记·张丞相列传》。

废掉宰相制以前，宰相和皇帝意见不合，一般是可以据理力争的。因为在正常情况下，宰相在制度上是负责具体事务的。尤其是在汉代，宰相无论是叫相国、丞相还是大将军，都是有实权的。也因此，申屠嘉决定从程序上来对付邓通。

申屠嘉以丞相的名义下达正式的手续召太中大夫邓通来相府议事。并且，申屠嘉下令，如若邓通不来，就依法斩了他。申屠嘉这招是典型的两头堵。丞相的手令，效力仅次于圣旨。邓通如果不来，申屠嘉可以先斩后奏。邓通如果来了，那就不好意思了，申屠嘉会一桩桩一件件把邓通的种种不法摆清楚，还是能先斩后奏。

从邓通的角度讲，这是灭顶之灾。去与不去都是个死，所以邓通吓得赶紧去找汉文帝，说申屠嘉要找他晦气。这事汉文帝也没辙，总不能下一道圣旨说丞相不许召邓通，这不符合程序。所以汉文帝只好让邓通去见申屠嘉，然后再派人带着圣旨把邓通叫回来。

邓通免冠脱鞋，见了申屠嘉就磕头请罪。申屠嘉不敢杀他，但是又不能让他以后再放肆地在朝堂上嬉戏。所以这次申屠嘉叫来邓通，就是为了吓唬他，而不是杀他。不过丞相的气势得做足了，申屠嘉细数邓通罪责，下令将邓通斩首。

邓通吓坏了，磕头如捣蒜，鲜血直流，狼狈之极。邓通边磕头边求情，边求情边盼着皇帝使者赶紧来。申屠嘉是边看着边数落，边数落边盼着皇帝使者赶紧来。不能真把邓通给杀了，杀了皇上的心爱之臣，自己这官也算是做到头了。

最不着急的是汉文帝，时间掐得刚刚好，这边邓通磕头快磕死了，申屠嘉冷汗也快下来的时候，皇帝的使者带着圣旨来了，说皇帝宣邓通觐见。另外，使者给申屠嘉传皇帝口谕，说邓通就是朕的臣子，丞相别跟他一般见识。申屠嘉早就盼着他们来了，赶紧释放邓通。邓通连滚带爬地逃出相府，飞快地去找汉文帝报告，自己差点就让申屠嘉给杀了。

其实汉文帝心里跟明镜似的，想杀邓通的人太多了。就借这个事件，让申屠嘉惩罚一次邓通，也算是给大臣们出了一口气。自此以后，不会再有人找邓通的麻烦了。

但是，汉文帝在的时候能罩着邓通，倘若有一天汉文帝不在了呢？邓通可有自全之道？

30
国难思良将

汉文帝保了邓通，但是有个问题却让他很头疼。北方老上单于去世，其子军臣单于继位。根据历史的经验，匈奴那边只要出现权力交接，必然会出现南侵的行动。汉文帝听晁错的在边境搞小动作，而匈奴那边还有中行说，他对汉朝的小动作可谓洞若观火，因此仍定期骚扰汉朝的边境。

国难思良将，朝中确实也缺乏良将。在冯唐的推荐下，汉文帝后来发掘了魏尚。但是魏尚带兵，是一定要经济大权的，所以汉文帝虽然起用了魏尚，但并没有推广魏尚模式。截止到汉文帝后元六年（公元前158年），大概魏尚也去世了，汉文帝又缺良将了，军臣单于的六万铁骑也来了。

匈奴来得太突然，连长安城都处于一级戒备状态。但是汉文帝心态很平和，这场面他见多了，匈奴也就是抢劫一番，不会有太大的动作。汉朝也照例装着关门打狗，派将军们在军事要地屯兵，把匈奴吓唬走就算完事。

汉文帝去各个军事据点劳军，所到之处都是各种欢迎仪式。唯有到了周勃二儿子周亚夫的军中，汉文帝看到的是军容严肃，严阵以待。皇上来了也没面子，周亚夫戎装面圣，不施以全礼。士兵只认军令，不认皇帝。[1]

汉文帝检阅后为之动容，感觉之前见到的那些仪仗兵全是废物，只有周亚夫才是合格的将军。从此汉文帝重新认识了周亚夫，而"周亚夫"也成了汉朝历史上占据了极其重要的角色。

---

[1] 见《汉书·张陈王周传》。

一个月后，周亚夫大军抵达边境，匈奴照例撤退，汉朝解除警报。汉文帝升了周亚夫的官，让他负责防御匈奴的具体事宜。

其实周亚夫犯了大忌，大军只认军令不认皇帝，多像造反啊。历朝历代的皇帝都很忌讳这事，但是汉文帝不以为然。连周勃都被汉文帝玩弄于股掌之间，更何况周亚夫呢。

汉文帝的嘉奖对周亚夫也造成了不好的影响，从此周亚夫看见这棵歪脖树，就以为前面是大森林。自此周亚夫日骄，为他将来的悲剧埋下了伏笔。

在汉文帝看来，匈奴虽然讨厌，但不致命。但如果大将拥兵自重，却是致命的。而且在黄老之术的认知体系中，匈奴这种以抢劫为生的早晚都会自取灭亡。我们不评价这种认识对不对，但确实是当时的一种普遍认识。在黄老之术的权威著作《黄帝四经》中，就将蚩尤比作蛮族，阐述过对付蛮族也要无为而治的道理。也就是做好防守，静待蛮族自取灭亡。[1]

所以，为了防备疥癣之疾而培养一个心腹大患，对于汉文帝来说是不划算的。但是该抓的典型也得抓，周亚夫不过一个中尉而已，以军法为尊也就罢了。假如周亚夫当了太尉还这样，那性质可就变了。

事实上，古代皇帝和将军的关系都是非常敏感的。而皇帝对将军的殷切期望往往还是悖论。因为皇帝往往希望将军在自己面前是个奴才，但是皇帝的奴才面对更低级的奴才时才凶神恶煞，而面对如狼似虎的强敌时，那些没骨头的奴才又岂能爆发出勇气？奴才，永远都是在安全时勇敢，在免费时慷慨。

似周亚夫这般人格相对独立的大将，皇帝在极端情况下不得不用，但不代表他们真心想用。而且在黄老之术中，汉朝无限扩张是自寻死路，也不需要对匈奴进行打击。君王好高骛远，就会扩张，扩展就难免带来苛政，到时候不用敌国出手，自己就能玩死自己。[2]

周亚夫的悲剧，就是在被汉文帝嘉奖后埋下了伏笔。当然周亚夫的故事我们后面还会提到，下面我们要说一下汉文帝的最后时光。

---

[1] 见《黄帝四经·十大经·正乱》（校诂版）。
[2] 见《黄帝四经·十大经·行守》（校诂版）。

31

平稳过渡

汉文帝后元六年,自从匈奴撤出汉朝国土之后,国家并没有走向繁荣,反而变得更糟。老天爷给汉朝开了个大玩笑,让这个刚刚经历战乱的国家饱受天灾之苦,旱灾伴随着大面积蝗灾,民不聊生。

其实自从新垣平案过去之后,跌下神坛的汉文帝又开始平易近人了。这次大面积的自然灾害出现,汉文帝力主赈灾。在漫长的中国古代史中,很多君王拒绝赈灾。这也导致另一种怪象,就是古代百姓把朝廷的赈灾行为当作浩荡的皇恩。在"同行"的衬托下,汉文帝能赈灾,也算是一种人性的回归,是大义之举。

在法家的基本逻辑中,朝廷是不能无偿赈灾的。比如在战国时代,秦国发生了重大饥荒。范雎奏请秦昭襄王把皇家园林中那些喂牲口的野菜、橡果之类的东西拿出来赈灾,足以救活灾民。但是秦昭襄王不许,而且他还振振有词,说按照秦律,有功才赏。而赈灾,就相当于无功也赏,这是不行的。[1]

在汉文帝的孙子汉武帝在位时期,黄河决口,汉武帝为了让其舅舅田蚡在黄河北岸的封地收益多,而任由绝口的黄河肆虐南方,还说黄河决堤是天决定的,不该以人力干预。说白了,黄河以南的百姓成了这位国舅爷的黄河大堤。[2]

所以在这些位视人命为草芥的君王衬托之下,汉文帝好歹把国库里的存粮

---

[1] 见《韩非子·外储说右下》。
[2] 见《资治通鉴·汉纪》。

送往灾区赈灾，免除诸侯国的进贡，废除山川河湖的国有限制，允许百姓进入谋生，还减少宫廷开支。总之，这次赈灾事件，由于处置得当，没有出现灾情恶化。

一年后，汉文帝病重，自知不久于人世的汉文帝开始回忆自己的一生。这一年汉文帝四十六岁，在今天看来这个年纪正值壮年，是干大事的岁数。但彼时的汉文帝正直面死亡，离开他的江山。虽然有些残酷，但人固有一死，汉文帝能当二十三年皇帝，也算是够本了。

在汉高祖的儿子中，汉文帝最长寿，这就没什么遗憾了吧。在汉高祖的孙子中，像什么刘襄、刘章、刘辟强都死在了汉文帝前边。甚至连汉文帝自己的儿子，像刘胜、刘参也死在了他前边。重孙子辈的齐王刘则，也死在了他前边。比起这些人，汉文帝的人生显然好得多。

汉文帝很幸运，在刘氏人人自危的吕雉时代，他活了下来。在争夺皇位的斗争中，他白捡了一个大便宜。他的每一个强势对手，无论朝内朝外，几乎都被老天爷给收了去。做皇帝做到这个份上，得让汉献帝多羡慕。

汉文帝下诏，死后必须薄葬。后元七年（公元前157年）六月初一，这位大汉王朝的皇帝崩于未央宫，葬于霸陵。庙号太宗，谥号孝文皇帝。

关于汉文帝的评价，一般都是以积极的居多。司马迁、班固都把最好的词用于这位皇帝身上。尤其是班固，说汉文帝在位二十三年，宫室、苑囿、车骑、服御无所增益，非常节俭。因为怕花钱，汉文帝连个露台都没舍得盖。皇帝本人穿黑色的衣服，不加修饰。他最爱的慎夫人不穿长尾拖地的衣服，霸陵中不置金银随葬品。

如果不站任何立场，就事论事的话，汉文帝的节俭很值得说一说。论起皇帝节俭，谁节俭也节俭不过道光皇帝，人家龙袍上都打补丁，不过他打补丁的费用可能比做件新龙袍还贵，省不省钱不重要，重要的是形式。

具体到汉文帝，据传说不修宫殿，不舍得盖露台。但是未央宫被萧何盖到了极致，传到汉文帝这辈，不至于需要大修。班固说汉文帝不舍得盖露台，但是怎么不提汉文帝让新垣平修建一个又一个大型工程？汉文帝穿黑色衣服，那是因为张苍说汉朝为水德，该穿黑色。公孙臣说汉朝为土德以后，他不一样穿黄色衣服吗？慎夫人节俭不代表汉文帝节俭，那是因为汉文帝不够爱她。不信看看邓通，汉文帝赐他铜矿，再让他铸币，这就等于赏给邓通一座金山。

据说汉文帝执法如山，舅舅犯法一样杀掉。但是他的宠臣邓通无论如何不法，汉文帝都不处罚他。还有汉文帝的爱将张武，因受贿被举报，汉文帝不仅不罚他，还嘉奖他，还说是为了让他羞愧。[1] 那当官的最大理想就是这样被活活羞愧死。

所以赞美皇帝的私德，是件很无聊的事。那感觉就像当皇帝变成桀纣之君是理所当然的，他没变成桀纣，就值得赞美。这是典型的法家理论，诚如李斯所言，当皇帝不享受那还当什么皇帝啊。儒家说的以尧舜禹汤文武为榜样，怎么没人学？我们评价一位帝王，也只能看他在位期间的为政举措到底造成了什么结果。汉文帝很幸运，他的参照物是秦朝。就凭秦朝的税收是三税二，而汉文帝的税收是十五税一，足够让他成为一个明君了。

汉文帝的皇帝生涯恰恰证明了权力的可怕。当汉文帝的权力受到各方制约的时候，他谦虚谨慎，戒骄戒躁，朝政清明，人才得以重用。当汉文帝成为天下至尊的时候，他成了一个天命所归且无限接近于神的帝王，结果朝纲混乱，奸臣当道。贾谊、季布皆不得重用。

但是不管怎么说，汉文帝一朝，老百姓生活水平大大超过了前朝，传统文化在这一时期得到了巨大恢复，全国各族人民和谐相处，无论朝鲜、百越、胡人都心向王化，匈奴问题从前朝的心腹大患变成了疥癣之疾，被束缚在土地上的老百姓自由度大大提高，总之汉文帝时代的综合国力，超越了秦始皇缔造的秦朝。

汉文帝是个高明的棋手，每个难解决的问题，他都会下一大盘棋去解决，这一点他就像是汉高祖。汉文帝留给后世最大的遗产就是如何解决匈奴和藩王等这些棘手问题，不要急于马上去解决，只要政策没问题，慢慢来不着急，欲速则不达。要用温水煮青蛙的办法，就能逐步取得成效。

比如藩国，汉文帝不声不响地把赵国砍了一半，把齐国和淮南国拆分成多个小国。一点乱子都没出，还落得好名声。这是三个最强大的藩国，处理得都

---

[1] 见《汉书·文帝纪》。

这么轻描淡写。其余的藩国，还是个难事吗？按这个路子走下去，解决藩国只是时间的问题，不会出现大的乱子。

历史上的权力交接，大多数会伴随着惊心动魄的明争暗斗。而汉文帝的驾崩，并没有任何权力危机的苗头出现。太子刘启顺利继位，皇权的交接出现了平稳过渡，体现了汉文帝执政期间政治上的超稳定状态。

刘启顺利接班，历史正式进入汉景帝时代。刘启在当太子期间，那是非常地低调。这并不是因为他无欲无求，而是因为他对汉文帝有着无法言表的惧怕。现在行了，一朝权在握，先把规矩破。汉景帝要把自己的当太子时的恩恩怨怨和政治理想毫无保留地挥洒出来。

其实在汉文帝罢免张苍之后，黄老之术的统治地位就失去了基础保障。但是汉景帝依然在执政初期坚决贯彻了黄老之术。是什么让他遏制住欲望，又是什么让黄老之术彻底在他执政生涯内失去生命力呢？

第三章 黄老穷途

空中楼阁式的黄老之术

1
汉景帝与秦二世

汉文帝后元七年六月初九，皇太子刘启在未央宫正式继承皇位。

汉景帝刘启是个幸运儿。说起来汉文帝还是代王的时候，人家有正经八百的代王后，而且还有三位嫡子。那时候刘启之母窦氏，还在长乐宫当着宫女。即便是许负、公孙臣、新垣平这三位能掐会算懂望气的玄学大师们联合测算，谁也不敢说宫里这位并不出奇的窦姓宫女能当皇后，更别提她能生出一个皇帝来。

然而老天爷就是这么疼刘启，窦氏获得了一个出宫伺候藩王的机会。本来窦氏希望去赵国，然而她却阴错阳差地去了代国，更离奇的是，一百个不愿意去代国的窦氏，刚到了代国就被代王专宠于后宫，原来的代王后和三个王子的大戏迅速地杀青，都死得无声无息。窦氏生下的刘启成了代王长子。后来代王成了皇帝，皇长子刘启顺势就成了皇太子，窦氏顺利当了皇后。日后纵有慎夫人专宠，也没能生出一个可以威胁到刘启的小皇子来。

按理说，汉景帝断然不会采用黄老之术治国。因为汉景帝从小就不是个温和的孩子，其性格可谓飞扬跋扈，好勇斗狠，残忍嗜血。这样的皇太子，我更相信他能成长为秦二世那样的皇帝，会在法家的道路上策马奔腾。

小时候的刘启最亲密的伙伴是和他同父同母的弟弟刘武，还有同父同母的姐姐馆陶公主刘嫖。刘启生在皇家，有爹疼娘爱奶奶宠，外加姐姐和弟弟帮衬，自然是霸道了些。比如他经常违反宫里的规矩驾车驰骋司马门，再比如跟吴王世子下个棋,这位太子爷一言不合就拿棋盘亲手给人拍死了。[1]说实在的,当年秦二世小时候那么浑,也不至于亲手杀人,最多是把大臣们的鞋子踢飞。[2]

当然秦二世之所以成长为一个暴君,他的老师赵高有很大责任。平日里教汉景帝的晁错也不是个温和的人。秦二世不光是个暴君,还是个昏君。汉景帝在"同行"们的衬托下,还算个相对不错的皇帝,他也是汉文帝盛世的发扬者,甚至还是颇有贤名的黄老之术发扬者。

其中的差距,大概是因为以下几个关键角色对汉景帝的影响。

首先我们要说的,就是汉景帝的母亲窦氏。窦氏独爱黄老之术,尤其是喜欢读《老子》和《黄帝四经》。抛开她的身份不谈,只从学术的角度讲,她也是黄老之术的专家。那么在她的影响下,汉景帝的基础教育底色应该还是黄老之术。对比从小跟赵高厮混在一起的秦二世,二人受教育程度和内容区别很大。赵高能教给秦二世的,主要还是刑罚断案之学。[3]而且,秦二世顽劣学习未必多认真。汉景帝要跟母亲学习,自然要更用心一些。

另外,汉朝以孝治天下,每个皇帝的谥号都有一个"孝"字。所以太后对皇帝的影响力,乃至对朝廷的影响力都是很大的,哪怕这位太后不是吕太后。当一个笃信黄老之术的太后在朝,皇帝的个人意志还是会受到制约的,皇权受到制约,能让皇帝少走弯路和错路。而秦二世则刚愎自用,没有人能影响他的执政方向。笔者在介绍叔孙通的时候也提到过,陈胜、吴广起义之后,秦二世召集博士们开会,他只愿意听叔孙通讲陈胜、吴广要完的消息。谁要是说起义军很厉害,准会被秦二世看作长他人志气灭自己威风。另外,秦二世不纳忠言,让赵高逐渐坐大,终于有一天,在赵高的逼迫下,秦二世走向了绝路。秦二世身边的近臣叹息,说早就知道有这么一天。秦二世大怒,质问这个近臣,既然你知道会这样,为什么不提醒朕?这个近臣回答,我就是因为没提醒你,才能活到现在。由此可见,由着性子胡来的皇帝往往因为滥用皇权而走向黄泉。

---

[1] 见《史记·吴王濞列传》。
[2] 见《新序·杂事五》。
[3] 见《史记·蒙恬列传》。

汉景帝和秦二世受各自父亲的影响，区别也是很大的。汉景帝最顽劣的时候，其父汉文帝刚好是礼贤下士的圣君。圣君的身边，自然有忠臣。汉景帝在司马门飙车被张释之扣下，最终请汉文帝交了罚金才让走。这对于汉景帝来说，至少让他明白了有权也不能任性，皇帝也得讲理讲法。秦二世的父亲秦始皇是个暴君，性格乖戾，喜怒无常。别看秦始皇嗜杀成性，却对秦二世非常骄纵，乃至赵高犯了死罪，秦始皇都能法外开恩饶了赵高一命。这让秦二世能学到的，就是皇帝不必守法。

也正是这些先天因素，影响了这二位皇帝登基后的治国走向。一个被称为盛世明君，一个成了亡国之君。事实上这二位皇帝在登基后，都是在最大程度上效仿自己的父亲是怎么做皇帝的。秦二世没有秦始皇那样的雄才大略，学了个下场悲惨。汉景帝这边就稳妥多了，因为他首先要学的就是汉文帝初期那样，沿着黄老之术的路子当个圣人。

汉文帝要当圣人，很大一部分原因是他的皇位来自群臣的推举，而不是他有非常合法的继承权。在满潮文武都是潜在敌人的时候，当圣人无疑是最稳妥的。而汉景帝的继位并没有那么多的麻烦，他毕竟合法当了二十多年太子，且此时开国功臣们几乎已成为历史名词了，他为什么还要学汉文帝从当圣人开始呢？原因就在于汉文帝给他留下的这满朝文武，他都看不上眼。

汉景帝首先要表现自己的孝心，于是接受大臣建议，给汉文帝上庙号为太宗。庙号指的是皇帝驾崩后，供奉在太庙里的称呼。最早起源于商朝，周、秦则没有庙号。汉朝恢复庙号制度，但却非常谨慎。政绩不够的皇帝没有庙号，即便是因为当时有了庙号，也可能在未来被撤销。比如西汉最终确立有庙号的皇帝只有四个，分别是太祖高皇帝汉高祖、太宗文皇帝刘恒、世宗武皇帝刘彻和中宗宣皇帝刘询。汉景帝都是没有庙号的。

所以汉景帝给汉文帝上庙号，一方面是表现自己的孝心，另一方面是表现自己对汉文帝大方向上黄老之术思路的认可，确立自己的统治合法性。

之后汉景帝宣布大赦天下。其实很多人有疑问，大赦天下这种事怎么会在历史上总被看作是德政呢？那些犯人被赦免，难道不是助纣为虐？其实这件事可以换个角度看。我们以汉朝为例，汉朝的法律继承自秦法，即便经过汉文帝进行了几次宽刑改革，普通百姓的犯罪门槛依然很低。甚至可以说，稍有不慎就会犯罪。他们一定是十恶不赦的坏人吗？那可未必，只不过当时的犯人大多数是皇帝们用严刑峻法钳制百姓的牺牲品，因此大赦天下自然会被看作是一种德政。

为了边疆稳固，汉景帝派御史大夫陶青去与匈奴和亲。

而汉景帝办得最非常漂亮的一件事，把农业税改为三十税一。有这一件事，他就比十五税一的汉文帝还要圣明。仅仅是这样还不够，汉景帝还做了一件与圣人身份十分相符合的事。

在讲汉文帝时，我提到过一个"缇萦救父"的故事，汉文帝趁机废除了肉刑。在前文中，讲过汉文帝废除肉刑的政策，其实造成了更残暴的后果。那么这个后果是什么呢？

汉景帝继位之后，清楚汉文帝废肉刑的结果事与愿违。为什么呢？因为汉文帝不是真正废除肉刑，而是修改肉刑。

比如说，按照过去的法律，某人应该被判处斩掉右脚。汉文帝一看太残忍了，别砍脚了，砍头吧。这样，肉刑改死刑，连拄拐的机会都没了。再比如，按照过去的法律，某人应该被判处斩掉左脚。汉文帝一看太残忍了，改笞打五百下。按照过去的法律，某人应该被判处割掉鼻子。汉文帝一看太残忍了，改笞打三百下。

看上去，这两条算是改轻了刑罚。实际上不然，古代最可怕的刑罚就是打。别管是用什么刑具打，打的结果可没法掌握。也就是说，如果判了斩首，那就是死刑，没什么余地。判了砍腿，那就是残疾，不得破伤风不失血过多，一般死不了。唯独这个打，自古以来就没法衡量结果，全看执行者的心情。最起码在汉文帝时代，这些人大多被打死了，那还不如残疾。残疾了最起码还能去要饭。

所以，在汉景帝元年（公元前156年），皇帝改原定笞打五百下的罪，改为笞打三百下。原定笞打三百下的罪，改为笞打二百下。这样一改，百姓更加称颂汉景帝圣明，感慨自己很幸运能生活在这样的时代。[1]

---

[1] 见《汉书·刑法志》。

汉景帝用了大约一年的工夫，就把自己塑造成了圣君。他先起用了自己三个心腹。封太中大夫周仁为郎中令，封张欧为廷尉，封中大夫晁错为左内史。这三位出身于太子宫的大臣走向了朝堂，过去朝中那些老臣又该何去何从？

2

人情世故

汉景帝平稳继位后，看似风平浪静，其实这位皇帝陛下的内心已经开始风起云涌。自己的时代来了，朝廷得换换血了。这时候，几个汉文帝时代的大臣就不得不重新聊聊了。

汉文帝留给汉景帝的大臣当中，有几个是很重要的。比如丞相申屠嘉、御史大夫陶青，再比如地方上的前吴国丞相窦婴和现任吴国丞相袁盎，这些人跟汉景帝继位的新宠晁错一碰撞，那真是天雷勾地火，精彩纷呈。

过去，朝中大臣普遍不待见袁盎。因为这个人经常对一些大家习以为常的陋习提出意见，而他又非常地讲规矩。连汉文帝的宠妃慎夫人坐错了位置，他都敢上去让人家挪地方。他连汉文帝都敢得罪，大臣们谁敢惹他？

不过到了景帝时代，还真有这么一位敢惹袁盎，这位就是履历老但资历少的丞相申屠嘉。申屠嘉比袁盎还要耿直，甚至敢教训汉文帝的宠臣邓通。相比之下，而袁盎却越混越差，从朝廷下放到地方任陇西都尉，后来外放齐国当丞相。再后来吴国丞相窦婴告病，朝廷又改封袁盎为吴国相。所以申屠嘉并不把袁盎放在眼里，那在袁盎看来，申屠嘉就是个官场"暴发户"，脑袋也不怎么灵光。御史大夫陶青是汉高祖旧臣开封侯陶舍的儿子，可以说是汉朝开国以来最平庸的一位御史大夫，也是汉朝第一位官二代御史大夫。陶青平时非常低调，自然也降低了对申屠嘉的权力制约。

虽然申屠嘉和袁盎不怎么友好，但他俩也有共同的敌人，那就是朝堂上最飞扬跋扈的晁错。

晁错和袁盎的仇，比袁盎跟申屠嘉的龃龉还大。袁盎再不喜欢申屠嘉，见面也得客客气气的。但袁盎和晁错二人之间的关系，恶劣到无法在同一个房间办公。袁盎只要进门看见晁错，肯定扭脸就走。而晁错一进门只要看见了袁盎，他也转身出门。[1] 但是敌人的敌人未必是朋友，晁错跟申屠嘉也有仇。人家申屠嘉怎么说也是丞相，晁错依然不把丞相放在眼里。当了丞相的申屠嘉本身就有点飘飘然，遇上这么一个比他还飘的，双方自然矛盾重重。

晁错这个人属于皇帝特别喜欢的孤臣，他跟老臣们有矛盾我们也可以理解，毕竟是一朝天子一朝臣，晁错有这种优越感也在所难免。但是同为汉景帝的近臣，晁错跟张欧、周仁的关系也不好。人家周仁沉默少言，廉洁谨慎。张欧素以忠厚长者闻名，他当廷尉后也爱任用一些长者审理案件。所以这二位跟晁错压根不是一路人。

除却朝中这错综复杂的人物关系外，还有两个人跟汉景帝有着不寻常的关系。这头一个是张释之。前文已述，汉景帝还是太子的时候，在司马门飙车被张释之给抓了，又是要罚款，又是要请家长，所以他跟汉景帝是有旧怨的。另一个就不是旧怨的事了，那是有仇。此人就是邓通，曾经以给汉文帝吸脓而邀宠，甚至敢拿太子当自己的垫脚石。

现在汉景帝登基，跟这二位当然得好好"叙旧"。汉景帝首先把邓通免职，后来就有人举报邓通私自在边境外铸钱，据说经过调查后这事还是真的。也不知道邓通自己家有铜矿为什么还去边境外铸钱，总之邓通被罚抄没家产后，还欠朝廷巨额的罚款。邓通从首富变得负债累累，馆陶长公主看他可怜，赏赐他一点生活费，也会被有司没收。长公主没办法了，只能借给他一点衣服食物。最终身无分文的邓通，死在他寄宿的人家。[2]

比起邓通来，张释之就聪明多了。至少，张释之对危险的感知能力比邓通强。可是，张释之要怎么自全呢？其实张释之也没什么办法。不过，官场混的就是个人情世故。有人愿意帮张释之渡过这个难关。

---

[1] 见《史记·袁盎晁错列传》。
[2] 见《史记·佞幸列传》。

黄老之术既然是汉初的指导思想，那么黄老之术的学问大家们就在朝中有着超然的地位。比如说张释之结识过一个黄老之术的专家叫王生，此人大概是文景时期的黄老权威，因此能出入宫廷讲学。王生这个级别的，大概就会以黄石公自居了。于是他效仿黄石公让张良给自己穿鞋的故事，让张释之为自己系袜子带。古代袜子没有松紧性，需要系带才能束紧。张释之也不含糊，跪着给王生系上袜带，于是二人结交，王生也经常跟其他大臣讲张释之的好处，因而大家也都敬重张释之。[1]

　　王生告诉张释之莫要等着皇帝来找碴了，趁皇上还以圣人面目示人，赶紧找皇帝去认错吧。张释之赶紧进宫跟皇帝请罪。虽然他抓了太子请"家长"这事过去好多年了，但如果张释之从此不提这事，汉景帝早晚得对付他。张释之主动认错，其实是给汉景帝一个机会，一个当圣人的机会。汉景帝心领神会。报仇的事肯定不能再提了，汉景帝表现得很大度，他决定不杀张释之。张释之如释重负，叩谢皇帝英明。

　　而这件事，也让天下人看到了一个大度的汉景帝，汉景帝或成最大赢家。但仇也不能不报，一年后，当大家把这件事快淡忘的时候，汉景帝下诏，下放张释之为淮南国丞相。张释之捡了一条命，欣然前往淮南国，为将来淮南国免于卷入七国之乱做出了巨大贡献。

　　按下张释之不表，朝廷的人情世故因为晁错的张扬跋扈而发生了微妙变化。

　　就在袁盎述职后要前往吴国之前，在大街上偶遇丞相申屠嘉的马车。袁盎规规矩矩地下车跟丞相行礼，申屠嘉却爱搭不理，点个头就走了。袁盎觉得这是奇耻大辱，当夜就去丞相府找申屠嘉理论。申屠嘉态度高傲，说他俩没有私事可聊，有公事就去找长史聊。袁盎倒也直接，问申屠嘉自认为当丞相比陈平、周勃如何？申屠嘉有这个自知之明，自叹不如。袁盎把话挑明，说人家当丞相，个个都是在开国前有战功，开国后尽股肱之力，你一个弓弩手出身，凭什么当丞相？当年先帝在路上不管遇到谁递上来的奏折，都会停下车驾认真审阅，所以先帝越来越英明睿智。你现在倒好，谁的意见都不听，一天比一天愚

---

[1] 见《史记·张释之冯唐列传》。

蠢。皇上如此圣明，会认可你这个愚蠢的丞相吗？你的祸事不远了。

申屠嘉让袁盎给骂醒了，仔细一琢磨，还真是这么回事。如今晁错迅速崛起，袁盎失势，自己的地位岌岌可危，还有心思跟袁盎斗气，确实非常愚蠢。申屠嘉赶紧跟袁盎冰释前嫌，请袁盎给自己出主意。

可袁盎也出不了主意，他自己都自身难保，还被下放到了危险的吴国。所以在这种背景下，汉景帝看似风平浪静的继位，其实内部早已暗流涌动。皇位是没人威胁，但朝臣们都磨好了刀，准备火拼。

晁错的跋扈，让丞相申屠嘉感到了隐忧。而且自从晁错上位，丞相申屠嘉就成了摆设。朝中大事都是汉景帝和晁错一商量就办了，让申屠嘉很没存在感。申屠嘉也学晁错，数次上书谈政策，结果汉景帝不予理睬。

申屠嘉想起来袁盎的话，当初他能上位，完全是汉文帝平衡关系的结果。申屠嘉说起来也是跟着汉高祖打天下出来的，但是当初他就是个弓弩手。在汉朝历史上，申屠嘉比起萧何、曹参、王陵、陈平、审食其、吕产、周勃、灌婴、张苍这些前辈，别说政治才能了，就算比射箭自己都不一定能拔得头筹。如今存在感这么差，晁错又老针对他。也因此，申屠嘉越来越恨晁错。

虽然晁错在朝中风头正盛，但申屠嘉好歹在丞相的位置上，所以申屠嘉决定还是要对晁错进行绝地反击。

3
晁错的时代

晁错在汉文帝时代的晚期,就是朝中举足轻重的大臣了。朝中很多政策的制定都是晁错推动的。但是在汉文帝时代,晁错的官职为博士,跟公孙臣官职一样。那么说汉文帝既然倚重晁错的办事能力,为何不给他一个高级别的官职呢?这就是汉文帝的高明之处,展现了日后两千年来中国君主制度能发展到极致的雏形。

皇帝想要皇位稳固,就必须把皇权发展到顶峰。为此,就得除掉一切可以制约皇权的力量。汉朝开国以来,有一种权力总是可以制约皇权,那就是相权。

丞相何以能制约皇权呢?因为在当时的制度下,丞相位高而权重,是一个王朝的实际行政者。另外,无论是儒家的传统还是黄老之术的传统,都认可在治国方面丞相要比君王更重要。在儒家的传统观点中,一个明君圣主的最重要的品质并不在于自己有多强的办事能力,而是要有任用贤能治国的能力。所以在儒家的叙事中,尧舜禹汤文武这些圣君的功绩,都伴有任用贤相的经历。伊尹、周公旦这种贤相,甚至比那些圣君还要光辉。

比如在春秋时代,当时的秦国还不够强大,还有野蛮的标签,被中原各国瞧不起。但孔子却说秦国虽然小,但秦穆公能破格任用五羖大夫百里奚,行中正之事,能成为霸主都算客气的了,当天子也是够资格的。[1] 当然了,孔子是

---

[1] 见《史记·孔子世家》。

没看到商鞅变法后的秦国，跟秦穆公时代完全不是一种状态。

尤其是在黄老之术的指导下，皇帝更需要无为而治，具体政务交给具体官员，皇帝坐享其成就可以。这就导致如果丞相能力很强，君主不重用他就是君主的罪过，君主不听丞相的那就是昏君。上古时代，都是这样的故事。周文王为什么是圣君？因为他能用姜子牙。商纣王为什么是昏君？因为他杀了比干。

那君主和丞相并存的时候，要论权力，过去君主并不直接办理国家大事，上朝也就是在那听着。国家政策制定的地方不是朝堂，而是相府。各部门具体办差的官员，都是丞相的属官，而不是君主的奴才。如果照章办事的话，君主无法用自己的权威去干预丞相处理政务。这就导致皇上身边只有太监，而丞相身边都是能办事的人。皇上离了丞相，业务上就玩不转。

所以汉代以前名相辈出，有能力的人才能当丞相。最起码汉文帝以前的汉朝丞相们，萧何、曹参、王陵、陈平、审食其、吕产、周勃、灌婴、张苍都是有很有实力的。

但实际上皇帝是不喜欢这种模式的，都当了皇帝了，谁还愿意受约束？如果可以的话，哪个皇帝不想成为秦始皇？

然后，秦始皇为什么没有被相权制约呢？因为他善于培养跟丞相唱反调的臣子。比如王绾任相时，廷尉李斯奉旨唱反调。后来轮到李斯任相，秦始皇又设立了右丞相冯去疾分其权力。但是这也有一个弊端，因为秦始皇的政策是扶植一个高官去压另一个高官，一旦皇帝软弱，那么新扶植的高官依然是皇权的威胁。比如李斯，过去是对抗丞相王绾的，后来成了假传圣旨的谋逆者。

晁错的出现，让汉文帝看到了一种制约相权的新模式。政策的制定和实施，由博士晁错来搞定。晁错秉承的是皇帝的旨意，所以没人敢不听他的。晁错权力虽然大，连丞相申屠嘉都插不上手。但是汉文帝不担心晁错能威胁皇权，因为他地位低。区区一个博士，有皇上撑腰那算是操持权柄，没有皇帝撑腰那就是个随时可以抛弃的小吏。正因为如此，汉文帝才敢任用能力并不出众的申屠嘉为丞相。

这样一来，原本良好的黄老之术，让汉文帝给搞得本末倒置了。丞相成了无为而治，皇帝开始插手具体事务。这种形式发展到汉武帝时期，就是皇帝设置四尚书协助自己办事。这四位尚书取位不高，但能分相权。汉成帝时设五尚书分曹办事。尚书负责具体国家事务，分担了相府官员的工作，也分走了相府官员的权力。尚书最高级别仅仅是千石，而丞相级别是万石。皇帝就是靠几个小尚书来分丞相的权。

东汉光武帝的时候，尚书们有了自己的衙门叫尚书台，长官为尚书令，级别是千石。自此，皇帝有了自己的文官团队，尚书台取代了丞相府和御史大夫府，成了最高决策机构。

到了隋唐，尚书台发展为尚书省。尚书省的出现，彻底改变了丞相作为朝中核心的局面。因为尚书省把宰相变成了为皇帝办事的文员。而且原来只有一两个丞相，现在尚书省有很多宰相。这样宰相们需要讨论的就不是如何制约皇权，而是如何听皇上话的问题了。

当丞相的权力分散到三省长官手里，皇权就更强大了。到了宋朝，三省长官一般不实授，宋代又设有枢密院和三司分掌军权和财权。元丰改制之后，宋朝从形式上恢复了唐朝的三省六部制，但三省长官依然是虚设，且增加了宰相的数量。

明朝继承了元朝的制度，三省只剩了中书省。中书省左右丞相统领六部，如此丞相的权力就会增强。因此明太祖掀起大狱，杀掉丞相胡惟庸，罢中书省，权分六部，自此不再设立宰相。从此之后，实际上就是皇帝自己兼任宰相。但皇帝要么不懂怎么处理政务，要么不想上朝，所以明太祖设内阁，让大学士帮忙处理具体政务。大学士就像汉朝的尚书一样，虽然干的还是宰相的活，但并不能开府治事，也不是六部的直属上级，只能算皇帝的秘书集团。

清代在明朝的基础上，又增设军机处，军机大臣不固定，皇上想让谁来谁就是军机大臣。非军机大臣者即使官职再高，进入军机处也是死罪。军机处集体办事的是军机章京，军机章京只有四品。所以光绪时期皇上想要夺权，就先从军机处增设几名四品军机章京，这伙人足够架空那些一品、二品大员。当一品大员甚至是亲王贝勒都敌不过背后站着皇帝的军机章京时，还怎么去反过来制约皇帝？所以军机处的设立，标志着中国古代君主制发展到了顶峰。

这就是中国古代君主专制发展的过程，也是皇权与相权的博弈的演化史。

很明显，皇帝是最后的赢家。而相权被逐步削弱的进程中，其源头最初就是从汉文帝让晁错以中大夫身份参与政务开始的。

晁错是草根出身，没有背景，没有根基，他想要改变人生只能依附于皇帝，所以他能成为汉景帝手里的神兵利器，皇帝得靠他统御群臣。而这对君臣上位之后，都开始了各自的复仇行动。

汉景帝处理了邓通和张释之，那该晁错报仇了。晁错最恨的是丞相申屠嘉，不搞死申屠嘉，自己怎么再进一步呢？晁错虽然官职是内史，地位低于九卿。但是自从他当了内史，朝中政令都是出自他之手。申屠嘉争宠不过，成了一个摆设。眼看晁错扶摇直上，成了朝中第一人。申屠嘉决定重复当初对付邓通的手段来对付晁错。

申屠嘉暗中搜集晁错的罪证。他坚信只要自己掌握了足够的证据，那么就能名正言顺地对付晁错。申屠嘉运气不错，仿佛刚想睡觉就有人送枕头，很快晁错有大罪过被申屠嘉掌握了。

晁错日常办公的内史府有个东门，但是晁错下班得往南走。就这几步路，晁错都不愿意绕，他高调地开了一个南门。内史府的南边是太庙，所以这个南门就开在了太庙的北墙上。

申屠嘉一看晁错太嚣张了，敢破坏先帝的太庙。当初有人偷了太庙的玉环都被判了弃市，这回敢在太庙墙上拆出一个门来，至少也得是灭族吧。申屠嘉赶紧上书弹劾晁错，说晁错破坏太庙的墙，欺君罔上，大逆不道，其罪当诛。

其实在申屠嘉盯着晁错的同时，晁错也派人盯着申屠嘉。晁错第一时间知道了申屠嘉的奏章，于是连夜进宫请罪。

在汉景帝看来，申屠嘉这哪是弹劾晁错啊，这分明是弹劾皇帝。俗话说了，打狗也得看主人。汉景帝是个暴脾气，可不像汉文帝那么好说话。

汉景帝接到申屠嘉的奏章后，对申屠嘉说，晁错拆的是太庙外墙，并不是太庙的内墙。况且拆墙是朕的主意，跟晁错没关系。[1]

申屠嘉惊呆了，汉景帝的反应完全超出了他的预期。申屠嘉后悔上书弹劾晁错，这倒不是他觉得不该得罪晁错，而是觉得自己太心慈手软了，就该行使

---

[1] 见《汉书·张周赵任申屠传》。

丞相职权对晁错先斩后奏。可惜一切都晚了，申屠嘉越想越窝囊，回家后眼前一黑，吐血身亡。

申屠嘉的死震惊朝野。自此以后，再没人敢对晁错说三道四，谁见了晁错就算心里怒骂，面上也得客客气气的。两个月后，汉景帝升御史大夫陶青为丞相，升晁错为御史大夫，位列三公。

本来申屠嘉当丞相，就拉开了汉代丞相平庸化的序幕。而陶青的上位，几乎等于宣布谁都能当丞相。陶青的特点就是听话，肯定不会跟晁错意见相左。自此历史进入了晁错的时代，一切政令都由晁错说了算。

所谓一朝权在手，便把令来行。晁错当了御史大夫，弹劾的第一个人就是老对手袁盎。袁盎犯了什么罪呢？不重要，御史大夫说他是什么罪，那他就是什么罪，比如贪污腐败。

袁盎的罪名经过审查，是收了吴王的贿赂，其罪当诛。可汉景帝一琢磨，袁盎受贿就被杀掉的话，那行贿的吴王怎么处理？这要是换个正常模式，汉景帝得痛批晁错，然后昭示天下，以安吴王及诸侯的心。但是汉景帝对晁错的恩宠一点不亚于乾隆之于和珅。所以汉景帝折中处理了一下，没有杀袁盎，而是革职。自此袁盎成了一介平民。

那么袁盎真的受贿了吗？其实也不是。当年袁盎去吴国当丞相时，就做好了送命的准备。因为吴王刘濞的儿子是被汉景帝活活打死的，所以刘濞心怀怨恨，以生病为由不去朝见汉景帝。袁盎被派去吴国当丞相，就怕刘濞一个不开心把他杀了泄愤。所以袁盎在刘濞面前演了好多戏，终于打消了刘濞杀他的念头，还得到了刘濞的赏赐。[1]

汉景帝不杀袁盎让晁错很不爽，但他没有放弃，一计不行再来一计，只要能杀袁盎，任何代价他都在所不惜。晁错有着杀鸡就用宰牛刀的精神，不达目的誓不罢休。

---

[1] 见《史记·袁盎晁错列传》。

4
说好的不折腾呢？

千百年来，我们的认识中很容易固化一个印象，那就是藩王一定是坏人。无论是汉朝的刘氏诸王，还是晋朝的司马氏诸王，抑或是清朝的三藩，我们很容易主观地认为他们都是坏人。其实这么想的话，那就是把自己代入到皇帝的角色里了，也是很有问题的。

同样是藩王，明朝燕王朱棣的形象就跟那些个乱臣贼子不一样，是个很正面的人物。他起兵靖难，敢于反抗迫害藩王的建文帝。但是当燕王变成了永乐皇帝，朱棣依然坚持建文帝的削藩政策。舆论上马上就一片赞扬，支持永乐帝削藩。

这就是成王败寇的故事。谁最终坐在皇位上，谁就有了最终的话语权。在汉景帝即位初期，汉朝已经没有了地盘很大的诸侯王，没有哪位王爷能威胁到汉景帝的皇位。在黄老思想的体系下，这是最好的局面。皇帝和诸侯们相安无事，最符合无为而治的思路。

朝中没有秉持黄老之术的老臣之后，新人要想不重复贾谊的悲剧，就不能无为，而且要折腾出来一点事，这样才能给自己打开上升通道。晁错是汉初最能折腾的大臣，无论是大规模往边境移民，还是对抗朝中的老臣，他都非常活跃。而只有不断为皇帝折腾，晁错才能体现自己的价值。

晁错在担任御史大夫后，又很有危机感。他毕竟不是开国功臣，又是黄老之术的挑战者，现在身居高位，如果自己的价值不够，那么又怎么保住自己的地位呢？

晁错的建设边关对抗匈奴政策收效不佳，朝中老臣也失去了对皇权的制约。那么晁错想继续体现自己的价值，就开始折腾藩王了。晁错没有坐实袁盎受吴王贿赂的死罪，那么只要吴王的反贼罪名成立，那么袁盎就只能是死路一条。不过，晁错的目标并不是只有吴王和袁盎，他的目标是全部藩王。

当初汉文帝继位，当了三年的圣人。而汉景帝继位，最多也就装了一年的圣人。自从他起用晁错担任御史大夫以来，朝政就开始偏离了黄老之术。所以不用折腾的事，晁错都要折腾一番。比如说对付藩王，当初汉文帝和贾谊就定下了温水煮青蛙之策。哪怕是被认为有不臣之心的吴王刘濞，也没有公开反叛的必要性。到了汉景帝前元三年，吴王刘濞都快六十了。在那个年代，这就算岁数不小了。只要汉景帝熬死吴王刘濞，把吴国再按照既定方针分封给吴王的儿子们，那么吴国也就被拆分成了小国，不足以对抗朝廷了。当然了，吴国在最鼎盛的时期，也不足以对抗朝廷。

但是，晁错必须折腾削藩这件事。他要是开国功臣，那么还可以按照黄老之术讲究个清静无为不折腾。可他是个草根，只有靠折腾才能获取利益。晁错上书汉景帝，力陈必须削藩的必要性，以及被他无限夸大的藩王威胁论。

晁错的奏章写得慷慨激昂，言之凿凿。乍一看晁错说得很对，藩王的危害仿佛也很大。但是，既然藩王那么不好，汉景帝可没少分封藩王。就在汉景帝前元二年（公元前155年）的三月，皇帝立十四个儿子中的次子刘德为河间王，三子刘阏于为临江王，四子刘余为淮阳王，五子刘非为汝南王，六子刘发为长沙王，七子彭祖为广川王。这一封就是六个藩王，这时候不怕他们危害国家？[1]

所以说汉景帝和晁错的削藩，针对的并不是藩王，而是某几个当藩王的人。这头一个，就是吴王刘濞。

所有的影视形象中，刘濞都是阴险狡诈、野心勃勃的形象。但是事实是这样吗？我们来看一看刘濞的生平。

刘濞，是汉高祖的二哥刘仲之子，自幼彪悍，武功高强。汉高祖定鼎天

---

[1] 见《资治通鉴·汉纪》。

下，曾封刘仲为代王，没想到刘仲一遇到匈奴入侵，马上撇下代国就跑。汉高祖很生气，但自己从小是靠这位二哥养大的，所以汉高祖没有杀刘仲，而是废其王位，改封为郃阳侯。本来刘濞可以安安心心等待继任郃阳侯，但是历史就这么无常，把他推到了前台。

当初汉高祖用陈平计，诈游云梦泽，擒楚王韩信。之后汉高祖把韩信的楚国分为楚国和荆国两部分，立自己的异母弟弟刘交为楚王，立堂哥刘贾为荆王。汉高祖十一年，淮南王英布反，杀荆王刘贾。汉高祖带兵平叛，队伍中就有刚满二十多岁的猛小伙刘濞。平叛成功后，汉高祖为了江南的稳定，封刘濞为吴王。汉高祖也怕这孩子不定性，于是告诫他不要造反。[1]

刘濞刚当上吴王不久，汉高祖就驾崩了。在汉惠帝和吕后称制时代，刘濞安安稳稳地当他的吴王，不招谁不惹谁。所以在吕太后迫害刘氏诸王的时候，并没有打击这位吴王。经过诸吕之乱，汉文帝继位。淮南厉王刘长成了南方的不稳定因素，但刘濞依然十分稳定。直到有一天，汉文帝为了让自己的宠臣邓通发财，于是赐给邓通一座铜矿，并宣布人人可以铸币。吴国境内也有铜矿，所以刘濞沾了邓通的光，也跟着铸币，成了王中首富。

吴国不仅能靠铸币发财，又因靠着大海，还能煮盐赚钱。再加上汉文帝废除了通行证制度，老百姓可以自由迁徙。那各路铸币、贩盐的豪杰都纷纷往吴国跑。这就是日后吴王的三大罪状：铸币、煮盐、招揽亡命徒。但是讲道理的话，这三样都是汉文帝允许的行为，只不过这三样事刘濞做得最出色，树大招风罢了。

在汉文帝缔造的盛世中，百姓最感激汉文帝十五税一的政策。但汉文帝的政策，比起刘濞在吴国的政策，那就不值一提了。刘濞铸币发财之后，免了吴国百姓所有的赋税，老百姓也算是跟着沾了光。

刘濞并非汉高祖之子，基本与皇位无缘。在刘氏皇族的旁系中，刘濞地位显赫，因此他与朝廷没什么根本矛盾。非要说有什么矛盾的话，那就算是刘濞与汉景帝的私人恩怨。当初吴国太子刘贤入朝见汉文帝，[2]之后跟太子刘启在

---

[1] 见《史记·吴王濞列传》。
[2] 《史记三家注·吴王濞列传》：姚氏案：楚汉春秋云"吴太子名贤，字德明"。

后宫下棋。俩孩子嘛，下着下着就因为争先后手的问题发生了争执。少年时代的刘启非常强势，对错且不论，刘启咬住一点，我是皇太子，你得让我。刘贤不服，下个棋而已，还分君臣，这棋没法下了。刘启大怒，抄起棋盘活活打死了刘贤，手段之残忍，令人发指。

别看刘启年纪不大，但给他个棋盘他都能杀人。据说王子犯法与庶民同罪，但是汉文帝没有责备处罚刘启，甚至连样子都没做，派人把刘贤的尸体送回吴国。刘濞痛失爱子，非常悲伤。但杀他儿子的是太子，刘濞也没法追究责任，于是让人把刘贤的尸体再送回长安。刘濞说了，大家都是刘氏同宗，刘贤既然死在了长安，就应该葬在长安，何必送回吴国？自此以后，刘濞称病不去长安朝见皇帝。

在史书上，史学家们已经尽力替汉景帝说话了。说什么刘贤及其师傅都是骄傲彪悍的人，对刘启不恭。但是我想说，人家再不恭，也没说动手打人吧。刘启倒是没有什么骄傲、彪悍、轻浮的标签，但他可真敢杀人啊。

所以史书上也尽量说刘濞的缺点，以证明皇帝的正当性。比如刘濞不来朝见这事，被说成刘濞失了藩臣之礼。言下之意，也就是刘濞早就想造反了。但实际上，刘濞不朝，是为了造反吗？大概率不是。因为长安太复杂了，自己去会不会被打死呢？所以刘濞不朝，更可能是一种自保。

我们从刘濞的角度看。刘启打死了刘贤，汉文帝情绪稳定。这有没有可能是汉文帝故意的呢？吴王觉得有可能。藩王不明不白死在长安的事例也不少了，所以刘濞绝对不会再去长安朝见了。

但是，这种行为在晁错的解读中，就是悖逆不法。这倒不是因为晁错耿直，他也是看人下菜碟。他老说刘濞有很多不法的心思，其实当时最不法的藩王是汉景帝的亲弟弟梁王刘武。比起刘濞来，刘武似乎更富有。在齐国被汉文帝拆分后，梁国就是诸侯当中实力最强大的。梁国有四十多座城，而且是中原的膏腴之地。梁国的府库有上百万的钱，珠宝玉器的数量比长安都多。刘武修建的东苑，比未央宫还大。晁错攻击刘濞招揽亡命徒，而那些所谓的亡命徒多是去铸币的，算混口饭吃。而刘武招揽的都是所谓的名士，比如吴人枚乘、严忌，齐人羊胜、公孙诡、邹阳，蜀人司马相如，这些人聚在一起，可比铸币的聚在一起造反的胜算高。说刘濞称病不朝就算失了藩臣之礼，那刘武可出入长安可使用天子銮舆，连他的随从都能随意出入未央宫。

但是，汉景帝就不难为刘武，处处跟别的藩王过不去，先割赵国常山郡，又割胶西六县城。这让天下人怎么想？等于是汉景帝告诉其他王族，只有我们家人才是刘家子孙，你们不是。到了汉景帝前元三年（公元前154年），皇帝口头承诺封刘武为皇太弟，那刘武更加骄横，干脆住在长安不走，就等着继位了。

在这种情况下，晁错再说刘濞的坏话，就不能从礼法下手了。得罪刘武可比得罪皇上更危险。晁错上书汉景帝说，当初高皇帝定鼎天下，因诸子年幼，居然封庶子刘肥、庶弟刘交、侄子刘濞三个庶孽为王，尤其是吴王，因为当年吴太子那点事，居然诈病不朝。本来当时就该处死，先帝宽仁，还赐给他茶几、手杖。如今吴王不但不悔过，居然还铸币、煮盐、招揽亡命之徒，分明是造反。早废了他，他早反，危害小。晚废他，他晚反，危害大。[1]

晁错这话说得就没水平了，既然连齐王刘肥都是庶孽，那先帝汉文帝自然也是庶孽。汉景帝出生的时候，也是庶孽。刘濞合法铸币、煮盐、招募铸币人被晁错说成想造反，其实原本没有什么说服力。但是汉景帝信了，原因就是晁错提到了当年刘贤被杀那件事。既然汉景帝是刘濞的杀子仇人，这二人势必不能共存。汉景帝认为杀掉刘濞才是消弭这段仇恨的方式。

汉景帝召集群臣开会，商讨一下晁错的话有没有道理。大臣们谁敢说个不字？谁的脖子比申屠嘉还硬？就在众臣无原则支持晁错的时候，外戚窦婴实在看不下去了，提出了反对意见。但晁错并不给窦婴面子，与之结仇。窦婴虽然是窦太后的侄子，但晁错并不怕他。因为窦婴虽然是外戚，但却是失势的外戚。

早在汉景帝前元三年初，皇上口头让封刘武为皇太弟，窦太后大喜。这时候窦婴提醒汉景帝，皇位得传儿子，哪有传弟弟的道理？自此窦太后怨恨这个侄子，甚至不许他再参与家宴。也因此晁错根本不把窦婴放在眼里。

其实晁错也不把别的同僚放在眼里，开始玩命地折腾，不遗余力地埋祸

---

[1] 见《汉书·燕吴传》。

根。如果按照汉文帝的路线，刘濞都六十二岁了，还有几年好活？等他一死，把吴国一分，让刘濞的儿子人人封王，那是既能解决问题，又能皆大欢喜。可晁错为了体现自己的价值，偏要折腾一番不可。

楚王刘戊来朝，他是前楚王刘交的孙子，按辈分是汉景帝的族弟，俩人是同一个曾祖父。晁错上书弹劾楚王刘戊，说去年太皇太后仙逝期间，楚王没有禁欲，其罪当斩。问题来了，晁错有证据吗？如果有，当时为何不弹劾？如果没有，这事能开玩笑吗？汉景帝出来打圆场，就不杀刘戊了，割楚国的东海郡抵罪吧。

再算上汉景帝前元二年晁错上书弹劾赵王和胶西王，朝廷割赵国常山郡和胶西国六县，基本上把能得罪的藩王全得罪了。

当初汉文帝把赵国一分为二，设河间国给赵王刘遂的弟弟刘辟强，人家哥俩都很开心。现在汉景帝和晁错随便编个罪名就割赵国的常山郡，引起了赵王刘遂强烈不满。再说齐国让汉文帝一分为七，齐王家族都很满意。结果汉景帝割胶西国六县，得罪了整个齐王家族。这相当于让分裂的齐国又团结起来了。南方的楚国、吴国、淮南国被汉景帝得罪了两个。

这就是晁错当了半年御史大夫交出的成绩单。汉高祖削异姓王，也是一个一个来。汉景帝倒好，同时开展，而且是用欲加之罪的方式削藩。诸侯内心不平，大乱就在眼前。

汉朝不折腾的政策，在汉景帝和晁错君臣这里被彻底破坏了。要说是汉景帝和晁错这对君臣逼反了诸王，倒也不算冤枉他们。

其实各位受了委屈的藩王当中，也有很多信奉黄老之术的。他们当藩王也是讲究个无为而治，但面对朝廷的步步紧逼，让原本没什么交情的藩王们被迫组成了联盟。

5
以联盟对抗折腾

如果简单总结黄老之术，大家往往能想到一个词叫"休养生息"。用大白话说，就是不折腾。不折腾的原因是在汉朝建立之初，分蛋糕非常成功，无论在朝的大臣还是在地方的诸侯都满意。各方势力保持了平衡，那就最好保持现状，谁也别折腾。

随着重量级的开国功臣们退出历史舞台，朝中的平衡被打破，陶青、晁错都能位列三公，他们只会听皇帝的，断然无法对皇帝形成制约。而在地方上，自从汉高祖灭掉淮南王英布之后，其实也达到了一种平衡的状态。这期间也不过是心里委屈的济北王刘兴居和精神不太正常的淮南王刘长反了，且没造成实质性危害。

其实诸王造反的动机并不清晰，尤其是南方诸王，他们身处黄老之术的发源地，只要精神正常，那是更不愿意折腾的。话说回来了，精神不正常的造反，不也都没造成什么危害吗。

时间到了汉景帝前元三年，晁错制定了打压诸侯王权力的三十条法律。这三十条大法的内容现在已经看不到了，因为这样的法律还没来得及贯彻实施，诸侯王们就反了。这三十条无上大法到底有多欺负人？反正晁错的父亲都看不下去了。

晁父从颍川（今河南禹州）大老远跑到长安，恳切地提醒晁错，皇上刚登基，你也刚当御史大夫，结果你处处针对藩王，离间人家刘氏一族的亲情，导致怨恨你的极多，你这是要干什么？

晁错回答，道理是这样，但如果我不这样做，天子就不够尊贵，皇家宗庙就不安全。

晁父知道晁错不听劝，于是感慨以后皇家是安全了，晁氏一族可就危险了。晁父回到家乡，饮鸩自尽。晁父最后的遗言是，不想看到自己被连累。[1]

晁父的死，并没有打动晁错。历史上这些偏执的人都一样，为达目的誓不罢休。

古人对晁错褒贬不一，但要说起晁错最大的才华是什么？我个人觉得晁错最厉害的一点就是以一己之力让诸侯团结。

其实自商鞅变法以来，随着连坐法、挟书律、妖言令以及屡次焚书和鼓励举报的推行，到了汉朝之后，社会已经被秦政彻底原子化。莫说是民间学术团体为之不存，就算是几代同堂的家庭也被打散。社会原子化之后，面对大灾大难，人民的自救能力是很差的。人类是群居动物，能在恶劣的原始社会中成长起来，靠的就是群居这个优势。但是，对于帝王来说，社会原子化最利于他们的统治。也因此，从秦到清，社会原子化越来越严重，而皇权却越来越稳固。

社会原子化之后，人性是可以被操控的。当一个个体被孤立起来，且随时面对被另一个个体举报构陷的时候，自然对任何人都没有信任感。那要生存，只能依附于强权。大家习惯于各扫门前雪，不管他人瓦上霜，这就是鲁迅先生说的麻木。

具体到汉景帝时代，至少诸侯王们看见同行被针对，即便是有兔死狐悲之感，即便是内心觉得这样不公，但最多也就是心里不爽，断然不会朝廷针对某一位王，别的王出来鸣不平。大家都躲着，都知道枪打出头鸟。朝廷割的是赵国，关我齐国什么事？胶西国被割，这不没割我胶东国吗？吴、楚遭殃，我济南国不是没事吗？本来诸侯王还可以这样骗自己，被削弱的几国想要串联他们搞事情也有难度。但是晁错制约诸侯的三十条大法一出，等于明着告诉诸王，都得挨削，谁也跑不了。那这次有人振臂一呼的话，串联起来难度就小得多了。

---

[1] 见《史记·袁盎晁错列传》。

其实刘濞家大业大，作为诸王中的首富，能不造反他是不想造反的。毕竟当初儿子被打死了，他最多是称病不朝，也没有造反。若非被逼无奈，他也不想当这出头鸟。但是，晁错从汉文帝到汉景帝时代，数年如一日地弹劾刘濞，千方百计地想搞死他。其实当晁错说出诸侯王削藩会反，不削藩也会反的时候，对于刘濞来讲，就是反是死，不反也是死。况且，反可能还有一线生机。

晁错针对的第二大诸侯王，就是楚王刘戊。事实上楚王的造反意图更是几乎为零。楚国第一代王是刘交，也就是汉高祖的弟弟。刘交这个人是当时研究《诗经》的学术权威，尤其是对于《鲁诗》的研究非常深。吴王经常招募铸币的人才，而楚王刘交招募的都是当时的学术大家，比如穆生、白生、申公。像浮丘伯这种招不来的，就派儿子刘郢客过去学习，刘郢客还是未来的第二代楚王。刘郢客的家学渊源，又有名师指点，自然也是一代学术大家。第三代楚王就是刘戊，刘戊被称为酒色之徒，不知道学术大家韦孟是怎么教育的。但不管怎么说，如果刘戊是酒色之徒，那就更没理由造反了。[1] 人家楚国也是富庶之国，在家吃喝玩乐就好了，造反多辛苦。

赵王刘遂和胶西王刘印也是没有造反动机的，毕竟当初没有汉文帝，就没有他们的王位。同样，胶西王刘印原本也是没有成为王的资格，是汉文帝把齐国分出六国来，刘印才有机会当了胶西王。

原本这四王都能消消停停过日子，结果在晁错的政策下，成了危机感最强的四个藩王，因为这四国已经开始被朝廷有组织有计划地进行肢解了。他们知道朝廷只要一开始，就不会停下来。与其坐以待毙，不如做点什么。想当初刘氏诸王受吕氏迫害，齐王刘襄起兵，没人说他造反。如今的形势可比诸吕之乱危险多了，吕氏也没想把刘氏诸王连锅端了。刘濞退无可退，决心起兵造反。

正所谓名不正则言不顺，言不顺则事不成。刘濞要造反，就要有个合适的理由。过去齐王刘襄的口号用不得，这次造反以自己的血统为旗号，断然没有什么说服力。毕竟汉景帝是汉高祖的亲孙子，刘濞只是汉高祖的侄子。所以，吴王创造了一个口号叫"诛晁错，清君侧"。也就是不反皇上，只反晁错。再说了，刘氏诸王的设立，就是为了巩卫皇室。如今皇室出了奸臣，诸王有义务

---

[1] 见《汉书·楚元王传》。

有责任去铲除奸臣。[1]

当然了，这都是借口，削藩和清君侧本质上是一回事。吴、楚一拍即合，迅速组成了联盟。但是这二位王爷都不是汉高祖的子孙，所以还得找一个领头羊。受剥削最严重的四王当中，赵王刘遂和胶西王刘卬是汉景帝的堂弟，血统上更具有说服力一些。刘濞决定让刘卬出头，毕竟齐王家族有清君侧的传统，这一大家子人只要团结，实力还是有的。

刘濞派出吴国中大夫应高去探探胶西王的口风。一开始刘卬对清君侧这事是拒绝的，但是当应高说刘濞愿意拉着刘戊一起追随刘卬的时候，刘卬一下来劲了，并拍胸脯保证拉拢自己的哥哥们支持。

应高回吴国回话，吓了刘濞一跳。这大侄子答应得也太痛快了吧，为了巩固这个联盟，刘濞亲自去胶西国跟刘卬盟誓，建立了清君侧联盟。

这样一来，七国之乱的第一组联盟成立，成员国有胶西国、吴国、楚国。接下来，就看刘卬串联齐鲁大地诸国了。

刘卬在史书上有记载的亲兄弟有十二个，除了死掉的大哥齐王刘襄、二哥城阳王刘章、三哥济北王刘兴居，剩下当王爷的还有八哥齐王刘将闾、九哥济南王刘辟光、十哥济北王刘志、十二弟菑川王刘贤、十三弟胶东王刘雄渠五位。刘卬串联的就是这五位兄弟，但没有去拉拢刘章的儿子城阳王刘喜。刘卬为什么不去串联刘喜呢？

因为诸吕之乱以后，齐王家族最恨的就是刘章和刘兴居，这二位在长安那么久，一没拿到兵权，二没帮助刘襄登基，三居然劝进刘恒称帝。所以这次齐王家族再举大事，压根不带刘喜一起。这也导致了齐王一系只有刘章这一脉传了下来。

刘卬的五个兄弟都一口答应起兵，至此七国之乱的第二组联盟成立，成员国有：胶西国、胶东国、济南国、菑川国、济北国、齐国。因为有胶西国做纽带，所以这组联盟和吴、楚也算同盟，至此清君侧的同盟队伍里边，有了八个藩王。

这八个国家，并不包括赵国。因为这里边，赵王刘遂是最有想法的。刘遂

---

[1] 见《资治通鉴·汉纪》。

是汉高祖的亲孙子，根正苗红，论身份和汉景帝是一样的。

刘濞跟汉高祖的血缘关系较远，成功了也无法当皇帝，所以他俩跟谁联盟都一样。刘遂可不一样，他是有机会当皇帝的，所以他不跟齐王家族联盟。但是赵国势单力孤，所以刘遂拉拢了一个更强大的盟友，那就是北方匈奴的军臣单于。双方约定，只要赵国起兵，军臣单于就起兵攻打长安。

此时，清君侧第三组同盟建立，成员有赵国和匈奴。加在一起，汉景帝要面对十个对手，晁错想过会出现这个局面吗？没有。因为没想过，所以没有应急预案。人家忙着结盟的时候，晁错的削吴国豫章、会稽二郡的诏书也写好了，正快马往吴国送去。诏书还没到，刘濞率先诛杀吴国境内两千石以下的汉朝大臣，宣布起兵。随后，胶西国、胶东国、菑川国、济南国、楚国、赵国也起兵了。历史上著名的七国之乱正式拉开帷幕。

明明有九王密谋清君侧，为何只有七国参与？首先要说齐国，齐王刘将闾当初和刘卬约定起兵的时候，口号喊得豪迈。没想到这么快刘卬真反了，刘将闾有点后悔了，所以他没参与起兵。

诸王起兵，为了显示自己义无反顾，第一件事一定是杀光本国中朝廷委派的官员。济北国的官员怕被杀，所以先下手为强，他们捣毁了都城博阳（今山东泰安）的城墙。当济北王刘志抢修城墙而没有马上起兵的时候，济北国的中下级官员联合劫持了刘志，导致济北国也未参与起兵。

而匈奴的军臣单于打算先看看情况再决定是否要南侵，所以匈奴也没有配合赵国的军事行动。

原本已经习惯了黄老之术的汉朝，经过汉景帝和晁错这对君臣的一番大规模折腾，果然狼烟四起。此事件后来对汉景帝的执政风格产生了深远的影响，也让摇摇欲坠的黄老思想多延续了一段时间。

6
没有应急预案

中国历史上出现过两次大型藩王群体造反的事件，一次是汉景帝时代的七国之乱，一次是晋惠帝时代的八王之乱。这俩事件连起来，就是人们常说的一个成语——乱七八糟。

其实七国之乱并不是什么大规模的战争，说起来就剩下一个"乱"字。前文已述，齐国联盟的起兵，刚开始就内讧了。而认真造反的，就是吴王刘濞。

刘濞是七王当中唯一一个打过仗的，他起兵就比较有章法。刘濞做了四十多年的吴王，别管晁错说他多么罪大恶极，但是吴国老百姓却实实在在地念他的好。吴国经济发达，能铸币，能煮盐，所以吴王免了国内的赋税，百姓一片欢腾。吴国百姓富了，吴王又下令，交钱可以免徭役，百姓又是一片欢腾。所以各地百姓只要有办法就都往吴国跑，成就了吴王招揽亡命徒的罪名。

刘濞这次起兵，先得给国内百姓一个交代。刘濞说汉景帝身体不好，受了晁错的蛊惑要置他于死地。所以自己要起兵反抗，他六十二岁，他小儿子十四岁。所以，吴国境内六十二岁和十四岁之间的男性都得参军。这一联络，吴王在国内征发了二十万大军。由于齐王变卦，匈奴观望，济北王自身难保，刘濞又联络了东越和闽越两支越族诸侯，他们也率兵参与此战。

所以，攻打汉朝的只有吴、楚联军。懂军事的，也只有吴王刘濞。吴、楚联军一路打到了河南，把梁王刘武围在睢阳（今河南商丘）。梁国危在旦夕，告急文书如雪片般发往朝廷。但如果从整个战局来看，也可以说是梁王凭一己之力，把吴楚联军挡在了睢阳。

再来看一看此时的朝廷，那更是乱得一塌糊涂。晁错从来没想过藩王们会造反，因此没有任何对应措施。汉景帝一直被晁错蛊惑，也没想到能逼反七国。丞相陶青就是汉景帝喜欢的那种不强势又不管事的类型，但这种人关键时刻也出不上力。

自从晁错担任御史大夫以来，朝中大小事务都是晁错一言而决。平时不让人说话，现在出事了想集思广益，根本没人愿意帮晁错出主意。晁错自己惹的祸，就自己解决。再说了，七位王爷的口号是诛晁错，跟其他人没关系。加之晁错平时在朝中四处树敌，朝臣们会觉得王爷们说得对。

汉景帝从当太子的时候就习惯性依靠晁错出主意，如今晁错指望不上，汉景帝想起来了汉文帝的遗言。

汉文帝临终前曾嘱咐汉景帝，如果出现什么紧急的祸乱，周亚夫可以担任统兵大将。[1]

汉景帝对没有任何应急预案的晁错非常失望，靠地方上的守军阻挡叛军，也是不现实的。所以汉景帝决定起用汉文帝时代的旧人，一个当然是条侯周亚夫，一个是将军栾布，还一个是在诸吕之乱时骗取吕禄兵符的郦寄。汉景帝拜周亚夫为太尉总揽兵权，任务是紧急救援梁王刘武。曲周侯郦寄负责挡住赵王刘遂，阻止赵国抄梁国的后路。同时让将军栾布带兵去山东，挡住内讧的齐王家族，目的也是避免山东诸王联军夹击梁国。

汉景帝安排下去应急预案之后，内心还是不踏实。这三位将军，汉景帝都不熟。周亚夫出了名地桀骜不驯，他父亲周勃又曾经被汉文帝打击过，现在形势不明，周亚夫会带兵平叛还是拥兵自重？郦寄曾经是吕党，但又在关键时刻背叛吕党，如今让他带兵，汉景帝也不放心。栾布比起那二位来，是出了名地耿直，相对来说还算安全。但是，汉景帝也不熟悉栾布。汉景帝把兵权赋予三个不熟的将军，算是孤注一掷。

由此可见，汉景帝对现状是非常慌张的，起用这三人带兵也是不得已而为之。历朝历代，皇帝拜将可以随随便便，但真要赋予兵权的时候，绝对先找自

---

[1] 见《资治通鉴·汉纪》。

己的亲信，其次才看能力。当初汉高祖非得用韩信，那是项羽逼的。如今汉景帝不得不用周亚夫，那是晁错逼的。为了安全，汉景帝想起了窦婴，封他为大将军。命其固守荥阳要地，保住敖仓粮食，监视三军。

即便是这样，汉景帝依然没有必胜的把握。所以他召开特别御前会议，问问自己的亲信大臣们到底该怎么办。陶青可以不说话，晁错必须得谈谈看法。

晁错想了半天，憋出来一个昏招。晁错建议汉景帝御驾亲征，而自己则在长安监国。假设这样还打不退吴军，则割地给吴国，请吴国退兵。

晁错出完这个主意，基本上就算是判了自己死刑。汉景帝当初对他多器重，现在对他就多失望。最热衷削藩的是晁错，但诸王起兵之后，晁错并没有应急预案。这场战争威胁到汉景帝的皇位之后，晁错居然奏请汉景帝去前线冒险，而自己要在长安监国。甚至还建议割地给吴国。这样看起来，晁错造反的可能性更大。汉景帝没有采纳晁错的建议，会议草草结束。

晁错在这个节骨眼上，浑然没意识到得罪了皇帝，居然还想着自己那点私仇。当初他积极把刘濞定性成反贼，就是为了连带定性袁盎也是反贼。如今七国造反，晁错虽然没有好的退兵之策，却急于先剪除政敌。晁错称袁盎是刘濞的内应，建议先杀袁盎。但这个罪名太牵强，晁错的手下无法以这个罪名拘捕袁盎。

朝中大臣几乎都是晁错的敌人，所以在这个时候，有人把消息透露给了袁盎。袁盎吓坏了，于是赶紧去找了晁错另一个死对头，时任大将军并驻守荥阳的窦婴，希望能面见汉景帝说明情况。

窦婴非常乐意帮这个忙，连夜带着袁盎去长安面见皇帝。汉景帝在御前召见袁盎，袁盎再次踏入了阔别已久的未央宫，见到了汉景帝，还有个怎么看都别扭的晁错。

汉景帝招来晁错的死对头袁盎，信号就很明显了，晁错要倒。汉景帝急啊，梁国危在旦夕，万一刘武有个闪失，自己首先没法跟太后交代，其次失去梁国这个屏障，长安都会危险。汉景帝问袁盎对叛军怎么看。袁盎说叛军不足为虑。汉景帝心一宽，就冲这个态度，袁盎就比晁错强。

汉景帝再问，说吴国这些年铸币煮盐，有的是钱。刘濞广揽豪杰，在六十多岁的时候造反，看来是有完全的把握，怎么就不足为虑了？

袁盎给汉景帝分析，说吴国有钱是不争的事实，但是说吴王广揽豪杰，那是无稽之谈。真有豪杰在吴国，他们就会劝吴王不要造反。所以投奔吴国的都是地痞流氓，不是什么豪杰。

袁盎这话，矛头直指晁错，因为就是晁错说的吴王广揽豪杰。经袁盎这一分析，汉景帝豁然开朗，原来是一帮乌合之众。晁错也如释重负，这事有人解决就好，没人解决他就得背锅。晁错破天荒地支持了袁盎的发言，不再提杀袁盎的事了。

汉景帝又问，那该如何解决叛乱呢？晁错也想听听袁盎的高见，他希望袁盎就是说说，根本没什么高见。这样他就可以说，看看，不是我不行，袁盎也不行。

结果袁盎此来就是抱定你死我活的决心来的。袁盎请汉景帝下令，无关人员出去。汉景帝会意，让晁错帮忙从外边把门关上。晁错不敢停留，只能恨恨地出去，心里盘算着怎么弄死袁盎。

袁盎也是一不做二不休，他告诉汉景帝，诸王说了，诛晁错，清君侧。杀了晁错，恢复诸侯往日的封地，祸乱自解。汉景帝闻言，顿时感觉当皇帝太难了，这都什么时候了，大臣们还想着互相攻击。

汉景帝沉思良久，晁错、袁盎必杀一人。那就好选了，晁错没招，袁盎疑似有招，宁可信其能，那就杀晁错。汉景帝表态，朕不会为了一个人耽误天下。袁盎也表态，我反正就是这个办法，杀不杀得，您看着办。

也就是说，杀晁错这事，袁盎不背锅。汉景帝决心已定，封袁盎为太常，令其去吴国谈判。之后汉景帝秘密召见丞相陶青、中尉陈嘉、廷尉张欧议事。十多天以后，丞相陶青、中尉陈嘉、廷尉张欧联名上奏，说晁错辜负皇恩，无君臣之礼，让皇上和群臣百姓跟皇帝隔离，企图割地给叛军，应判弃市、夷三族。

其实说晁错辜负皇恩倒也不至于，毕竟晁错执行的是汉景帝的意旨。说他无君臣之礼，谅他也不敢。说晁错让皇帝隔绝大臣，那也有些夸张。汉景帝杀晁错的罪名，跟晁错诬陷诸王的罪名是一样的性质，都是欲加之罪而已。

此时的晁错还蒙在鼓里，中尉陈嘉来传旨，说皇上召见。晁错赶紧换上朝服，坐上陈嘉的车就赶往未央宫。晁错前脚跟着陈嘉走，官府后脚就收押了晁错的家人。陈嘉的车行到了城东，把盛装出行的晁错腰斩于市，同时灭了晁错三族。这正应了晁错父亲的预言。历史上处决穿着官服的官员，并不多见。晁错还没来得及恐惧、后悔、愤恨，就被斩成两段。[1]

一代名臣晁错，就这样突然惨死在街头。晁错自以为靠着汉景帝这棵大树想整谁就整谁，但是晁错官位升得太快，朝堂上水太深，晁错根本把握不住。晁错心黑手狠，所以他要解决一个小麻烦，不惜拉来一个大麻烦。他要杀袁盎，不惜把吴王拖下水。为杀吴王，不惜拿所有诸侯开刀。他觉得这是政治手腕，确实是在滚雪球。当雪球大到滚不动时，雪球就会埋了晁错。

晁错作为大汉朝的掌舵人，完全忘记了船长是汉景帝。危急时刻，晁错敢指挥汉景帝去平叛，被处死自然在所难免了。

在历史上晁错并不孤单，无论是商鞅还是吴起，抑或是李斯或者韩非，他们都和晁错一样，经历了长久的失意。他们想要的人生不是姜子牙那样七老八十才发迹，他们都希望自己是甘罗，纵然命不久矣，也要趁早出名。

在一个权力高度集中的社会，想要达到这个目的并没有过多的方式。显而易见，只要依靠权力最大的那个人，就能拥有自己想要的一切。然而，权力最大的那个人，为什么要用他们？

朝廷有固有的政治格局和官僚体系，正常情况下，每个官位上的人，都是会按照一个常规的路径上位。或者父死子继世卿世禄，或者像未来那样参加科举慢慢熬资历。但凡是脱离这两点先要站在权力顶峰之下，那只能选择当个有学问的酷吏。

酷吏要解决的，就是皇帝想解决而不好解决的问题。之所以这些问题不好解决，是因为这些事往往都是皇帝理屈。比如皇帝想杀一个人，通过合法合理的手段做不到，酷吏会去做。说直白点，酷吏之所以能一步登天，是因为他们能替皇帝做一只咬人的恶犬。替皇帝把人得罪光的时候，皇帝就会杀了他们维持一个英明正义的形象。

---

[1] 见《汉书·爰盎晁错传》。

如晁错这般，因为给汉景帝当鹰犬而坐到高位，却忘了一件大事：鹰犬要执行主人的意志，听主人指挥，不能自己想咬谁就咬谁。

　　你要说晁错机关算尽吧，他似乎也没那个谋略。论操纵朝局，他不如萧何。论站队避祸，他不如曹参。论运筹帷幄，他不如陈平。哪怕是打击政敌，他都不如袁盎。可在当初，连丞相申屠嘉都不是他的对手。但那不是晁错有能耐，而是汉景帝保着他。而当汉景帝不保他的时候，一介布衣袁盎都能要了他的命。

　　皇帝保着晁错的时候不是因为喜欢他，是因为他还有用。当他没用的时候，皇帝还为什么要保他？

　　不知道身着朝服而被腰斩的晁错，能否明白这个道理呢？

　　对于汉景帝来说，这并不重要了。眼下最重要的，还是如何解决叛乱问题。

7

平叛

历史上的藩王叛乱也不一定都会失败，比如明初朝廷削藩时，燕王朱棣就成功反杀，夺了江山。那么说汉朝的七国之乱为何没有成功呢？我们来看看这个叛乱过程，找找端倪。

七国之乱一开始，山东诸王就开始了内讧。胶西王、胶东王、菑川王联手围攻齐王，济南王、赵王原地不动，吴楚联军在刘濞的带领下一路打到了河南，把梁王刘武围在睢阳。

其实作为谋反一方，虽然叛军一路无敌，但是吴王刘濞的内心是非常忐忑的。造反这个事，到底是能定性成靖难还是定性成反叛，关键看结果。吴王自己都不信能取代汉景帝当皇帝，但是开弓没有回头箭，只能硬着头皮走下去。

晁错说吴王刘濞招揽豪杰，其实吴王对自己的手下有着清醒的认识。这些人以流氓为主，以恶霸为辅，豪杰那是着实没有，所以吴王对手下并不信任。跟汉景帝对部下的不信任不同，汉景帝是拿不准周亚夫、栾布、郦寄的忠心，但是对他们的业务能力却十分信任。而吴王不仅仅不信任部下的忠诚忠心与否，连业务能力也不信。比如说吴将田禄伯，他建议吴王带领大军就地攻克睢阳，而他则带五万大军沿淮河西进到秦岭，过武关进入关中等待吴军主力。吴太子不敢分兵给田禄伯，拒绝了分兵建议。

当然了，田禄伯分兵的建议是否可行，还是值得商榷的。不过桓将军的建议，确实是非常老到。当时的社会舆论普遍同情吴王刘濞。从军事的角度讲，吴国训练的多是步兵，而汉军的主力却是骑兵和车兵。从兵种的角度讲，步兵野战吃亏。因此桓将军建议，放弃一城一地的方式，直接进入河南攻占洛阳另立朝廷，跟汉景帝分庭抗礼。刘濞觉得桓将军年轻，对他的计谋概不采纳。但是有个人的计谋被吴王采纳了，此人是吴王府上的下等宾客周丘。之所以刘濞听他的，是因为周丘的计谋成本很低。周丘一个人去了下邳，用三寸不烂之舌说服下邳令投降。接着，周丘空手套白狼，收编了下邳三万大军攻打阳城。而此时吴王自己的谋划就是一口气吃掉还剩一座城的梁国。

这个时候，周亚夫、栾布、郦寄三路大军也出马了。汉景帝的战略是周亚夫攻打吴军主力，解救梁国。郦寄攻打赵国，防止赵国夹击梁国。栾布攻打山东诸国，防止山东叛军扩散。

周亚夫出兵，刘濞得到了消息。眼看梁国命悬一线，刘濞不想被干扰，于是派出伏兵埋伏在周亚夫的必经之路上，准备刺杀周亚夫。幸好周亚夫的部将赵涉嗅觉极其灵敏，劝周亚夫临时改道，并派重兵搜索，果然抓到了伏兵。[1]

周亚夫还未与刘濞正面交战，袁盎先找到了刘濞谈判。刘濞不跟袁盎见面，袁盎只好让宗正刘通以亲戚的身份去见刘濞。刘濞自称已经称帝，不能投降，并且提出让袁盎担任将领带兵。

袁盎惊呆了，拒不担任吴军的将军，刘濞收押了袁盎，准备杀掉他。得亏看守袁盎的都尉是当年袁盎的部下，袁盎还曾有恩于这位都尉。因此这名都尉释放了袁盎，袁盎逃回了长安。[2]

袁盎劝降不成，刘濞加紧了对梁国的攻击。这时候汉朝大地上的战况主要分三个战场：山东这边，胶东王、胶西王、菑川王围攻齐国临淄，可就是怎么都打不下来这座古城。栾布就这样带兵静静地看着他们内讧。

赵国战场上，赵王刘遂迎来了将军郦寄的进攻。郦寄那是将门之子，受过良好的军事教育。很快，郦寄就击败了赵军，把刘遂围在邯郸城。

周亚夫用赵涉做护军，带领主力军通过了河南，迂回到鲁西南重镇昌邑（今山东巨野），离前线已经不远了。但是，周亚夫按兵不动，坐视刘武跟吴、

---

[1] 见《资治通鉴·汉纪》。
[2] 见《汉书·爰盎晁错传》。

楚联军火拼。刘武听说周亚夫到了昌邑，开始不断地派人求援，周亚夫就当不知道这事。刘武见周亚夫见死不救，就派人去长安求救。汉景帝下旨给周亚夫，让他速速救援梁国，周亚夫依然按兵不动。

周亚夫的策略就是放弃梁国。如果吴军灭了梁国，一定会消耗极大，到时候周亚夫出兵必能一战成功。那如果梁军打败吴军呢？周亚夫认为没这种如果。他要的就是让梁军拖住吴军，自己奇袭吴军的后方，让吴军首尾不能相顾。

刘武数次求援不成，不得不拼死决战。这时候，一个重要的将领去办了一件重要的事情。此人名叫韩颓当，是周亚夫的爱将。这样介绍显得过于单薄，但提起韩颓当的父亲，那是汉初赫赫有名的异姓王韩王信。当年韩王信叛国，全家投降匈奴。韩王信后来战败，被柴武斩首，其家人就留在了匈奴。汉高祖驾崩后，韩颓当归汉，被吕太后封为弓高侯。

此番七国之乱，韩颓当的任务是带领骑兵迅速南下占领淮泗口。淮泗口是渡过淮河的要道，吴、楚联军无论是撤退还是运粮，都得经过这里。

淮泗口被占据，刘濞慌了神。这时候，梁国大将韩安国和张羽抱定必死决心跟吴楚联军决战。尤其是张羽，颇有项羽之风，趁着联军军心浮动之时，力战击退吴楚联军。

这时候，胜利的天平开始倾向汉景帝。吴楚联军攻不下睢阳，也不敢向西进兵。因为往西走，必须得经过大将军窦婴镇守的荥阳，这支部队的战斗力可大大强于梁军。

关键时刻，刘濞做出艰难决定，放弃攻打睢阳，转而北上准备全歼周亚夫的军队。只要打败周亚夫，梁国就不在话下。这时候，周亚夫也从昌邑南下，双方在下邑（今安徽砀山）相遇。

本来刘濞以为这将是一场决战，没想到的是周亚夫真的跟对手见了面，也是按兵不动，拒不出战。周亚夫跟朝廷要粮食、装备、兵源等战略物资，朝廷会源源不断地给他往前线输送。而吴楚联军的粮道让韩颓当给断了，已坚持不了多久。刘濞见周亚夫不出战，就派出细作去周亚夫军营闹事，造成了大军内讧的假象。细作们在军营制造混乱，甚至都闹到了周亚夫大帐附近，但是周亚夫依然酣睡不起。周亚夫治军甚严，所有人都坚守岗位，根本不看热闹。所以细作们无论怎么闹事，都没引起大营的混乱。

刘濞一计不成再生一计，决定声东击西，佯攻汉军东南角，其主力则悄悄去攻打汉军西北角。周亚夫早就料到如此，于是在西北角伏下了重兵，让吴军惨败而归。

刘濞找不到周亚夫的破绽，只好退兵。随着吴楚联军撤退，周亚夫带兵追击。吴王丢下大部队迅速逃跑，楚王刘戊兵败之后自杀。

这时候，吴将周丘的部队发展到了十万。本来周丘打算带着这十万大军攻下阳城，结果得到了刘濞丢下大部队败走的消息。周丘只好放弃了攻打阳城，迅速往下邳撤退。走到半路，周丘急火攻心，病死在了路上。

刘濞逃到了东越，企图借兵东山再起。没想到朝廷的人也来了，问东越王要多少钱能不造反？东越王敢开价，朝廷就敢给。

这事就很明显了，东越王追随刘濞起兵就是为了利益。如今不打仗就能拿到利益，谁还要刘濞画的饼？因此，东越王杀死了刘濞，把刘濞的头送给了朝廷。一代枭雄吴王刘濞，就这样死于非命。从他起兵到败亡，也就是三个月的时间。周亚夫一战成名，刘武也得救了。

吴、楚两国都被打败了，但山东那边的内讧还没结束。四国联军连临淄都拿不下，造反就像个笑话。栾布见时机成熟，带着曹参的孙子曹奇出兵，山东联军大败。齐国得救后，齐王刘将闾并没有得到朝廷的宽恕。刘将闾无奈，只好饮鸩自杀。

山东四国各回封地。这时候韩颓当也带兵北上，给胶西王刘印送了一封劝降信。刘印特别听劝，亲自去韩颓当大营请罪。刘印说他起兵是为了诛晁错，现在晁错死了，那他就当什么都没发生过，退兵回国。

韩颓当不给刘印这个机会，说晁错不对，那为什么不上书弹劾呢？刘印见大势已去，也选择了自尽。另外三王被栾布活捉，栾布把他们统统斩首。

这时候，郦寄已经围困邯郸七个月了。郦寄围而不打，匈奴见就剩一个赵国了，也就不再配合其行动。等到栾布解决完山东问题，调兵回来水淹邯郸，赵王刘遂自杀。济北王刘志本来也想自杀，后来在大臣劝说下，刘志派人去求了刘武。刘武上书为刘志开脱，朝廷迁济北王为菑川王。至此，所谓的七国之乱，如同闹剧一般被平定。

回望这段历史，参与七国之乱的诸国很快就被平定，表面原因就是内部不团结，准备不充分，军事作战能力差。其实根本原因就是诸侯国实力不济，压根不具备跟朝廷对抗的能力。在这种情况下他们造反，纯属是被晁错逼反的。

而朝廷胜利的关键，也是从诛晁错开始的。倘若不是汉景帝及时杀了晁错，朝廷也无法团结一致。任由晁错继续胡来，谁能保证造反的只有七国呢？

这就是七国之乱的过程，一点也不激烈，但却产生了深远的影响。而这场叛乱也在一定程度上加速了汉初黄老之术的结束。

8
汉景帝的污点

在帝制时代，皇帝总是对的。即便惹出大乱来，只要能再解决乱局，皇帝就还是英明神武的。而且从秦到清，大趋势就是越往后，皇帝越不会犯错。类似七国之乱这种事，假如是放在清朝，那就是皇帝平七藩的伟大功绩。至于这种乱局是不是皇帝失策搞出来的，那并不重要。所以当人们习惯这种叙事模式之后，往往不会觉得宋太祖"杯酒释兵权"伟大，还是觉得康熙平三藩才是了不起的功绩。

那在汉初，还没完全形成皇帝绝对正确的观念。至少在黄老之术的专家窦太后看来，七国之乱就是汉景帝瞎折腾搞出来的。汉景帝是真的痛恨分封制吗？倒也不见得。因为随着七国之乱的尘埃落定，这场动乱最终化为大汉皇室成员之间的一场权力洗牌。这场动乱的根源，并不是有藩王的问题，而是谁当藩王的问题。

当年汉高祖分封刘氏诸王，是把自己的产业分给了兄弟、侄子、儿子。比如刘仲、刘交都是汉高祖的亲兄弟，汉高祖分给他们产业，觉得没问题。刘贾虽然是汉高祖的堂弟，但总归不是外人，看在战功的分上，分他一部分产业，也没什么问题。刘濞是汉高祖的亲侄子，总比刘贾更亲吧，分走一部分产业也合情合理。至于汉高祖的儿子们分家产，那更是理所当然。

但是到了汉景帝继位，他就不这样认为了。他不认为诸王分的是汉高祖的产业，而是认为诸王分的是汉文帝的产业。汉景帝认为他的亲弟弟和亲儿子分汉文帝的家产合理，但是其他亲戚来分家产，就让汉景帝很别扭了，这才是削藩事件的最深层原因。

七王叛乱，虽然口号喊的是清君侧、诛晁错。但事实上他们反的是汉景帝，晁错只是个靶子。七国之乱以后，汉景帝并非最大赢家，真正的大赢家是梁王刘武。在这场战争中，别管是什么原因导致的，反正刘武的顽强是大家都看在眼里的。连周亚夫都觉得刘武没救了，但是刘武打赢了平定七国之乱的第一场仗，成为七国之乱的转折点。

在窦太后眼里，七国之乱是汉景帝折腾出来的，却是刘武浴血奋战扛住的。这就导致了七国之乱对后世有着深远的影响，包括汉景帝在内，没人再提削藩政策了。削藩成了万恶之源，没人认为汉景帝平定七国之乱是多么英明，反而大家都倒吸一口凉气，觉得大好江山差点让汉景帝给毁了。

汉朝跟后世王朝不一样，当时人们的思想还相对自由，并不认为自己惹祸了再自己解决会有什么值得称赞的。从这个方面讲，窦太后内心觉得刘武比汉景帝更适合当皇帝。

窦太后本人作为一个坚定的黄老之术支持者，非常讨厌法家和儒家的学说。汉文帝虽然秉持着黄老之术治国的路线，但他本人更喜欢法家学说。[1] 时为皇后的窦氏还不好干预，但是当窦氏成为太后，就对朝政有了更大的影响力。所以对于汉景帝法家化的倾向，窦太后是很不满意的。汉景帝信任晁错，而晁错既激进又能折腾，惹出祸事来还无法收场。汉景帝信任张欧，而张欧又是窦太后眼中最讨厌的那种热爱刑名之学之人。

反观刘武，就比较对窦太后的心思。刘武在梁国招揽的都是知识分子，辞赋家枚乘、邹阳、庄忌和司马相如等人都是梁王的座上宾。而梁王的任用的大将，也是韩安国这样学习《韩非子》出身的知识分子。[2] 虽然我们今天把《韩非子》根据其思想内核列入法家著作，但在当时，韩非也算道家，《韩非子》也算黄老之术的著作[3]。

---

[1] 见《汉书·儒林传》。
[2] 见《史记·韩长孺列传》。
[3] 见《史记·老子韩非列传》。

从窦太后的视角看，汉景帝折腾出来七国之乱后，刘武任用韩安国等人，顽强抗住了吴楚联军的主力。这就是弟弟在帮哥哥扛事。但汉景帝任用周亚夫为将之后，周亚夫却没有给刘武一点支援，结果周亚夫还成就了战胜之名。这至少是哥哥没有尽到保护弟弟的责任。所以，窦太后对汉景帝有怨气，对刘武更加喜欢。

汉景帝的权威受到了挑战，这才想起来当年贾谊的"众建诸侯而少其力"政策比晁错的削藩策高明万倍。汉文帝遵循这个原则，肢解了齐、赵、淮南三大强国。若非如此，假设强大的齐国还在，汉景帝由着晁错的性子直接去削七十余城的齐国，到时候可没有灌婴去荥阳挡齐军了。

所以，汉景帝决定改改策略，重回黄老之术的路子上来，怀仁诸侯，封齐王刘将闾的太子刘寿为齐王，以显示自己没有私心。当然了，这时候的齐国也就剩临淄周边的地区，是个小国。汉景帝逼死了刘将闾，而重立刘寿。等于是告诉天下，只要不造反，王爷们都不要担心，朝廷并不想削藩。刘将闾罪有应得，其余者不问。

其实七国之乱后的汉景帝特别有危机感，因为他的威信跟先帝文皇帝没法比。再加上窦太后对他越来越反感，让他的日子很不好过。在当时，基本上大家都认定下一任皇帝是刘武，甚至是汉景帝能不能把这个皇帝当到头都是个问题。虽说汉景帝跟刘武兄弟情深，但真要到了争夺皇位的时刻，汉景帝绝不高风亮节。在窦太后的授意下，汉景帝不止一次地口头说过立刘武为皇太弟。但是，口头的不算数，又不是在朝会上说的。如今刘武权威日盛，所以汉景帝必须循序渐进地跟窦太后和梁王决裂。争皇位，断然不会有谦让一说。

到了汉景帝前元四年（公元前153年），汉景帝自作主张，立皇子刘荣为太子，立皇子刘彻为胶东王。废除赵国，改为邯郸郡。诏书一下，群臣看到了汉朝的未来。但是刘武可生气了，说好的让自己继位，怎么成刘荣了？

其实汉景帝立刘荣是很有深意的。汉景帝的皇后，是汉文帝的舅舅薄昭之孙女。但是由于薄皇后一直未能生孩子，所以汉景帝就不存在所谓的嫡长子。刘荣是汉景帝的庶长子。

窦太后虽不喜欢汉景帝，但唯独对刘荣这个孙子疼爱有加，这就是隔辈亲吧。所以汉景帝立刘荣为太子，并不会导致窦太后和他翻脸。看在刘荣的面子上，窦太后也不至于为了刘武跟汉景帝翻脸。

随着刘荣被立为皇太子，确立了汉景帝的江山以父死子继的方式传承。凭借着皇太子刘荣跟窦太后的关系，刘武只好逼自己从皇太弟的美梦中醒过来。

汉景帝也担心刘武想不开而造反，所以对刘武进行了非常严密的防范。汉景帝禁止了民众自由迁徙，用以防止刘武招募人手。当初赵王刘遂造反就曾经秘密联络匈奴，所以汉景帝为了避免刘武寻求外援，于是跟匈奴和亲。之后，汉景帝为了遏制梁国，又重新设立赵国，让自己的儿子广川王刘彭祖做赵王。赵王刘彭祖是贾夫人所生，他性格乖张，阴险毒辣，是汉景帝儿子中最难缠的一个。

也就是说，到了汉景帝前元五年（公元前152年），基本上藩王们就无法再威胁汉景帝的统治。刘武于情于理于法都不应该去继承皇位。

但由于皇太子刘荣的母亲栗姬并非皇后，那就让很多人开始动了抢太子之位的心思。也因此，汉朝历史上最精彩的一出后宫争斗大戏隆重上演。而这场宫斗大戏，却让黄老之术在汉朝的影响彻底结束。

9

宫斗

窦太后对黄老之术的喜爱达到了痴迷的程度，也因此她非常反感不按照黄老之术行事的人。汉景帝在七国之乱以后，也回归到了黄老之术的道路上来。他分封诸王，安抚皇室。大赦天下，哪怕迁徙百姓到阳陵邑，还赐给二十万钱。对比未来汉武帝当皇帝之后，这算是很仁慈的了。汉武帝时期把人迁到茂陵邑，不光不给钱，还得没收被迁徙者原本的资产。

窦太后对汉景帝的转变稍微满意一些，刘荣当太子，在窦太后看来是黄老之术能继续用下去的保障。

在后宫，有个大家熟知的铁律，那就是子凭母贵，母以子贵。顺序是不能变的，刘荣之所以能当太子，除了年纪大之外，最关键的是其母栗姬受宠。

栗姬为汉景帝生了三个儿子，老大刘荣是皇太子，老二刘德在汉景帝前元二年就被封为河间王，小儿子刘阏于也在同年被封为临江王。

从这三位皇子的恩遇中，我们可以看出栗姬的受宠程度绝非一般人可比。当时汉景帝有五大宠妃，分别是栗姬、贾夫人、程姬、唐儿、王儿姁。截至汉景帝前元六年，最受宠的还是栗姬。

当年汉景帝还是太子的时候，长乐宫的主人还是薄太后。薄太后为了自己家族的利益，把亲弟弟薄昭的孙女指婚给刘启当太子妃。刘启当了皇帝以后，薄氏自然而然成了皇后。但是汉景帝从来都不喜欢这个皇后，薄皇后也一直没有子嗣。汉景帝前元二年，薄太后薨，薄皇后就失去了靠山。所以在汉景帝前元六年九月（公元前151），皇上废了薄皇后，给太子的生母栗姬腾出了位置。

刘荣成了皇太子，而薄皇后被废，遵循母以子贵的原则，大家都觉得栗姬快熬出头了。宫里的大背景就是这样，栗姬是汉景帝后宫最受宠的妃子，三个儿子占了一个太子两个王爷的位置。

窦太后有两子一女，女儿叫刘嫖，封号馆陶公主。馆陶公主跟汉景帝的关系非常好，只要发现美女，就给汉景帝送去。馆陶公主就想靠着皇帝弟弟这棵大树，幸福地生活下去。但是，馆陶公主给汉景帝选的美女，却没有出人头地的。无论是前皇后还是准皇后，都跟馆陶公主没关系。馆陶公主有个攀登权力巅峰的心，但一直没够到。

在当时，几乎所有人都知道栗姬将是下一任皇后。这个消息是公开的秘密，一切似乎都只是时间的问题。所以，为了将来考虑，馆陶公主要去拉拢栗姬。馆陶公主和栗姬没有利益的冲突，很明显可以合作共赢。

首先迈出这一步的是馆陶公主，她希望把女儿陈阿娇嫁给刘荣当太子妃。但是馆陶公主万万没想到，栗姬这个准皇后有点看不清形势，她摆足了皇后的架子，根本不把馆陶公主放在眼里。

并没有外援的栗姬，竟然恃宠而骄，悍然拒绝了这门亲事。[1] 栗姬很讨厌馆陶公主，这个道理也简单。虽然她俩一个是妃子，一个是公主，看上去没有冲突。但别忘了，馆陶公主之前可是不遗余力地为汉景帝奉献美女。那从栗姬的角度讲，那哪是美女？那都是自己的对手。

那可想而知，栗姬能熬到这个地步，得费多大力气。她需要打败馆陶公主进献的美女们才混到准皇后的位置上。在栗姬眼中，要不是馆陶公主老给自己树敌，也许她早就熬出来了。所以栗姬恨这个大姑姐不是没有道理，绝对不答应这门亲事也有理由。

但是，宫里不比家里。要是在大家族，没准栗姬再豪横点也没什么。问题是这是宫里，讲的不是家长里短那点事，而是政治。

栗姬有点飘飘然，完全没看清形势。馆陶公主绝非找个靠山那么简单，栗姬不合作，她随时可以换个人合作。馆陶公主分析了一下汉景帝的后宫，决定

---

[1] 见《史记·五宗世家》。

找个最不受宠的扶植起来，这样新的皇后才能感恩自己。

汉景帝的后宫有五大宠妃，分别是栗姬、贾夫人、程姬、唐儿、王儿姁。贾夫人的儿子是心眼极多的赵王刘彭祖和中山王刘胜，这俩王爷没一个适合当太子的，不能跟他们搭关系。

程姬和唐儿是曾经的主仆关系，两人是同盟。程姬为主，唐儿是仆。所以要和她们搭关系，只能拉拢程姬。程姬有仨儿子，一个是鲁王刘余，一个是江都王刘非，一个是胶西王刘端。唐儿也有一个儿子，是长沙王刘发。刘发虽然在汉景帝前元二年就被封王，但是这位王爷老实巴交，看不出有什么作为。他的后代中，后来出了一个叫刘秀的人重塑大汉河山，这是汉景帝时代没人想得到的。总之这个集团太复杂，馆陶公主没把握能控制她们。

至于王儿姁，是后宫一颗冉冉升起的新星，年纪轻轻就为汉景帝生了四个儿子。虽然这四个娃娃还没封王，但是谁也不会忽视王儿姁的潜力。王儿姁和馆陶公主关系密切，本来馆陶公主拉拢王儿姁最合适。可惜的是到汉景帝前元六年年底，王儿姁的儿子们没有超过五岁的，而且王儿姁身体也不好。

除了这五位后宫的红人之外，生过儿子的只有王儿姁的姐姐王娡。王娡的出身比较特殊，想当初汉高祖建立汉朝，分封的第一位燕王是异姓王臧荼，而臧荼也是被汉高祖最早清除掉的异姓王。汉高祖杀了臧荼，臧荼后裔逃往匈奴。到了汉文帝时期，虽然汉文化在匈奴的影响力增大，很多人会偷偷返回汉朝，其中就包括臧荼的孙女臧儿。

臧儿流落到汉朝槐里县（今陕西兴平），嫁给了当地人王仲。生下了儿子王信和女儿王娡、王儿姁。后来王仲死了，臧儿改嫁给长陵县人田氏，生下了俩儿子田蚡、田胜。

王仲是个普通人。长陵县田氏虽然没留下姓名，出身绝不可能是普通百姓。长陵县是长安城直辖县，能住在这里的，也不是普通人。汉高祖在位时，曾接受刘敬的建议，把屈、景、昭、田等六国贵族后裔迁入关中。所以臧儿的第二任丈夫，可能是齐国贵族后裔。

臧儿从槐里县到了长陵县，人生观都变了。当时臧儿的大女儿王娡嫁给了平民金王孙，生下了女儿金俗。

过去臧儿的女婿是个平民也就罢了，现在臧儿交际面广了，见识也多了，野心也大了，完全不接受有个平民女婿。臧儿以金王孙贫困为由，结束了这场婚姻。

后来臧儿和馆陶公主搭上了线，把王娡和王儿姁送给了还是皇太子的刘启。刘启继位后，王娡和王儿姁也成了皇妃。只不过汉景帝更宠爱王儿姁，不太喜欢王娡。

馆陶公主没有选择，只能去找不受宠的王娡，问她愿不愿意跟自己攀亲家。王娡大喜过望，她儿子刘彻年方七岁，爵封胶东王。本来王娡这辈子也就这样了，但现在能和馆陶公主攀上亲家，那以后的路就完全不一样了。

馆陶公主拉拢了王娡以后，就跟汉景帝说栗姬的坏话，甚至说她背地里搞巫蛊去陷害其他妃子。汉景帝本来将信将疑，于是亲自问栗姬能不能在自己百年后照顾好其他皇子。栗姬不肯答应，甚至口出不逊之言，让汉景帝对栗姬产生了嫌隙。[1]

而馆陶公主继续进言，大谈王娡的好处。汉景帝算是重新认识了王娡，也逐渐重视王娡生下的儿子刘彻。

但是仅仅这样，还不足以让王娡逆袭，取代皇太子的亲妈栗姬。这时候，特别俗套的故事上演了。据说王娡的母亲臧儿曾经请神人测算，说王娡能生出天子。当年王娡怀刘彻的时候，也自称曾梦见太阳入腹。

从这时候开始，王娡和栗姬的战斗就已经开始了。但是除了王娡和馆陶公主，谁也没有察觉到硝烟味。册封栗姬为皇后的诏书迟迟不至，栗姬并不着急。因为薄皇后九月初被废，这还不到十月，栗姬着什么急？再说了，后妃当皇后是为了让自己的儿子当皇太子，现在栗姬的儿子当了两年多太子了，对于栗姬来说，每过一天就意味着离皇后更近一天。

栗姬泰然自若，王娡却是时不我待。为了扳倒太子和栗姬，王娡利用了当时的大行令。大行令上奏汉景帝，建议册封栗姬为皇后。汉景帝大怒，诛杀大行令，对栗姬彻底失望了。

汉景帝前元七年，汉景帝没和任何人商量，借口太子说错了话，下诏降太

---

[1] 见《汉书·外戚传》。

子刘荣为临江王，朝野哗然。废太子这么大的事，汉景帝居然不做论证。朝野之上反对之声此起彼伏，丞相陶青、太尉周亚夫皆言不可。尤其是太子太傅窦婴反对得最为激烈。但是反对无效，窦太后来劝，汉景帝也不听。窦婴还因此辞官不做。

栗姬没能等来封她为皇后的诏书，却等来了废太子这个噩耗，接受不了这个打击的栗姬病亡。但这个故事到此还没完，毕竟窦太后还没发表意见。

10
汉景帝的城府

汉景帝废太子这件事，窦太后肯定是不满的。但是，她没有出面强烈反对。这里主要是两方面的原因，一方面是窦太后重新看到了扶刘武当皇太弟的希望，一方面是窦太后对太子太傅窦婴不满，因而觉得他教出来的弟子，不见得有多优秀。

窦婴是窦太后的侄子，按说窦婴这样的外戚，应该很受窦太后器重才对。但是窦太后却看窦婴不顺眼，甚至非常讨厌他。这一方面是因为窦婴反对刘武当汉景帝的接班人，另一方面就是窦婴和窦太后在治国理念上有很大的差别。

窦太后是坚定的黄老之术支持者，她不光自己精通《黄帝四书》《道德经》，也要让汉景帝和窦氏子弟都要学习这些黄老之术。[1] 但是窦婴这个人，偏偏不喜欢黄老之术，他喜欢儒家的经典。甚至，窦婴还屡屡贬低黄老之术。这就大大犯了窦太后的忌讳，哪怕窦婴是窦氏子弟中最有才华的，窦太后也不喜欢他。[2]

其实在汉惠帝时代废除挟书律之后，诸子百家的学说就有一定的复兴。而在各家学说当中，由于儒家的书籍较多，所以儒家的恢复程度相对更好一些。如果朝廷想选用一些知识分子，只能更多选择一些儒生。但是在黄老之术和儒家学说是天然对立的，尤其是在汉武帝独尊儒术之前，似叔孙通那种荀学之儒

---

[1] 见《汉书·外戚传》。
[2] 见《汉书·魏其武安列传》。

尚未确立官学地位，传统儒生还会有一些在朝中担任博士。不过在文景两朝，因为黄老之术的盛行，儒生都不被重用。

黄老之术跟老子时代传统道家学说看似一致，但实际上因为时代不同，内核已经变了。老子在春秋时代讲无为而治的时候，法家思想尚处在起步阶段，各国都没有进行法家式的变法。所以那时候讲无为而治，是一种维护周制抵制君主专制的行为。但是在汉初，君主集权制已经确立，这时候再讲无为，就是对君主的维护了。

而传统儒生的理念就是从道不从君，这也是窦太后坚决打击儒生的原因之一。

在汉景帝身边的儒生中，有位博士叫辕固生。有一次他跟黄老派的黄生在汉景帝面前探讨学术问题，黄生讲过去商汤、周武王推翻暴君的行为，不是正义的，是谋反弑君。这个说法，当然和儒家的观点截然相反。孟子和齐宣王就探讨过这个问题，孟子说纣这种君王属于独夫民贼，诛杀这种独夫民贼不算弑君。[1]

所以，辕固生当然不同意黄生的观点，他认为商汤和周武王都是天下归心的仁君，仁君取代桀纣这样的暴君，属于天命所归。黄生继续反驳，他引用了贾谊当年的经典比喻，说帽子再破都要戴在头上，鞋子再新都要穿在脚上。这就如同君臣之分，君王再残暴，都不是臣子可以推翻君王的理由。

黄生这话其实毫无道理，除了媚上之外，并不具备任何说服力。因此辕固生当场反驳：按照您这意思，太祖高皇帝推翻暴秦而建立汉朝，也是错的了？

这帽子太大了，黄生接不住。认同也不对，反驳也不对。汉景帝只好亲自下场，宣布这件事搁置争议，不必再议。[2]

辕固生的话无可反驳，但正确的话并不一定是汉景帝认可的。传统儒家高度认可汤武革命，坚持道在君上。君若违背道义，那么臣民就可以推翻君主。这当然与黄老之术中的无为是冲突的。而且所谓的无为，在黄老之术的语境下是有双重标准的。比如从百姓的角度讲，无为是要严格维持现状，哪怕被官府

---

[1] 见《孟子·梁惠王下》。
[2] 见《史记·儒林列传》。

压迫也不要反抗。而从皇帝的角度讲，所谓的无为就是不明着折腾。比如说削藩，能众建诸侯就不要直接削减诸侯的封地。但最终的结果都是削藩。

辕固生与黄生的冲突，其实就是传统儒家思想和黄老之术冲突的缩影。汉景帝还能说搁置争议，但窦太后就对辕固生非常不满意了。有一次窦太后召见辕固生，问他如何看待《老子》这本书。这话如果去问贾谊、叔孙通这样的荀学之儒，他们当然会顺着太后的意思说《老子》非常好，哪怕他们内心不这么认为。这就叫从君不从道。但辕固生这种传统儒生，一定会从道不从君。

《老子》在很多方面是与儒家思想截然相反的，比如说《老子》主张绝圣弃智的愚民思想，与儒家有教无类主张开启民智的思想截然相反。再比如儒家主张礼制，而《老子》又旗帜鲜明地反对礼制。儒家讲积极入世，而《老子》主张消极避世。

所以指望辕固生讲《老子》好，那是不可能的。辕固生告诉窦太后，这种书就是普通人家看的。潜台词就是皇家要读儒家经典，学习圣人之道，行仁政，造福百姓。老看这种主张上智下愚的书，不是圣君所为。

窦太后勃然大怒，怒斥辕固生："是不是皇家只能看刑罚之书？"辕固生当然更反对法家那套刑名之学，但是却没机会为自己辩解一句。黄生和汉景帝都无法驳倒辕固生，窦太后当然也无法从道理上驳倒辕固生。所以窦太后并不与辕固生辩论，而是罚他去猪圈里杀大猪。那时候的猪还算凶兽，大型的叫彘，小型的叫豚。让辕固生去杀彘，几乎等于让他去死。

其实汉景帝也不喜欢黄老之术，他那个脾气性格就与黄老之术格格不入。但是窦太后让学，汉景帝也不敢不学。所以当他听说辕固生被罚去杀猪的时候，赶紧去给辕固生送武器。辕固生这才杀了猪，保住了自己的命。

从这个角度看，窦太后虽然本人笃信黄老之术，但办事风格却非清静无为。她有种罢黜百家独尊黄老的意思。而她最讨厌的就是辕固生、窦婴这样的儒生。虽然窦太后非常喜爱刘荣，但也不认为窦婴能教好刘荣。

不过，窦太后虽然讨厌窦婴，但不代表她支持废除刘荣的太子之位。而在废太子这个事件上之所以没有和汉景帝发生冲突，是因为汉景帝在窦太后面前玩了小手段。

汉景帝很清楚，要让窦太后接受废太子这件事，还得从黄老之术的延续上做文章。如果说刘荣有儒家化的倾向，那梁王刘武就是窦太后最满意的黄老之术传人。所以汉景帝默认废掉太子刘荣之后，让刘武当自己的继承人。也因此窦太后并没有太过反对这件事。

窦太后也在废太子后跟汉景帝确认过此事，她说："安车大驾，用梁王为寄。"意思是让刘武当汉景帝未来的接班人。汉景帝听完之后跪在地上，说："喏！"于是，窦太后未再反对废太子。

但是汉景帝答应完之后，马上就召集朝中那些所谓的耿直大臣开会，商讨立刘武为皇太弟的事。这事都不用问，袁盎第一个站出来反对，以春秋大义和宋宣公的历史典故告诉汉景帝，父死子继能开万世太平，兄终弟及必会祸起萧墙。[1]

然后，汉景帝对窦太后表示很为难，袁盎的发言毫无破绽，难以反驳。窦太后恨恨作罢，不再提让刘武当皇帝的事。

七国之乱后的汉景帝明显城府深了很多，他不光算计了窦太后和刘武，接下来就要算计太尉周亚夫了。周亚夫很讲原则，又掌握兵权，肯定不会给皇帝当个奴仆，他只想恪守臣责。于是汉景帝罢免丞相陶青，立周亚夫为相，不再设立太尉。

两个月后，王娡晋封为皇后，随后，胶东王刘彻被封为皇太子，汉景帝宣布明年改元。

至此，这场宫斗大戏以王娡的胜利而告终。不过，刘荣这位前太子还活着，而且是临江王。对于汉景帝、王皇后、新太子来说，也算个隐患。但是当初废太子这件事上，汉景帝都没给特别充足的理由。那么要杀掉刘荣，汉景帝依然找不到合法合规的途径。到了这个时候，汉景帝开始想念晁错了。

---

[1] 见《资治通鉴·汉纪》。

11

酷吏来了

当初汉景帝杀掉晁错之后，很快就后悔了。这不仅仅是因为杀掉晁错无法退掉吴军，更重要的是像晁错这么听话的官员，是巩固皇权的最佳工具。汉景帝继位以来，有晁错的时候，是他权力最盛的时候。

七国之乱以后，汉景帝的皇权被皇太后、丞相周亚夫、梁王刘武等人以不同形式不同程度地制约着，虽然国势日上，但这并不是汉景帝想要的。作为一个皇帝，都想要秦始皇那样唯我独尊的权力。

但是要成为秦始皇，就要承担二世而亡的风险。不想承担风险，皇帝就要依法治国。如果都在律法的范围内行事，皇帝就不能为所欲为。这个时候，晁错的作用就让汉景帝格外想念了。晁错只听皇帝一个人，皇帝让他对付谁他就对付谁。晁错敢于得罪每一位大臣，敢于承担一切恶名，敢于在律法之外擅权做事。最重要的是，晁错还能随时被牺牲掉。

汉景帝有两件非常急迫的事情要处理，一件是制约丞相周亚夫的权力，一件是杀死临江王刘荣。而这两件事，都不能在律法范围内做到。周亚夫有功无过，且身居相位。刘荣只有一肚子委屈，没有犯罪。要想在律法外解决这两件事，汉景帝决定起用两个像晁错一般的人物。

这二人，一个叫刘舍，一个叫郅都。刘舍并不是刘氏皇族的一员，而是项羽的亲戚。当年项羽败亡，项伯带着项氏宗族投降了汉朝，被汉高祖赐姓刘。这个刘舍是项家的大辈，乃楚国名将项燕的亲孙子，楚霸王项羽的亲堂弟。刘舍世袭桃侯，被汉景帝提拔为御史大夫，来分周亚夫的权。[1]

郅都是汉朝历史上的一颗流星，虽然记载很少，但是非常地耀眼。在郅都身上有两个标签，一个是酷吏，一个名将。郅都当济南太守的时候，济南人都怕他。这次汉景帝升他当中尉带兵，长安人都怕他。若干年后汉景帝调他去边关，匈奴人也怕他。

周亚夫是救国英雄，不可轻动。所以，刘舍和郅都的上位，就显得至关重要了。刘舍是御史大夫，郅都是中尉，这俩人一个抓行政、监察，一个抓军权，把周亚夫这个丞相看住了。

周亚夫其实就像是周勃的翻版，他完全没能从周勃的悲剧中总结经验教训。论军功，这爷儿俩不相上下。论带兵，这爷儿俩业务水平都极高。论官职，这爷儿俩最高都做到了丞相。论政治智慧，这爷儿俩都无限接近零。

跟周勃当年得罪人一样，周亚夫以一片忠心，替汉景帝得罪了一大批有权势的人。比如汉景帝提出要立刘武为皇太弟的时候，周亚夫自以为忠心地站出来反对。他以为这是揣测到了圣意，其实已成为当汉景帝没法给窦太后交代时的牺牲品。在这个事件上，周亚夫得罪了窦太后和刘武。本来周亚夫一条道走到黑，铁了心跟汉景帝站在同一战线也行。但是在汉景帝提出废太子刘荣的时候，周亚夫居然又凭着忠心站出来反对，结果得罪了汉景帝、王娡、馆陶公主。

有这两回，基本上就能看到周亚夫的结局不会太好。所以王娡借周亚夫这个纽带，跟所有恨周亚夫的人结成了联盟。

但是，我欣赏周亚夫这种耿直而讲原则的人。他的悲剧不是因为他不对，是当时的社会环境和制度不对。试想一下，到底是八面玲珑的奴才更值得信任，还是周亚夫这种有原则有底线的人更值得信任呢？

但是在朝堂上，周亚夫只能是一面旗帜。真正帮助汉景帝加强皇权的，还得是郅都。郅都这个人是出了名地有原则，他刚到长安任中郎将的时候，有一次跟汉景帝去皇家动物园上林苑打猎，汉景帝的宠妃贾夫人上厕所，突然一只野猪也溜达着进了厕所。野猪是种凶猛的动物，当时情况危急，没人敢动。汉

---

[1] 见《汉书·百官公卿表》。

景帝目视郅都，意思是让郅都去把野猪杀了。郅都虽然勇武，但是他坚决不去。他倒不是怕野猪，娘娘在上厕所，谁敢进去？汉景帝急了，拔剑就要亲自与野猪搏斗。郅都拦着不让，说女人有的是，但皇帝就一个。皇帝如果有个闪失，怎么对得起太后和宗庙呢？

汉景帝很听劝，没有继续行动。而野猪也就是来溜达溜达，一会儿就走了，贾夫人没有受伤。窦太后知道这事后，赏给了郅都一百斤黄金。当然了，窦太后是不了解郅都的为人，否则不仅不会赏赐他，还可能早就把他杀了。

郅都任济南太守的时候，地方豪强的势力很强大。之前的官员到济南为官都谨小慎微，生怕得罪了这些人。[1]

郅都担任中尉以来，那是不受贿，不讲情，谁的面子都不给。托他办点事，就算是皇帝的亲儿子都不行。这个人简直是无解啊，没有他不敢办的官员，没有他不敢得罪的贵族。他这么嚣张，大官为啥不办了他？因为郅都执行的是皇帝的意志，只要皇帝默许，谁也动不了他。他就像当年的晁错，哪怕是丞相也动不得，所以郅都连周亚夫的面子都不给。

另外，在废除太尉之后，长安的兵权就归中尉掌握，所以汉景帝就靠郅都威吓百官，导致长安官员们都暗地里称郅都为"苍鹰"，避之唯恐不及。

当然，郅都来长安并不仅仅是为了制约周亚夫，更重要的任务是杀掉刘荣。在郅都的运作下，刘荣被卷入了一件违建案中。

违建在当时其实不算大案，拆了就行了。但是刘荣这次违建有点特殊，说他当年建宫殿的时候，侵占了汉文帝的太宗庙的围墙。侵占太宗庙的围墙算大事吗？那就看皇上的态度了。晁错当年还在太庙的围墙开了个后门，汉景帝也没追究他的责任。这次刘荣侵占围墙，汉景帝表示不能因为刘荣是皇上的儿子，就纵容他违法，彻查！

好一个刚直不阿的汉景帝！就仿佛他光明磊落，绝不徇私枉法一般。刘荣从临江国坐车去长安的时候，车轴断裂。临江国的百姓感慨，这事不吉利，临江王可能有去无回了。

一般来讲，这案子该归廷尉去查。但是，汉景帝把这个案子分给了中尉郅

---

[1] 见《史记·酷吏列传》。

都去查。[1]

刘荣到了郅都手里，那处境就危险了。郅都直接定了刘荣死罪，刘荣的任何解释他都不听。刘荣一看郅都这样审，完全不符合程序。于是他提出要刀、笔、竹简，他想给汉景帝写封信请罪。

郅都断然拒绝了刘荣的要求，他知道汉景帝不想看到这封信。窦婴听说后，通过自己的关系偷偷给刘荣送去了书写之物。但是当刘荣想给自己的父亲写点什么自辩的时候，忽然释然了。从自己无故被废，到这次被郅都折辱，哪件事不是汉景帝授意的呢？那什么样的自辩可以活命呢？

刘荣最终放弃了，他写了谢罪的折子，然后自杀了。

窦太后得知刘荣死讯后，怒不可遏，见郅都这样逼死了自己的孙子，于是放话要杀郅都。汉景帝也表现得异常愤怒，一边承诺窦太后要杀掉郅都，一边把郅都罢官逐出长安。但是没多久，汉景帝就派出使节去郅都老家，封他为雁门太守，调郅都去雁门关上任。

雁门关在今天山西代县北边的雁门山中，是长城上最险的一个关隘。赵武灵王曾在此打败过胡人，李牧曾在此威震匈奴，蒙恬也从此出关打败过头曼单于。

为什么当年中原与游牧民族的冲突多发生在雁门关呢？那是因为过了雁门关，就是胡人梦寐以求的天堂河套地区。所以，在相当长一段时间内，雁门关都是胡汉冲突的重点地域，因此雁门太守的人选就非常重要。

在中国历史上，很多响亮的名字都跟雁门关有联系。比如李牧、蒙恬、卫青、李广、霍去病、杨家将。但是这些雁门名将无论战功如何，跟郅都一比都稍逊一筹。郅都在雁门关跟匈奴打交道，不仅仅是能在军事上大败匈奴，而且能在精神上重创匈奴，完全打垮了匈奴人的心理优势。

从汉文帝时代开始，汉将跟匈奴作战，一般都是把匈奴撵出边境即可，绝不追击。那些诸如张相如、季布、魏尚、周亚夫等一干名将，也都是把匈奴撵走就算完事。但是郅都不一样，他能深入大漠追杀匈奴骑兵。匈奴骑兵速度慢一点就是个死，投降也是个死。总之，匈奴人只要遇上郅都，那就相当于鬼上

---

[1] 见《史记·五宗世家》。

身了。所以，匈奴人恨郅都，怕郅都。哪怕是他们用郅都的木像当箭靶子，匈奴骑兵都不敢射。

然而郅都的英勇善战不光是匈奴的噩梦，也成了自己的催命符。郅都镇守雁门关六年后，打破了以往防守反击的惯例，主动杀出雁门关重创了匈奴。此战以后，郅都军功卓著，成为汉朝名气最大的将领。这名气一大，就传到了窦太后耳中。窦太后发现郅都不仅没死，还当了太守，自己孙儿刘荣惨死的事情又浮现在脑海。

窦太后勃然大怒，叫来汉景帝训话，要求一定要杀掉郅都。汉景帝舍不得啊，说郅都是忠臣。窦太后质问汉景帝，郅都是忠臣，难道临江王就不是忠臣吗？窦太后亲自下令，斩郅都。

一代名将郅都有功不能赏，居然还被斩首。郅都还真别喊冤，冤能冤得过被他审死的刘荣吗？

这也是古代酷吏的一个痛点，也是酷吏绕不过去的宿命。给皇上当狗可以，但怎么避免兔死狗烹的结局？这不太好办。

那郅都能不能老老实实当个武将？显然不能，因为仅仅是当个武将，很难发迹。周亚夫好歹是开国元勋的儿子，皇帝在国难思良将的时候，能想起这样一个名将之子。郅都没有显赫的背景，又不甘愿按部就班地熬资历，只能走酷吏这条捷径。但凡走这个捷径的，强如商鞅都得死于非命，何况郅都呢？

但是，郅都的作用也被后世帝王看到了。尤其是未来汉武帝时代大搞酷吏政治，源头就是从汉景帝任用酷吏中得到了灵感。

不管怎么说，郅都审死刘荣算是解决了汉景帝的一块心病。但是，他弟弟刘武的心病却愈发严重。汉景帝两次答应要让刘武当自己的继承人，结果两次都食言。就在刘彻被立为皇太子之后，汉景帝和刘武之间，也要做个了断了。

12
一场凶杀案

对于汉景帝来说，梁王刘武对他的威胁远比刘荣大多了。要解决掉刘武的威胁，就不能单靠酷吏了。如果还像以前晁错对付吴王刘濞那样对付刘武，汉景帝不光会失去道义的制高点，甚至会失去窦太后的支持。如果像郅都对付刘荣那样也不可以，刘武连违建的罪名都没有。汉景帝最多说他违礼，但这还都是他曾经允许的。

但对于汉景帝来说，刘武也不难对付。因为刘武有过两次当皇帝的机会，又两次失去机会，这导致他心态失衡。

在刘彻被立为太子后，刘武奏请修一条能从梁国直达长乐宫的甬道，方便自己朝见太后。汉景帝当然不同意，谁能保证这条路是用来方便刘武朝见太后，还是用来方便梁国的大军直捣长安？但是汉景帝不好直接拒绝刘武修路，毕竟窦太后可能以为这是刘武的孝心。于是汉景帝还是秉持着无为而治的态度，让大臣们议论此事。这回又是袁盎带头反对，所以汉景帝又表现出听从了大臣意见的态度。

刘武很快就能知道，两次跟自己过不去的，都是袁盎。当初七国之乱时，袁盎从吴国死里逃生，还是刘武派兵护送他回长安。如今这事一出，刘武及其党羽恨袁盎入骨，誓与袁盎不两立。明明是汉景帝不想封刘武为皇太弟，结果轻易转化为袁盎和刘武的矛盾，把自己撇得干干净净。

刘武当初无限接近于储君，所以他身边也聚集了一批等着当开国功臣的投机分子。这些人以羊胜、公孙诡为首。他们也恨透了袁盎，于是在跟刘武商议后，派出刺客，在长安刺杀了以袁盎为首的十多名反对刘武的大臣。

汉景帝心里知道一定是刘武干的，但是却假装不知，下令彻查，一定要找到刺杀国家重臣的凶手。这一查很轻松，种种迹象证明，刺客是刘武派来的。

汉景帝派出的办案大臣田叔和吕季一路追到了梁国，公孙诡、羊胜藏进了梁王府。田叔和吕季自然不敢搜查梁王府，于是案子就搁置了。在此之后，汉景帝连续派来十多批专使来催促办案。梁国丞相轩丘豹和内史韩安国在梁国搜索了一个多月，也没发现凶手，也断定凶手藏在梁王府。当年七国之乱的时候，韩安国是刘武帐下最厉害的大将，为刘武挡住了吴楚联军的猛攻。韩国安凭着昔日与刘武的交情，进入王府劝刘武交出公孙诡、羊胜。韩安国告诉刘武，皇上的亲儿子刘荣犯法都被杀了，又怎么会饶过弟弟呢？刘武泪如雨下，为了死无对证，他让公孙诡、羊胜自杀，然后把尸体交给田叔和吕季。[1]

可是，汉景帝即便拿不到公孙诡、羊胜的口供，但此二人毕竟躲在梁王府，又死在梁王府，那么刘武窝藏罪犯抗旨不遵的罪名是逃不掉了。

此时窦太后想要救刘武都没有合适的理由，她能做的就是用绝食来逼汉景帝放过刘武。而刘武也不敢把希望全都寄托在窦太后身上。说严重点，假设窦太后绝食而亡，那他更没有靠山了，必然死路一条。思来想去，刘武想到了一个人能救自己。于是，刘武派出自己的门客邹阳去见一位长安新贵。

这位长安新贵叫王信，也就是王皇后的哥哥。之前介绍过，王信是平民出身，一直到王娡当了皇后，王信才算是发迹了。

邹阳游说王信，如果梁王死了，太后怒火无处发泄，必然迁怒于王家。但是如果王家能劝皇上保住梁王，则王家深得太后宠信。到时候王家受到太后和皇上两方宠信，那才叫高枕无忧。

王信觉得有道理，但是他没能力去说服汉景帝。邹阳想得周到，教他用舜善待弟弟象这个典故，劝皇上饶了刘武。

这个故事自然很有说服力，舜作为上古圣君的代表，他同父异母的弟弟象屡屡陷害他，而舜却能原谅弟弟，成就一段佳话。而刘武是汉景帝同父同母的

---

[1] 见《史记·梁孝王世家》。

亲弟弟，况且刘武也没陷害汉景帝，只是害死了汉景帝的臣子。

王信把情况告诉了王皇后，以王皇后的才智，马上就分析清楚了利弊，同意了救刘武的方案。[1]

王信在得到王皇后的首肯下，上书汉景帝饶恕梁王刘武。此时的窦太后正在长乐宫绝食抗议，汉景帝也担不起不孝的罪名。恰逢田叔也带着刘武的罪证回来了，田叔大概也听说了王信出面保刘武。况且，田叔非常清楚窦太后对刘武的宠爱。现在他拿着一堆刘武死罪的证据回来，到底是谁先死还不一定呢。因此田叔很懂事地烧掉了刘武的罪证。

汉景帝召见田叔，问他刘武是否有罪？田叔据实回答，刘武犯了死罪。汉景帝又问，是否有证据？田叔回答说，如果拿出罪证，不杀刘武就是废弃了法律；杀了刘武就会让太后伤心，所以他把罪证烧了。

汉景帝决定不再追究刘武的罪责，把案件定性为羊胜、公孙诡瞒着刘武谋杀袁盎，而羊胜、公孙诡又畏罪自杀。

案子一结，刘武、太后、田叔都松了一口气。而对于汉景帝来说，刘武这个长期存在的皇位威胁算是彻底解除了。汉景帝不追究刘武的死罪已经算是网开一面了，刘武以后就不用再考虑皇位的事了。不仅如此，从此刘武不敢再使用皇帝的銮驾、仪仗，也不敢再和汉景帝坐同一辆车，与其他诸侯王无异。袁盎等被杀的大臣和羊胜、公孙诡等凶手，其实都是汉景帝解除刘武威胁的牺牲品。汉景帝为了表彰田叔办事妥当，升他为鲁相。

几年后刘武郁郁而终，窦太后伤心欲绝，又开始绝食。汉景帝打着安抚太后疼爱弟弟的旗号，把梁国一分为五，赐给刘武的五个儿子当王。而梁王的每个女儿，也都有封地。至于刘武本人，汉景帝给了他谥号为"孝"。太后这才恢复饮食。

所以兜兜转转，汉景帝还是回到了汉文帝削藩的道路上来，用"众建诸侯而少其力"的方式解决大型诸侯国。

早在刘武失势之后，汉景帝在朝中的威胁，也就剩下周亚夫一个了。而对付周亚夫的难度，要比对付刘荣、刘武小多了。

---

[1] 见《资治通鉴·汉纪》。

13
阴间谋反案

袁盎被刺案被认定与刘武无关后，其实也就意味着黄老之术在汉朝的极大衰退。在权力和私利面前，最信奉黄老之术的窦太后也不能坚持黄老之术的法制原则。

这个案子如果参照黄老之术的法制原则，刘武是必须伏法的。黄老之术的基本法治观念是道生法，法一旦确立就不能任意废除或者违反。这样君王才能以法律为准绳来治理天下，才不会出现乱子。[1]

反倒是在法家思想中，皇帝是高于法的存在，那自然皇帝说刘武无罪，刘武就无罪。皇帝说谁有罪，谁就有罪。

连窦太后这个最支持黄老之术的人，在关系到自己切身利益的时候，也不得不向法家靠拢。自此皇权的任性，已经很难再有制约，甚至到了荒唐的地步。

史学家们在总结一个王朝灭亡的教训时，往往会对一些亡国之君报以同情，然后从亡国之君的祖辈找亡国的祸根。历史上有几个很著名的总结，比如说东汉之亡亡于桓、灵二帝，明朝之亡亡于万历。以此类推一下西汉王朝的覆灭祸根，其实是汉景帝亲手埋下的。

看上去这是危言耸听，因为汉景帝在位期间正是汉朝国力大幅度增长时期。而且汉景帝本人经过多年的历练，已经成为一个出色的政治家，对内轻徭

---

[1] 见《黄帝四经·道法》。

薄赋，对外制裁匈奴。在朝廷御臣有道，对地方也掌握了遏制诸侯的办法。这样一个强势的君主，在袁盎被刺案之后再无一人能挑战他的权威，哪怕是太后也不行。而西汉最终是亡于外戚篡位，外戚能够做大的责任，就要算在汉景帝身上。

诸吕之乱以后，汉朝制定了很多防止外戚干政的政策。比如外戚不得封侯，因此窦太后的兄弟窦长君和窦广国都没能封侯。恰恰是汉景帝破坏了这一原则。

就在刘武被汉景帝赦免之后，窦太后悬着的心也终于放下来了。窦太后感激王氏一族的鼎力相助。所以作为回报，窦太后提出封王信为侯。这件事对于汉景帝来说，可谓求之不得。他不光想封王信为侯，而且这也是个对付周亚夫的机会。

封王信为侯是窦太后、汉景帝、王皇后三方共同决定的，一般情况下没人会反对，除非听到这个消息的人是周亚夫。

周亚夫的理由很充分，可以说是无懈可击。周亚夫说，高皇帝有祖训，非功不得封侯。如果给王信封侯，就是违背了高皇帝祖训。汉景帝采纳了周亚夫的意见，没有封王信为侯。

后来，匈奴的一些首领投降汉朝。汉景帝想封这些匈奴首领为侯，借此吸引更多匈奴人投降，周亚夫依然提出了反对意见。上次汉景帝想封王信为侯被周亚夫反对，因为是家事，汉景帝不能和周亚夫争论。但这次册封匈奴人是国事，汉景帝否决了周亚夫的意见。周亚夫一怒之下，称病辞职。[1]

汉景帝没有挽留一下周亚夫，升御史大夫刘舍为丞相，升平定七国之乱有功的大臣卫绾为御史大夫，把再造乾坤的周亚夫排挤出汉朝的权力中心。周亚夫内心不平，因为他没有做错事，有功无过。先帝在时，周亚夫的军队只认将军不认皇帝，先帝不仅没有怪罪周亚夫，还给他升了官。到景帝一朝，周亚夫为国出力，几个月就打败了久经战事的吴王刘濞，彻底平定了七国之乱。周亚夫身居相位，为了汉景帝的皇位，不惜屡次得罪太后，阻止梁王刘武僭越。周亚夫怎么都想不明白，自己一片忠心居然会落得这个下场。

---

[1] 见《史记·绛侯周勃世家》。

一晃四年又过去了，汉景帝突然召见周亚夫。周亚夫千里迢迢从封国来到长安，汉景帝很大气地请周亚夫吃饭。汉朝吃东西很简单，只有煮、蒸、烤三种烹调手法。汉景帝请周亚夫吃的是四四方方一块大肉。这块肉不仅没有改刀切成小块，也没给周亚夫准备筷子。

周亚夫一看，这不摆明要整他吗？兵也收了，官也免了，皇帝还不满意，居然要这样看他出丑。周亚夫不敢问皇帝，于是问旁边的侍从怎么不拿筷子来。汉景帝哈哈大笑，问周亚夫，给你肉你还不满足吗？周亚夫吓得摘下帽子跪下请罪。汉景帝让他起来，周亚夫悻悻而去。

汉景帝耍了周亚夫，却见周亚夫有不平之色。于是认为假如自己驾崩了，刘彻继位后根本驾驭不了周亚夫，决定除掉他。

长期的精神压抑，让周亚夫老态龙钟，没了一个武将应有的风度，给人的感觉就是命不久矣。周家人对周亚夫的命运感到不平，眼看周亚夫身患重病，他儿子偷偷给周亚夫买了五百副盾牌、盔甲的冥器，打算给周亚夫当随葬品。老爷子活着的时候受尽凌辱，死了得风风光光的。周亚夫儿子买的冥器，都是市面上没有的东西，他动用关系，从为皇家打造冥器的工匠手中买来。买这些东西当然不能明着买，周亚夫的儿子雇用了民工搬运这五百副甲盾，为了掩人耳目，他留给民夫们的时间很短，又不给钱，所以这帮民工就去举报周家谋反。

这案子大了，汉景帝马上下令拘捕周亚夫。官府对周亚夫进行了审讯，主要问他是否有造反的动机、目的和细节。事到如今，周亚夫没什么可说的了。问一个没造反的人打算怎么造反？周亚夫闭口不答。

汉景帝勃然大怒，让廷尉加紧审讯，周亚夫说，自己购买的都是殉葬品，怎能说是要造反呢？

其实这个案子对于廷尉来说难度特别大，因为他们知道，汉景帝就是要定周亚夫死罪。可是如果说周亚夫用烧制的冥器造反，实在是太牵强了。但如果不给周亚夫定死罪，廷尉府的相关官员恐怕就是死罪。所以审讯官员没辙了，只能说周亚夫买了冥器，是为了死后在地下造反。

事情到了这一步，周亚夫就算承认自己要在阴间谋反，廷尉好意思把这样的卷宗送上去吗？小吏们为了让周亚夫就范，决定对周亚夫动大刑。说不定打一顿，周亚夫自己就能给自己编个罪名。

可是周亚夫是一个比周勃更硬的硬汉，他不屈服于任何暴力。小吏能打死他，却不能打服他。而且，周亚夫决定以绝食来对抗。

五天后，周亚夫吐血身亡。

一代名将周亚夫用生命谱写着自己的顽强和不屈。此等烈性汉子，在漫长的历史长河中都是饱受同情的。当然也有人说周亚夫不聪明，情商低，自己作死。

但是，我要说的是周亚夫的精神是非常伟大的。周亚夫是真的傻吗？不可能，作为一代名将，周亚夫北却匈奴，南平吴楚，对手都没有等闲之辈。周亚夫如果是个傻子，早在汉文帝年间就死了。那他为什么这么不聪明非去挑战皇帝的权威？周亚夫这么做其实是一个忠臣的最高境界。

想当年周勃是汉高祖最信任的大臣，都说汉高祖多疑、滥杀。但是汉高祖一直信任周勃，让周勃爵封绛侯，官拜太尉。甚至汉高祖临死，把保卫刘氏政权的重任都托付给了周勃和陈平两个人。多年来，周勃始终铭记初心，最终为刘氏夺回江山，把政权交到汉高祖儿子的手中。周勃忠心耿耿，心中有着一份对汉高祖知遇之恩的感激，也有对刘氏江山安危的责任感。所以当初汉文帝要重用窦氏外戚的时候，周勃不惜得罪皇家，也要喊着只要他活着，就不允许外戚干政的事情发生。

周氏一族认为对刘氏江山威胁最大的就是外戚，诸吕之乱就是活生生的例子。所以在周勃和一帮老臣的压制下，窦氏外戚始终不得封侯。直到汉景帝继位，窦氏才有人封侯。周亚夫不仅继承了周勃的爵位和兵法，还继承了周勃的那份忠心和责任。可惜的是周勃活着的时候，朝中有一堆"周勃"。但是周亚夫在朝的时候，朝中只有一个周亚夫。所以周亚夫为了刘氏江山的安全仗义执言，却成了朝中微弱的呼声。王家人封不封侯跟周亚夫没有任何关系。但是对刘氏江山来说，却是意义重大。汉高祖说非功不得封侯，汉文帝说外戚不得干政，都不是一句空话。

周亚夫所维系的，正是刘氏江山的正常秩序。他爱大汉朝，汉朝是他父亲参与建立的。周氏两代人都曾为了汉朝出生入死，但刘氏皇帝又何曾想过与周氏共享江山？上古时代的忠臣、直臣，在法家体系下的汉朝里没有任何的生存空间。皇帝需要的忠臣恰恰是对皇位没有威胁的佞臣，而学不会当佞臣的周亚夫，注定不能为皇帝所容。

周亚夫死了，他是为了刘氏江山而死。周亚夫一死，再也无人敢提醒皇帝不得滥用职权。当臣子的耿直遭到了毁灭性打击，那么谁还会当直臣呢？

所以周亚夫死后，王信被封盖侯。封侯这样郑重的事，成了皇帝随意按照喜好赏人的玩具。汉景帝开了这个先河，到了汉武帝时代便愈演愈烈。此后封侯在汉朝成了家常便饭，皇帝想封谁就封谁，想怎么封就怎么封。为国家浴血奋战的李广一生不得封侯，而卫青家的小娃娃生下来就被封侯。

朝中再无周亚夫，外戚专权则是前仆后继。终于，周亚死了一百五十一年后，大汉王朝被外戚篡位成功。以吕太后之强都没做成的事，王莽成功了。王莽论本事可不如吕太后，但是之所以他能成功，是因为朝中再无讲原则的忠臣，全是见利忘义的所谓聪明人。朝中大臣风气的改变，就从周亚夫绝食而死开始。江山是皇帝的，大臣们只不过是混口饭吃。

自此黄老之术定下的原则被破坏殆尽，皇上凌驾于法之上，想杀谁杀谁，想封谁封谁，汉景帝的集权虽然不是绝后，但也是空前了。自此，黄老之术在汉朝的影响力，逐渐走向落幕。

14
黄老之术的落幕

汉景帝不仅做到了空前的集权，也为后世皇帝怎么集权指明了道路。至此，黄老之术也就失去了根基。

原本黄老之术的盛行，就是皇帝与各方势力之间平衡妥协的产物。当其中一方势力独大之后，黄老之术也就不再符合独大一方的思想需要。皇权不受制约的时候，皇帝就不需要无为，也不需要自我纠错。

从源头上讲，汉朝建立后，制度上完全继承了秦朝，这就断绝了黄老之术可持续生存的土壤。因为在秦制的基础上，皇帝代代相传，而大臣却不能代代相传。汉高祖的儿子能当皇帝，萧何的儿子却不能当相国。所以久而久之，大臣们还都要回到依附皇权生存的局面，那么黄老之术就不能继续下去。另一方面，黄老之术势必造成阶级固化。在上位者，可以满足于无为。但在下位者，由于人口基数大，总会有卓尔不群者出现，他们不会满足于在社会底层无为，因此黄老之术就是阻碍他们进步的绊脚石。贾谊因为稍微有点关系，好歹还能有当官的机会，虽然一直不得志。但民间肯定有更多才华不输贾谊却毫无晋升机会的人。

而皇帝恰好可以利用这些人，来打破原有的政治格局。而这些底层的佼佼者一旦被皇帝发现且提拔，就会把所有的希望寄托于皇帝身上，从而成为皇帝的打手。比如晁错、郅都等酷吏，他们出身底层，只有替皇帝干脏活这样一条出路，所以他们六亲不认，手段狠辣。相比之下，朝中的旧贵族就算失去了官位，至少还有爵位，所以与酷吏对抗的时候多了退路，就少了狠辣。

当皇帝开始使用酷吏的时候，黄老之术就不可能再成为皇帝的指导思想。周亚夫的死，其实就是最后一位坚守黄老之术的大臣落幕。

晋朝的何穆曾经说过，刘备和诸葛亮这对君臣之所以善始善终，那是因为刘备大业未成，诸葛亮大功未建，且刘备死在诸葛亮前边了。自开辟以来，戴震主之威，挟不赏之功，以见容于暗世者而谁？其实也有，比如伊尹、姜子牙、周公旦云云。但那都是法家出现之前的事，秦制之下，君臣就是主奴关系。

汉景帝后期的帝王术，可谓已臻化境，是后世帝王的模板。他肯定不希望朝中再出现第二个周亚夫。为了不出现第二个周亚夫，他就必须彻底解决藩王仅存的权力。

在朝廷，汉景帝最忌惮的是丞相。丞相的权力太大，让皇帝惴惴不安，所以汉景帝想尽一切办法去制约相权。汉景帝反其道而行之，为制约王权，就要大大加强藩国相权。在朝廷，制约相权的第一职位就是御史大夫。御史大夫不仅可以监察百官，还有副丞相的职权。所以咱们看到汉朝前期的历史中，丞相是谁，往往得找一个德高望重的。御史大夫是谁，皇帝们都非常重视。在汉景帝中元三年（公元前147年），皇帝下令，废除各藩国的御史大夫。自此以后，各藩国的相权就会非常大。这只是第一步，渐渐地随着汉景帝的儿子们被大规模封王，汉景帝就从这些儿子们开始，逐步废除藩王自行任命丞相的权力。到了汉景帝中元五年（公元前145年），藩国的行政权全部收归朝廷，不光是藩国丞相，连藩国的郡守、县令、九卿都要归朝廷任命。也就是说，这样一来，藩国的丞相相当于地方的郡守，这是藩国名存实亡的开始。照着这个路子发展下去，到了汉武帝时代，连藩国王宫的官员任免也由朝廷决定，那时候藩王才成了真正意义上的大地主，不具备任何实权。王爷们都这样了，公、侯就更别提了，谁也威胁不了朝廷。

地方上没人造反，就意味着永远不会有周亚夫出现。其实对于汉景帝来说，像吴王刘濞这样的远亲王爷，他并不头疼。这么多年来，真正让他头疼的是自己的亲弟弟梁王刘武。这弟弟打不得骂不得，毕竟有太后罩着。汉景帝中元六年（公元前 144 年）十月，皇帝对藩国进行了改制之后，原本风光的王爷们，突然觉得满城都是敌人。过去王爷们见了国相那是摆足了谱，现在王爷们看见国相，仿佛是汉景帝盯着他们一样，王爷们开始惧怕国相。

在汉景帝制定的这些国策中，虽然基本上铲除了藩国的势力，但是却大大加强了地方郡守的权力。郡守的权力极大，不仅集地方军政大权与一身，还可以任免该郡所辖县的官员。除了不能世袭之外，基本上太守就相当于当年的藩王。汉景帝也担心太守不法，于是把地方的司法权收归朝廷。

汉景帝中元六年后再次改元，史称后元元年。就在汉景帝后元元年（公元前 143 年）的正月，汉景帝下诏要求地方上把有争议的案子一定要上报给廷尉复议，从一定程度上能简单制约一下地方上司法黑暗问题。但是很明显，这招不解决问题。早在汉文帝年间，皇帝就对地方官员的行政不放心，所以经常派出朝廷的特派员去地方刺探情报。汉景帝沿用这个制度，不断派出特派员去刺探地方官的吏治。这些特派员，就被称为刺史。再后来刺史就成了常设职位，常驻地方成了地方长官。这就是中国古代史的一个显著特点，汉朝的刺史和明清时期的巡抚一样，本是朝廷派出去地方视察的官员，结果渐渐地成为地方行政官员。你说他们真的具有打击腐败，为民做主的作用？这招的主要目的是中央集权，等于是由朝廷官员担任地方长官，比任命地方官员升任太守好控制得多。

汉景帝时代，刺史还不是常设官职。但是从地方刺探来的情况看，汉景帝甚为忧心。因为老百姓最恨的往往不是太守，他们没见过太守啥样。百姓最恨的就是县令这一级官员，他们直接跟老百姓打交道，最具备危害百姓的直接能力和潜力。况且县令只对太守负责，因此残害百姓并不会受到监督和处罚。

汉景帝时期的中国，农业经济空前繁荣。但是汉景帝就看不懂了，报表上的数字告诉他，经济年年增长。但是税收呢？饥民是怎么回事？早在汉景帝中元三年，因为自然灾害，汉景帝下令节约粮食，全国禁止造酒。四年后，也就是汉景帝后元元年，经济恢复，汉景帝又解除了酒禁。是什么让一个地球上最大的农业国因为自然灾害导致连酿酒的粮食都没了呢？

汉景帝总结，贵族享乐会极大地影响农业的发展。他决定从自身做起，从身边小事做起，勤俭节约，减少地方进贡。但是，真正能让老百姓直接受到伤害的就是县一级的官员。不要老说这届百姓不行，汉景帝说了，让老百姓在饥寒交迫中不违法，这事反正朕没听说过。地方恶性事件的发生，原因就是老百姓饥寒交迫。如今经济增长这么迅速，老百姓还饥寒交迫。这说明地方官员盘剥百姓，执法犯法，跟强盗没有区别。汉景帝要求郡守要严查这些基层官员，然后就没有然后了。

汉景帝的诏书一下，最大的作用也就是让老百姓懂了一个道理。朝廷是好的，都是底下官员不对。

在这种情况下，如果一个人想有钱，只有俩途径。一个是当官，一个是努力种地。由于当时粮食能当货币直接结算，所以铸币业这个险些埋葬汉朝的产业已经冷却了下来。作为老百姓，种地仿佛是改变命运的唯一途径。因为汉景帝后元二年的时候，皇帝下诏，家里资产要及时申报，家产超过四万钱的，可以直接当官。这无疑刺激了很多小富即安的人，让很多农民不再以吃饱肚子为终极目标，一定要想尽办法多打粮食，攒起来换官做。

这就是汉景帝打造的理想国家，猛将陈兵边关镇守，跟匈奴大打经济战。废物位列三公，不影响皇家执行自己的权力。酷吏出任要职，用他们制约达官显贵和地方豪强，皇帝亲自给他们撑腰，谁也动不得酷吏。经济上以农桑为本，打击一切农业经济以外的经济形式。解除藩王的权力，实现中央集权。

汉景帝空前的集权，让整个汉朝严肃地运转起来。

到了这一步，其实汉景帝和秦始皇已经没有了分别。在整个大汉朝里，只有皇帝是人，其余的都是工具、棋子。人们没有自己的意志，只能执行汉景帝的意志。

但是人们会觉得汉景帝跟秦始皇比，绝对是个明君。这里面的差别，就是在黄老之术的加持下，汉景帝收的税比秦始皇少，徭役比秦始皇轻。但是，汉景帝没有变成秦始皇，并不是因为制度的制约，而是因为窦太后的影响以及汉景帝的个人素质导致。也就是说，汉景帝如果想当秦始皇是不会有任何困难的。也正是因为如此，未来他儿子登基后，就复制了秦始皇模式，搞得天下民不聊生。

可以说，在汉景帝杀掉周亚夫之后，用黄老之术治国模式基本上就在汉朝落幕了。黄老之术追求的轻徭薄赋积蓄国力的经济政策失去了政策保证。黄老之术追求的帝王执政不折腾，也失去了生长土壤。黄老之术追求的法在王上的原则也被彻底破坏。仅靠年迈的窦太后，无法挽回黄老之术消亡的颓势。

然而天道无常，汉景帝遇上了一起十分罕见的超自然现象，这个自然现象对汉朝有什么影响？

15

超自然现象

　　汉景帝执政后期，大力推行重农政策。汉景帝后元三年注定是不平凡的一年，根据颛顼历的算法，这一年的十月是岁首。就在过完新年之后，奇怪的天文事件发生了。白天太阳昏暗，夜里月亮晦暗。整整五天，天空都弥漫着一片暗红。

　　到了十二月底，太阳光突然变成了紫色，夜里天空中的五星逆行，停留在太微星旁边，月亮穿过龙星的右角。[1]

　　三个月来，大汉的天空异象频繁，令人惶惶不安。具体这些天文事件是怎么回事，留给科学家去推算吧，历史学家只能从历史的角度去记录。比如说景帝后元三年十月的日、月晦暗事件。司马迁不是天文学家，所以他只能根据历史资料记录，写那段时间日月皆赤。班固在写《汉书》的时候，由于搞不懂这是什么情况，直接跳过不写。司马光写《资治通鉴》时，甚至断言说那五天的超自然现象是白天日食，晚上月食。

　　别管怎么说，这么集中的超自然现象，最牵动的还是汉景帝的心。因为在中国古代，天文地理自然现象并不都是让人高兴的事。汉景帝感觉，这是上天对他的召唤。他自己也知道，这身体是一天不如一天了。因此，汉景帝开始有步骤地安排后事。

　　正月初，汉景帝定下基本国策，说农业是天下的根本。珠宝金银不当吃

---

[1] 见《资治通鉴·汉纪》。

不当穿，决不能因为这些东西耽误农业发展。民力应该用在农桑上，这才能保证大家有饭吃，有衣穿。如果官员征发民夫去开采珠宝，那就按偷盗给官员定罪，没收所有开矿所得。如果太守一级的官员对底下县级官员这么干不予惩戒，那么太守也跟着同罪。

十七日，汉景帝让皇太子刘彻行冠礼。一般来讲，古代人行冠礼的年纪是二十虚岁。而皇太子刘彻行冠礼的年纪是十五周岁。由此可见，汉景帝的身体确实欠佳。果然，皇太子行冠礼十天后，汉景帝崩于未央宫。皇太子刘彻继位，史称汉武帝。王皇后升为皇太后，窦太后升为太皇太后。二月初六，汉景帝葬于阳陵，有一万多人殉葬。

汉景帝的一生是折腾的一生，从七国之乱到梁王案，从逼死长子刘荣到废掉周亚夫，汉景帝十六年的皇帝生涯，有得有失，那他留给汉武帝的是怎样的江山呢？

后世乾隆接手的是康、雍两朝七十四年积累的国力，所以乾隆有的是资本折腾，客观上也做到了开疆拓土和民不聊生。汉景帝留给汉武帝的遗产，和雍正帝留给乾隆帝的遗产相当。汉武帝接手的是前辈们六十一年积累的基业，所以汉武帝也有的是资本折腾，客观上也做到了开疆拓土和民更不聊生。

正如雍正对清朝的重要性，汉景帝对汉朝也起到了承上启下的巨大作用。但是，汉景帝也和雍正一样，并没有留下好的名声。清朝说康乾盛世，没有提雍正。汉朝有七位君主有庙号，但这其中并不包括汉景帝。那汉景帝到底是怎样一个皇帝呢？

我眼中的汉景帝，在同行的衬托下其实是不错的。就凭他把税收定为三十税一，他就比十五税一的君王强。汉景帝在位期间，汉朝的国力与日俱增。比起汉文帝时代的经济混乱，汉景帝时代财政算是稳定。十六年来，汉朝国库充盈，从汉朝初年大臣上朝坐牛车，到汉景帝时代大力发展国家养马场，这是个质的飞跃。

从汉文帝时代跟匈奴有事好商量，到汉景帝时代根本不商量，汉朝对匈奴的心理劣势完全消除。如果能按照汉文帝时代的政策发展下去，拖死匈奴是早晚的事。毕竟一个粮食多得连粮仓都放不下的汉朝，打消耗战能玩死靠天吃饭的匈奴。可惜的是汉武帝上位之后，对匈奴的政策还是着急了。

汉景帝对中国古代政治产生了深远的影响，在以后两千多年的漫长岁月里，中国历代王朝的中央集权政策都有汉景帝的影子。汉景帝弱化丞相，最终演化为唐宋多相分权和明朝废丞相。汉景帝用小官赋予重权，逐渐演化为东汉尚书台、隋唐三省制、明朝内阁制、清朝军机处。汉景帝收地方藩国的行政权，和郡县制一道逐渐演化为行省制度。

历史上把汉文帝、汉景帝统治时期，合称为文景之治。其实汉景帝是在汉文帝的基础上另辟蹊径，而汉武帝则是沿着汉景帝的路子发展。如果不是汉景帝死得太早，未来汉武帝时代推行的那些收地方财政大权、推恩令等一系列中央集权措施，汉景帝肯定会逐步推进，事实上汉景帝也一直在这么做。甚至是对匈奴的强硬态度，也是从汉景帝中元二年罢和亲开始的。

然而就是这样一个君主，史书对他的定位排在汉高祖、汉文帝、汉武帝、汉宣帝之后，甚至他都没有一个庙号。我想，这是由汉景帝两个巨大的污点造成的。头一个，汉景帝无故废太子刘荣，又授意酷吏郅都逼死这个亲儿子，太没人情味。第二个，周亚夫功在社稷，并无过错，汉景帝居然授意廷尉编了个周亚夫企图在地下造反的荒唐罪名给周亚夫定罪，后世岳飞那个莫须有的罪名都没周亚夫这个地下造反冤枉。汉景帝的狠毒，那是从小炼成的。所以就算汉景帝是个明君，但是绝不是一个仁君。

但是汉景帝一朝，最终给汉武帝留下了数不清的粮食和钱币，最重要的是汉景帝十六年来在边关建设马苑，给汉武帝留下了四十万匹马。

汉景帝为汉武帝铺平了所有道路，除了大量的财政遗产之外，还留下了能干的酷吏和软弱的丞相、御史大夫。虽然在汉景帝驾崩的前一年，太后处死了大将郅都，但是汉景帝还是留下了李广、程不识、韩安国等可用之才。但是，汉景帝方方面面都考虑到了，唯独忽略了对外戚的制约。导致从汉武帝开始，外戚成了汉朝政治版图上重要的一极。在之后的西汉历史中，外戚开始大规模干政、封侯，最终埋葬了西汉王朝。

至此，汉景帝一朝基本完成了把法家治国的外衣由黄老换成了儒家。黄老之术治国在未来只存在于太皇太后窦氏的情怀里，而汉武帝则将沿着汉景帝的路线，大走外儒内法的道路。

同样是法家思想治国，理论基础都是《商君书》，那外道内法和外儒内法到底有着什么样的区别呢？

其实我们看过汉初三个时代的历史，大致就会有个基本认识。相比于暴秦时代的法家治国，黄老之术是一种法家政治的温和展现。

暴秦时代，如果皇帝要让他们眼中如同工具般的人民去做什么，会用一道法令去完成。这是一种强迫手段，因此积累了沸腾的民怨。但对于皇帝而言，这个体验妙不可言。甚至，皇帝飘飘然之后会采取一种杀鸡取卵的方式治国。

到了汉初，当法家套上黄老的外衣，那就是要换种温和的方式执行法家的意志。皇帝再想让如同工具般的人民做什么，不会再大规模采取强制手段，而是用引导手段。比如，汉景帝想让人们多种粮食，就增加种地的各种福利，引导人们生产粮食。

目的是一样的，但因为手段不同，则结局不一样。

在暴秦时代，人民如蝼蚁一般，皇帝想怎么折腾就怎么折腾，想杀谁杀谁。皇帝和人民是绝对对立的。

在黄老之术盛行的时代，可以说是皇帝和人民的一次和解。在黄老之术的体系下，皇帝不像暴秦那样折腾百姓，百姓也要老老实实接受统治，别想着当陈胜、吴广。

这就是假借道家无为的思想，欺骗百姓。因为百姓可以无为，君主绝对不会无为。

黄老之术，从来都不是一个独裁皇帝的终极目标。相比于暴秦时代，黄老之术可以算作是汉初皇帝们的一次妥协，但就是这次妥协，看上去是退了一步，但这退一步为的可是将来进三步。

从吕太后时代到汉景帝时代，其实是黄老之术逐渐弱化的时代。然而汉朝的皇帝们虽然理想是当个秦始皇，但他们也不想承受暴秦的结局。

暴秦时代，皇帝是百姓的仇人。黄老之术盛行的时代，皇帝和百姓仿佛是和平相处。但在外儒内法的时代，皇帝一步步从君而圣，从圣而神。神自然是万民敬仰的，是不能忤逆的。

从汉高祖时代到汉文帝时代，皇帝只是君，所以大臣对君尊敬，但也能面折皇帝之过。

从汉文帝末期到汉景帝时期，皇帝逐渐成了圣人，面折皇帝之过的风险逐步增加。自从汉景帝逼死有功无罪的周亚夫之后，皇帝就不仅仅是君，而是神。

大臣可以面折君之过，有资格面折神之过吗？神是不会有错的。当皇帝成了神，就不仅仅是不会有错了，而是天下臣民的信仰。

信仰还会有错吗？那自然是君叫臣死，臣不得不死。

黄老之术终究还是不能满足皇帝的私欲，道家无法成为法家的遮羞布，但荀学之儒可以。所以后来西汉王朝的儒家人士，也鲜有辕固生那样有原则的，而多半是叔孙通那样没底线的。

在汉武帝时代，窦太后对黄老之术的延续还是做了最后的努力。所以汉武帝初年，还不至于做事太出圈。但在窦太后薨后，汉武帝就逐渐废弃黄老之术，最终采用了董仲舒的外儒内法为指导思想。

在汉武帝时代，淮南王刘安组织一帮学者编写《淮南子》的时候，就把对黄老之术的最终理想留在了书中，那是自战国以来推广黄老之术的各位学者的终极目标。简单说是官管民，王管官，法管王。[1]

留恋黄老之术的，一般都是汉朝的贵族阶层。在普遍采用世卿世禄制度的汉朝，这些贵族们希望与皇帝和平相处，都恪守无为而治。皇帝自然不想这样，但是除了皇帝之外，民间的知识分子对黄老之术也是非常反感的，这也让黄老之术失去了群众基础。毕竟在清静无为的大原则下，人们会进而阶级固化。民间的知识分子肯定不满足于无为的生活，他们想找一条向上发展的通道，黄老之术无疑是一种阻碍。

在古代社会，最想折腾点事的，还就是皇帝和有知识没地位的人。

黄老之术并不是完善的治国原则，它有这样那样的问题。只不过在秦制社会中，黄老之术相比于秦朝法家思想，多了很多温情，少了几分暴戾。真就像韩非的思想，虽然他的很多主张并不比商鞅有人性，但他以老子的叙事模式讲

---

[1] 见《淮南子·主术训》。

述法家的原则，就显得比商鞅温和得多。

黄老之术是特殊时代的特殊产物，但取代黄老之术的应该是更好的治国方略。可是在汉武帝时代，法家结合了荀学的原则，以儒家的名义给皇帝的行为寻找合法性。让法家思想得以延续两千多年，成了古代中国的桎梏。

而回望这漫长的帝制时代，黄老之术被衬托出了一些人性光辉。能以一种不折腾的方式去折腾，总好过君王由着性子随意折腾吧。

但在汉初，当皇帝不再信奉黄老之术的时候，也不代表黄老之术从此作古。因为外儒内法的指导思想，更多还是用来影响士人阶层，而黄老之术则在民间传播。不过，原本制约皇权的黄老之术来到民间之后，就容易瓦解民众对暴政的反抗意识。当民众开始信奉无为的时候，就容易形成犬儒主义。所以，民间信奉"难得糊涂"。这种现象被王夫之总结为"其上申韩者，其下必佛老"。意思是说，君王越是采用申不害、韩非的法家学说压迫民众，民间就越流行佛陀、老子的学说。人们在被压迫的时候，如果不选择反抗，也不愿意承认自己的懦弱，就需要一个合理的解释来说服自己，那么黄老之术则提供了这种心理慰藉。只要不较真，保持无为，那就是岁月静好。

而在漫长的帝制社会中，黄老之术则成为法家学说很好的补充。